中国书籍学术之光文库

系统科学辩证法

苗东升｜著

中国书籍出版社
China Book Press

图书在版编目（CIP）数据

系统科学辩证法/苗东升著.—北京：中国书籍出版社，2020.1
ISBN 978-7-5068-7215-7

Ⅰ.①系… Ⅱ.①苗… Ⅲ.①辩证唯物主义—系统哲学 Ⅳ.①B02②N94-02

中国版本图书馆 CIP 数据核字（2019）第 000767 号

系统科学辩证法

苗东升 著

责任编辑	毕 磊
责任印制	孙马飞　马 芝
封面设计	中联华文
出版发行	中国书籍出版社
地　　址	北京市丰台区三路居路 97 号（邮编：100073）
电　　话	（010）52257143（总编室）　（010）52257140（发行部）
电子邮箱	eo@chinabp.com.cn
经　　销	全国新华书店
印　　刷	三河市华东印刷有限公司
开　　本	710 毫米×1000 毫米　1/16
字　　数	305 千字
印　　张	17.5
版　　次	2020 年 1 月第 1 版　2020 年 1 月第 1 次印刷
书　　号	ISBN 978-7-5068-7215-7
定　　价	99.00 元

版权所有　翻印必究

自　序

我读书喜欢读序，不论名人代序，还是作者自序，都要反复地看，看的次数往往多于正文。我以为，一篇好的序言就是一篇出色的论文，或一篇优美的散文，从中或可窥明作者的心迹，或可透视学界的动向，或可觅得读好正文的导引。由人及己，很希望自己的书也能有个序。倘有名家愿为作序，自然光彩得很。无奈我四十出头才从工程技术界（在那里我一事无成）转到理论学术界，人地两生，寸业未建，默默无闻。偶有机会在学界走走，给人留下的只能是一副老大不小又很陌生的面孔。加之自个儿不善交际，与名人接触如芒在背，人家未说什么，自己在精神上首先败下阵来，赶紧往冷僻角落里躲。仿佛从人家的眼神里听到心底的发问："偌大年纪，怎么从未见过？大概是来自然辩证法界混饭吃的。"心卑胆怯竟至于此，怎敢请名人作序？因此，当我的第一部书稿被人大出版社接受后，王颖副总编询问要不要在前面写点什么，我便硬着头皮自己写了个《写在前面》，权当作序。书出版后，反应还可以，我的勇气陡然增加了几分。从此便由一而二，由二而三，终于又有了这个序。

以钱学森、许国志、王寿云1978年在《文汇报》上发表《组织管理的技术——系统工程》一文为起点，我国学术界、出版界和大众传播媒介掀起一股"系统热"，历时约十年之久。这是我国在系统科学的研究、传播和应用方面取得重要进展的时期，自然辩证法界对此做出不可磨灭的贡献。按照钱学森的观点，系统科学体系由三个层次和一座桥梁组成。自然辩证法工作者在这四个方面都有工作。把系统科学的思想、原理和方法介绍给人文科学界和社会大众，是系统科学专家一般不大关心或不屑于做的事，自然辩证法工作者便成为执行这一任务的主要力量。在应用系统方法解决社会、经济、文化、教育等实际问题上，自然辩证法学者也有诸多努力。特别是构筑连接系统科学与哲学的桥梁，即阐述系统观，基本上是自然辩证法学者的工作。在这一不算短的时期中，每年都有几十篇或上百篇有关系统研究的文章发表，各种学术会议连绵不断，各种讲习班、研讨班不计其数。这股系统研究热对中国的影响是难以估量的。从平民百姓到国家领导人，都把自己的工作看作系统工程，试图用系统观点和方法处理问题。系统、信息、结构、功能、反馈、自组织等词汇不仅经常进入人文社会科学著作，而且进入文学作品，成为具有开拓精神的文学人物的特色语言。戏剧家甚至让20世纪40年代的周恩来讲出"整体大于部分之和"的系统论命题，以表示对周总理的敬重。这种情况很容易使人想起贝塔朗菲描述过的西方发达国家五六十年代出现的系统热。看来，这里也有某种必然性。

但是，从1987年以后，系统研究逐步冷却下来，似乎不那么景气了。对于一种科学思想和方法的关注不可能一直处于热潮之中，降温并转入平稳研究阶段迟早要发生。若把科学研究比作采矿，那么，在事业的最初阶段采掘的多是浅矿层，淘金者必然蜂拥而至。当浅矿挖尽之后，向深层挖掘要困难得多，需要更强的动力和毅力，更有力的工具武器，更有效的组织工作。这时候，不需要也不可能维持早期那样庞大的队伍和热烈的场面了。80年代末，系统研究面临的正是这种局面。当年的系统淘金者纷纷转向，还有的在徘徊，只有少数人坚持向深层掘进，且对于如何深入并不明确。理论工作者同样生活于尘世，不能不食人间烟火。随着商品经济如潮般袭来，平静的书斋生活很难平静下去了。科研经费严重拮据，学人纷纷下海，搅得人心惶惶，加速了系统研究走向冷落。这种情况是80年代中期以前无法逆料的。系统研究向何处去？90年代如何推进它？是很多人关心的问题。

我是一个时滞很大的人，在生活的各方面都是后进者。当国内兴起系统热时，我尚未摆脱人生的厄运。我起步搞系统研究，刚刚进入角色，降温季节便来到了。但迟钝也有两重性，可能使人不赶时髦，愿干一些艰苦而名利不大的事。在80年代末那个分叉点上，我也认真思考了上述问题，做出自己的选择。在1991年举行的第八届全国系统科学学术会议（黄山）上，我做了题为"关于系统研究的几点意见"的发言，谈了5个问题：

（1）80年代系统研究的回顾；（2）关于系统学；（3）关于系统观；（4）关于系统科学认识论和辩证法；（5）关于系统方法的应用。上面所述即本书第一部分的基本内容。

1992年3月，中国系统工程学会在北京举行系统论学术讨论会。我在会上以"关于系统论的几个问题"为题发言，对上述观点做了引申。主要谈了三方面：

（1）建立系统科学的中国学派。科学发展的历史表明，学派的形成对科学发展有重大推动作用。迄今为止，中国科学界很少有在国际上有重要影响的学派。我认为，系统科学的中国学派正在形成中。凡学派都有著名学者为领袖人物，系统科学中国学派的领袖人物就是钱学森。有重要影响的学派都有自己独特的工作纲领，系统科学中国学派的工作纲领是钱学森的系统科学体系思想。只要我们团结合作，努力工作，认真实践这一纲领，即可在系统科学各个层次上做出有特色的贡献，特别是在系统工程、系统学和系统论方面做出让国际同行刮目相看的工作。

（2）建立系统论的条件。10年前，钱学森曾经认为在没有建立系统学之前不可能建立系统论。他说："系统论的产生需要概括整个系统科学的成果。第三个台阶，系统学还没有搞起来，就要跨第四步了。稳不稳啊？摔不摔跤子？"[①] 钱学森后来的观点有所修正，认为还是可以先搞系统论的。我赞成后来的提法。系统论不只是连接系统学和哲学的桥梁，应是连接整个系统科学和哲学的桥梁。工程技术和技术科学层次的系统研究已有相当丰富的成果，通过多年探索，我们对系统学也有不少了解。加上西方系统哲学的大量著作，中国传统文化包含的十分丰富的系统思想，均可借鉴。只要舍得下功夫，把上述各方面概括起来，建立钱学森意义上的系统论（系统科学哲学）的条件已经具备。系统学所留下的缺陷，可以在以后的发展中得到弥补。

（3）系统论是一个广阔的研究领域。作为桥梁，系统论理应有接近科学一端的内容，也有接近哲学一端的内容，桥上还可以有并行的通道。就是说，系统论包括不同的分支，不是写一本系统论的书即可说尽。例如，可以分别研究系统科学辩证法、系统科学认识论和系统科学方法论等，还

[①] 载于《系统理论中的科学方法与哲学问题》，清华大学出版社，1984，第17页。

可以像贝塔朗菲建议的那样研究系统本体论、系统价值论等。中国学者应当也能够在这些方面做出深入的工作，写出西方学者不敢小看的著作来。

在上述工作的基础上，我做出 90 年代自己的研究规划。本书的写作就是根据这一大思路定下来的。今天再回顾这些意见，觉得依然正确。趁为此书写序的机会，把这些意见奉献给读者，期盼得到指教。

1984 年 6 月，在给"全国系统科学辩证法与我国科学技术发展战略学术讨论会"组织者黄麟雏的信中，钱学森指出："系统科学辩证法实是我所说的从系统科学到马克思主义哲学的桥梁——系统论的一部分。我看其中的重要问题是结构与功能、还原论与整体论等辩证关系。总之，不讲整体不行，只讲整体也不行。"[①] 这一论述不仅指明了本书所研究的问题的学科归属，即属于系统论或系统科学哲学，而且指明了系统科学辩证法的一种叙述方法。这一观点对我国系统论研究起了很好的推动作用，本书的写作思想也是我在参加那次会议时萌发的。

按照我的理解，系统辩证法与系统科学辩证法、系统哲学与系统科学哲学，两者在研究范围上有宽窄之分。前者允许超出系统科学已有成果，对现实世界的系统现象做哲学概括；后者基本上是在系统科学学科内容的基础上做哲学概括。一个典型例子是信息问题。若就信息科学公认的成果看，信息论的辩证法大体就是本书第 3 章涉及的范围；若就信息哲学而言，值得讨论的东西还很多，任何人都可以根据自己对信息的理解、对现实世界信息问题的概括建构自己的信息哲学体系。类似地，有一位系统哲学家，就可能有一种系统哲学框架。

同一题目总有不同写法。《系统科学辩证法》这本书至少有两种写法。按钱老的想法，可以就部分与整体、结构与功能等矛盾范畴对分章阐述，打破系统科学各分支的界限，做横向概括。本书未采取这种写法。我们的意图是尽量发掘各个系统理论蕴藏的辩证思想，阐明它们的创立者在创立该理论时如何同各种反辩证法的思想做斗争，尽量避免我们自己的发挥。一方面，力求客观地展示出辩证法对系统科学家是最重要的思维方式，因为只有它才能为客观世界的发生发展过程、为客观过程的普遍联系、为从

[①] 钱学森同志致黄雏雏同志的信，载于《系统思想与科学技术发展战略研究》，西安交通大学出版社，1985。

一个领域到另一个领域的过渡提供类比,并进而提供说明方法。另一方面,真实地展示系统理论提出哪些活生生的辩证观点和方法,对丰富和发展辩证法做出哪些贡献。

有些朋友认为本书的写法人为地提高了系统理论家的辩证法水平,掩盖了他们在哲学上的动摇、混乱或谬误。实事求是地讲,作为在西方文化政治环境中成长起来的学者,系统理论家在掌握辩证法上难免有明显的缺点、混乱和错误。例如,贝塔朗菲的唯物论立场有时发生动摇,托姆强调冲突有点过头,似有崇尚斗争哲学之嫌。指出这些问题,给以批评和澄清是必要的。但我们认为这是次要的方面。最为可贵的是,他们在那样的环境中能提出那么多活生生的、反映现代科学水平的辩证观点,实在值得大力宣扬,好好地接受过来。

拙著《模糊学导引》《系统科学原理》《浑沌学纵横论》及本书,都是在我的三烤斋中烤出来的。有形的三烤斋指我的书房(那也叫书房!),无形的三烤斋指我生理和心理生活的小生境。其中一烤来自我的家庭。我的家庭是和谐的,但前25年的条件相当艰难。老的老,小的小,病的病,收入微薄,沉重的家务主要落在我的肩上。推煤买米,烧火做饭,伺母教子,样样得自己干。才下讲台,便上锅台,锅台忙罢,再上书台——三台轮转,是我每天生活的流程图。别的干扰挤压也时时袭来。加上本人生性愚直倔犟,不会察颜观色,不善排解矛盾,常常"自找苦吃",无端招来许多麻烦。在这样的氛围中生活和工作,真好比盛夏季节又逢三面火烤,实在熬煎得可以,个中滋味非身临其境者不得而知。我的身心由此受到很大损害。多亏少年时期母亲拼死苦斗精神的熏陶,青年时期毛泽东思想对灵魂的净化,壮年时期中华腾飞前景的鼓舞,给我莫大的力量,总算挺了过来,在教学和研究中做了一点力所能及的工作,心理勉强可以平衡了。

有形的三烤斋即将消亡,我就要迁入新居,终于可以有自己的书房了。无形的三烤斋也已今非昔比。我击掌而歌,欢庆这早就该来的一天。但我又若有所失。三烤斋中的这一段生活对我也有好处。八卦炉把孙悟空炼成火眼金睛。三烤斋把我烤成一个"孤子",不怕孤独,耐得寂寞,吃得清苦。窃以为,对于一个学者来说,这是一份可珍贵的财富。应当感谢三烤斋。于是,我连偷带诌,凑得一首:

题三烤斋

斋内龌龊不足夸，斋外放荡思无涯。

浑然一个"孤立子"，也学刘郎笑桃花。

　　本书写作过程中得到许多朋友的帮助。张象枢教授多次同作者讨论本书的构思，阅读过部分手稿，贡献了不少有价值的意见。第8章参考了北京邮电大学社科系周慧琴女士的手稿，她还对部分章节提出修改意见。刘华杰博士阅读了第9、第10两章，给我以诸多帮助。硕士生宛小东帮助我校阅全部手稿，使本书避免了不少错漏。我还得到中国软科学研究会理事长马宾先生和于景元教授的真诚帮助。在此向他（她）们表示衷心的感谢。

　　本书属于纯学术著作，出版困难人所共知。这部书稿也经历了曲折。幸蒙北京大学季羡林先生的鼎力推荐，本书终于有机会问世。其间也得到于景元教授、赵一凡教授的支持。借此向各位先生和出版社致以诚挚的敬意。

2019 年 4 月于泊静斋

目 录
CONTENTS

导论 ……………………………………………………………… 1
科学向辩证思维的复归 3
- 0-1 19世纪：复归之潮兴起 4
- 0-2 20世纪：走向全面的复归 6
- 0-3 20世纪：走向自觉的复归 9
- 0-4 21世纪：复归可望完成 14
- 0-5 开发现代科学的辩证思想，促进复归完成 17

分论 ……………………………………………………………… 21
第1章 一般系统论的辩证思想 23
- 1-1 跳出机械论和活力论的误区 23
- 1-2 揭露还原论的局限性 26
- 1-3 倡导开放系统观 29
- 1-4 探索动态系统观 31
- 1-5 警惕对系统论的形而上学应用 34

第2章 信息论的辩证思想 37
- 2-1 通信工程的基本矛盾 37
- 2-2 确立信息概念与清算机械论 39
- 2-3 确立信息概念与矛盾分析 41
- 2-4 信息的实质与哲学基本问题 43
- 2-5 信息度量的方法论 46

第3章 控制论的辩证思想 48
- 3-1 冲击传统思想需要哲学支持 48

3-2　唯物论的目的观　51
　　3-3　辩证的因果观　53
　　3-4　控制论与科学世界图景的变革　55
　　3-5　工程控制论的辩证思想和方法　57
第4章　事理学的辩证思想　61
　　4-1　运筹学研究需要哲学　61
　　4-2　事含妙理亦堪寻　62
　　4-3　事在人为靠运筹　65
　　4-4　注重把握事理的矛盾特殊性　68
　　4-5　运筹问题的数学处理同样需要辩证法　70
第5章　突变论的辩证思想　73
　　5-1　推动生物学与数学相聚汇　74
　　5-2　对科学方法进行清理　76
　　5-3　探索建模的一般理论　79
　　5-4　揭示渐变导致突变的机制　81
　　5-5　用吸引子概念阐述目的性　84
第6章　耗散结构论的辩证思想　86
　　6-1　在矛盾冲突中确定研究方向　86
　　6-2　深入批判机械论　89
　　6-3　寻找生物有序之源　92
　　6-4　把不可逆性引入动力学　96
　　6-5　放弃"现实世界简单性"的信念　98
　　6-6　阐述新的自然观　101
第7章　协同学的辩证思想　104
　　7-1　差异与同一　105
　　7-2　部分与整体　107
　　7-3　合作与竞争　110
　　7-4　支配与服从　112
　　7-5　偶然与必然　114
　　7-6　自组织与他组织　116
第8章　超循环论的辩证思想　119
　　8-1　寻找从化学进化到生物进化的过渡环节　119

8-2 用"循环系统的理论"描述分子进化 122
8-3 超循环：解决因果难题的必要工具 125
8-4 超循环：克服信息危机的系统机制 127
8-5 超循环："一旦一永存"机制的创造者 130
8-6 探求统一世界观的新视角 133

第9章 混沌学的辩证思想 135
9-1 混沌哲学研究述评 136
9-2 混沌的魅力 137
9-3 混沌揭示了简单性与复杂性的辩证关系 140
9-4 混沌排除了机械决定论的可预见性狂想 142
9-5 用矛盾观点把握混沌的实质 144
9-6 用辩证逻辑刻画混沌概念 146

第10章 分形学的辩证法 150
10-1 分形学的孕育和产生 150
10-2 从整形到分形 154
10-3 分形概念的辩证法 156
10-4 分形、迭代与系统演化 159
10-5 分形学对科学思想和方法论的贡献 161
10-6 分形学对科学世界图景的变革 164

总论 169

第11章 从"非系统理论"看系统理论 171
11-1 问题的提出 171
11-2 系统与非系统 173
11-3 确定性与不确定性 175
11-4 完整性与不完整性 177
11-5 进化与退化 180
11-6 统一性、多样性及其他 182

第12章 系统科学：科学技术复归辩证法之果 185
12-1 系统科学不可能与近代自然科学同步产生 185
12-2 系统思想的现代哲学表述 188
12-3 系统概念的确立是理论科学复归辩证法之果 190

12-4　定量化系统方法是技术科学复归辩证法之果　192
　　12-5　系统科学家的体认　195
第13章　系统科学：关于联系和发展的科学　199
　　13-1　从关于联系的哲学到关于联系的科学　199
　　13-2　系统科学提供了描述相互联系的概念框架　202
　　13-3　系统科学提供了描述相互联系的科学方法　204
　　13-4　系统演化论是关于时间维中普遍联系的科学　207
　　13-5　系统科学家的体认　209
第14章　系统科学中的对立统一　212
　　14-1　系统科学家对对立统一规律的体认　213
　　14-2　系统科学的矛盾普遍性原理　216
　　14-3　系统科学的内因论　218
　　14-4　系统科学的两点论　220
　　14-5　系统科学的重点论　223
　　14-6　系统科学的中介论　224
第15章　系统科学中的量变质变　227
　　15-1　系统科学家对量变质变规律的体认　227
　　15-2　系统的量与质、量变与质变　230
　　15-3　突变论对量变质变规律的描述　233
　　15-4　自组织理论对量变质变规律的描述　235
　　15-5　模糊理论对量变质变规律的描述　238
　　15-6　"结构质变律"质疑　240
第16章　系统科学中的否定之否定　243
　　16-1　系统科学家对否定之否定规律的体认　243
　　16-2　系统是肯定与否定的对立统一　246
　　16-3　以辩证否定观沟通存在与演化　248
　　16-4　否定之否定是系统演化的普遍规律　251
　　16-5　系统的循环演化　253

余论　………………………………………………………………　256

参考文献　…………………………………………………………　259

01
导 论

科学向辩证思维的复归

然而恰好辩证法对今天的自然科学来说是最重要的思维形式，因为只有它才能为自然界中所发生的发展过程，为自然界中的普遍联系，为从一个研究领域到另一个研究领域的过渡提供类比，并从而提供说明方法。

——恩格斯

系统科学辩证法实是我所说的从系统科学到马克思主义哲学的桥梁——系统论的一部分。我看其中的重要问题是结构与功能，还原论与整体论等辩证关系。总之，不讲整体不行，只讲整体也不行。

——钱学森

20世纪的科学在各个领域都取得了空前巨大的发展和革命性的变革。系统科学是这种变革的产物，它的产生和发展又通过对世界观、科学观、方法论和思维方式的进一步变革而深刻地影响着整个科学，乃至人类文化的未来演进。20世纪中叶以来，当代著名思想家、科学家纷纷撰文著书，对现代科学的发展和变革进行评论、反思和预测，学派林立，观点纷呈，从不同侧面对现代科学的成就和问题、特点和本质、现状和走向做出阐述，贡献了大量真知灼见。但我们认为，只有恩格斯关于科学从形而上学向辩证思维复归的论断，才真正揭示出科学最深层次的走向。对系统科学做哲学分析，必须放在现代科学作为整体的历史发展这个大背景下进行，把握思维方式向辩证法复归这个大方向。有鉴于此，在进入本书的正文以前，有必要对科学思维方式变革的这一历史运动的过去、现状和前景做一番概略的考察。

0–1　19世纪：复归之潮兴起

从哥白尼到牛顿的科学革命，把人类关于自然界的知识从哲学母体中分离出来，建立在实验和分析的基础上，形成以牛顿理论为旗帜的近代自然科学。这就是通常讲的经典自然科学。与此同时，形成了与经典科学相适应的自然观、方法论和思维方式。这种唯物的，但同时也是形而上学的自然观、方法论和思维方式，在自然科学乃至整个科学中占统治地位达300年之久。由于这个缘故，许多现代学者常常把经典科学称为机械论科学，确有一定道理。

事物在其自身的发展中迟早要产生出自己的否定物。到19世纪中叶，在经典科学取得一系列辉煌成就的喜庆气氛中，不同学科领域先后出现了一些有违经典科学基本信条的、意义重大的新进展，在形而上学的僵硬自然观上打开多个缺口。它们是：天文学中的康德—拉普拉斯星云假说，地质学中的赖尔理论，物理学中的能量守恒与转化定律，化学中关于用无机物合成有机物（尿素）的发现，生物学中的细胞学说和达尔文进化论。在不太长的时期内，从科学的几个主要领域中先后涌现出来的这些重大成就，形成一股历史潮流，向机械论即形而上学的自然观和思维方式发起挑战。恩格斯深入分析这一局面后指出，理论自然科学开始了从形而上学向辩证思维复归的历史进程，并对这一动向做出高度的评价和热烈的讴歌。

在这之后的100年中，马克思主义哲学队伍中存在一种并未言明的观点，似乎这种复归运动在恩格斯的时代已经完成，看不到有必要对恩格斯这一极为重要的论断做进一步的研究和发挥。这种观点是没有根据的，也是有害的。它同对社会主义事业的艰巨性、曲折性、长期性估计不足的思潮密切相关。自然观、方法论和思维方式的转变是人类社会发展中最深层次的变革，需要很长的历史时期，几十年不行，100年也不行。今天的人们可以清楚地看到，理论自然科学向辩证思维复归在19世纪只是处在这一大潮的始发阶段，或第一个浪头（康德在18世纪中叶的发现是一个孤立事件，完全谈不上形成潮流），不可能而且事实上也没有形成全面复归，更不可能在那个时代完成复归。

让我们大略回顾一下19世纪自然科学的发展水平。那个世纪还没有宇宙学，康德的星云说是一种思辨式的假说，拉普拉斯后来所做的论证主要是依据对太阳系的观测资料和当时的数学工具，他的论证不可能是充分的。在物理学中，支持新自然观的主要是能量守恒和转化定律，它为哲学上的转化观点提供了最有力的科学支持。但它还不是一条有关演化发展的物理学定律。尽管没有转化观点就没有发展观点，但有了转化观点并不意味着有了发展观点。在同一组织性、复杂性水平上的转化，还不是真正的发展。19世纪发现的热力学第二定律是一条物理学的演化发展定律，但它的深刻含义当时的物理学界尚未理解，而克劳修斯的热寂说只能误导人们把它理解为仅仅是关于宇宙退化的定律。直到20世纪80年代，普利高津还认为我们刚刚开始破译第二定律，完全没有理由要求19世纪的马克思、恩格斯利用它来制定哲学的发展观。在这样的科学知识基础上，不可能确立关于物理世界的发展观。用无机物合成有机物的意义是重大的，为填平无机界与有机界之间那条被视为不可逾越的鸿沟迈出重要的一步，但还远远没有达到把这条鸿沟"大部分填起来了"①的程度。而那个时期出现的克劳修斯与达尔文的"对立"，即热力学与生物进化论的"对立"，显著地加大了这条鸿沟，把19世纪的科学家置于极度的困惑中，完全看不到解决矛盾的前景。19世纪没有创造出一种理论能够给宇宙万物"自己运动"的辩证法原理提供科学支持。尽管出现了相变理论，由于它局限于研究平衡过程，直到20世纪中叶以前，科学家还不可能认识到它是一种物理学自组织原理。总之，在这样的自然科学水平上远远不可能完成向辩证思维的复归。恩格斯在19世纪得出"新的自然观的基本点是完备了"②的结论，今天看来有些过分乐观。物理学是自然科学的主干，被视为其他分支学科的楷模。只要物理学还没有确立发展的观点和事物自己运动的观点，现代辩证自然观的基本点就不能说是完备了。

在整个19世纪，理论自然科学向辩证思维的复归始终是一种自发现象。以六大缺口或三大发现为代表的19世纪科学成就（这种说法并未得到科学界的普遍认同，因为其他科学成就，如发现热力学第二定律，其重要性与三大发现大体相当），无可否认地预示了自然观和思维方式根本变革时期的来临。然而，"此中有真意，问谁领会得来？"只有思想深邃、眼界高远如恩格斯这样的辩证法大师才可能见微知著，在当时的发展水平上窥明开始兴起的复归之潮。而整个自然科学界对于这种复归浑然不觉，没有表现出有意识的响应。或许化学家肖莱马是个例外，他由于懂得黑格尔，又同马克思、恩格斯过从甚密，比较熟

---

① 《马克思恩格斯选集》（第3卷），人民出版社，2012，第452页。
② 《马克思恩格斯选集》（第3卷），人民出版社，2012，第453页。

悉恩格斯的思想脉搏，因而热情支持恩格斯的自然辩证法研究。但他对这种复归之潮的理解究竟有多深刻，尚缺乏必要的资料去评价。科学家的认识同样受到时代的限制。如果我们推断肖莱马当时对复归之潮的理解深度与恩格斯相去甚远，估计不会有太大的谬误。

  这种状况的出现绝非偶然，而是由19世纪科学发展的整体水平所规定的。由于专业化、分支化不断加强，科学家们被分割局限于越来越小的研究领域，严重束缚着他们的视野，不可能建立关系事物普遍联系的观点。19世纪物理学的领袖人物正沉湎于物理学大厦即将竣工的盲目乐观之中，以为除了两片乌云之外，不再有重大问题值得研究了，完全看不到有转换思维方式的必要。因此，我们在百年后的今天回首往事，对恩格斯超越时代的远见卓识深表钦佩；另一方面，也能更好地理解为什么恩格斯的思想在19世纪的科学界未找到知音。通观整个19世纪，理论自然科学只是在形而上学自然观上打开几个缺口，机械论大厦整体上并未坍塌，形而上学思维方式继续占据统治地位，有些方面甚至还在加强。何况，恩格斯本人从未讲过理论自然科学向辩证思维的复归在当时已经或接近完成。相反，他一再强调这种复归的必要性和重要性，探讨更好地实现复归的途径，恰好表明他已认识到复归还任重道远呢。

0-2　20世纪：走向全面的复归

  科学发展作为一种社会历史过程，也是一个非线性动力学系统。经典科学以及同它相适应的机械论自然观、方法论和思维方式，代表该系统的一个稳定形态，形成特定的势阱。经过几百年的运行，到19世纪中叶，这个系统内部产生了力图越出现有势阱、向新的稳态演进的趋势，出现了探索新稳态的涨落。尽管这种趋势在势阱底部只能以极其微小的加速度缓慢发展，但毕竟代表着系统更高级的结构模式和新方向，是不可阻挡的。一旦走出谷底，就会按指数方式加速前进。在上一次世纪之交，这种发展势头终于出现了。

  20世纪是在科学革命的硝烟中开始的。在这场革命中，物理学一马当先。爱因斯坦提出相对论，引起一场伟大革命。紧接着，量子力学掀起另一场伟大革命。这两场革命使一大批哲学家、自然科学家，特别是物理学家陷入极度的困惑之中，导致科学史上罕见的思想混乱。列宁的名著《唯物主义与经验批判主义》对此有清晰的描述。这种局面既反映出19世纪对形而上学的清算远非充分，也反映了新物理学革命对形而上学思维方式的冲击空前的尖锐、强劲和深刻。如列宁所说：现代物理学"正在生产辩证唯物主义"①。

20世纪是科学革命频繁发生的世纪。到这个世纪中叶，自然科学的所有领域（以及它与其他科学领域接壤的边缘地段）都发生了革命性变化，有些领域（如物理学）出现过多次革命。革命的结果，除相对论和量子力学外，还产生了统计物理学、粒子物理学、宇宙学、分子生物学、非平衡态物理学等一大批新兴学科。理论自然科学真正出现了从各个领域同时地、交替地、反复地向形而上学思维方式猛烈冲击，全方位地向辩证思维复归。这种局面在19世纪是难以想象的。

到19世纪末，我们对客观世界的了解主要还局限于宏观层次，即人类生活于其中的这个层次。对于宇观和微观层次，我们尚无多少称得上科学的知识。20世纪的情形有了质的改观。量子力学、粒子物理学和分子生物学，为我们提供了关于微观世界深入精细的知识。广义相对论和宇宙学使我们对宇观世界有了系统的科学知识。19世纪对宏观世界的认识是不深刻的。20世纪出现的非平衡态物理学、混沌学等新学科，纠正了300年来牛顿理论描绘的钟表世界模式的谬误，揭示出宏观世界固有的动态性、非平衡性、非线性、随机性、混沌性和复杂性，使我们对这一层次也有了崭新的认识。这样一来，建立正确反映宇宙各个层次根本规律的自然观的条件是真正具备了。

20世纪另一场伟大的科学革命是系统科学的崛起和发展。从40年代兴起的以系统为研究对象的学科，如一般系统论、控制论、信息论、运筹学、博弈论、系统工程等，到六七十年代出现的一批主要研究系统演化规律的基础理论，如突变论、耗散结构论、协同学、微分动力体系、超循环论、混沌学、分形学等，形成猛烈冲击形而上学思维方式的第三次浪潮。系统科学的横贯性，有力地扭转了几百年来科学一味沿着分支化、专门化方向发展的势头，指明了实现科学综合、统一的新途径。系统科学为我们描绘出一幅辩证的科学世界图景，创造了一套不同于还原论和分析思维的方法工具，提供了进一步克服形而上学的锐利武器。

19世纪只有理论自然科学，没有技术科学，科学作为一种知识系统，体系结构尚未发育完全。科学和技术相互脱节的局面没有改变。20世纪诞生了一系列技术科学，科学系统具备了由基础科学、技术科学和工程技术三个层次构成

---

① 《列宁选集》（第2卷），人民出版社，1975，第319页。

的完整体系。这样的科学系统可以更有效地描述天然自然和人工自然，进一步为建立辩证自然观准备好条件。技术科学在20世纪也经历了一系列科学革命，产生了控制论、计算机科学等影响深远的新学科。科学与技术的联系在20世纪日趋密切，形成基础研究、应用研究和开发研究相衔接的完整链条，科学理论的重大发现可以迅速转化为技术上的变革。20世纪也是技术革命频繁发生的世纪，电子技术、信息技术、自动化技术、航天技术、原子能技术、生物技术、系统工程、综合集成工程等，这些引起社会深刻变革的硬技术和软技术不断涌现出来。一句话，从理论自然科学到应用自然科学再到工程技术，都发生着向辩证思维复归的深刻变革。

19世纪只有自然科学、社会科学和数学，科学技术作为系统的发育还很不完满。今天的科学已远不限于这三个门类，出现了系统科学、思维科学、人体科学、地理科学等新的门类。数学的各个领域在20世纪都取得重大进展，许多进展是革命性的，出现了许多具有新颖数学思想的学科，数学作为辩证法的辅助工具的特点表现得更充分了。这个世纪的社会科学在摆脱牛顿模式的影响方面也有长足的进步。在弥漫着科学革命浓厚气氛的时代中产生的各种新学科，由于没有经典科学历史地背负的形而上学包袱的重压，一开始就表现出比较明显的辩证性质。如果说恩格斯在19世纪只能看到理论自然科学（广义地讲，也包括数学）向辩证思维的复归，我们今天则有充分的根据讲，现代科学整体上都在实行着这种变革。

19世纪的唯科学主义远未达到它的极限，人们看到的仅仅是科学的巨大正面效应。人与自然的关系被理解为征服与被征服的关系，科学就是人们征服自然的智力武器。恩格斯关于自然界对人类掠夺式开发进行报复的警告，被当作耳旁风，未曾引起注意。马克思提出的生态自然观，即使在马克思主义队伍中也长期无人提及。20世纪特别是中叶以来，唯科学主义的弊病和危害充分暴露出来，与机械论科学发展相伴而来的核威胁、环境污染、生态破坏、资源匮乏等危机，严重威胁着人类社会的进一步发展，以至人类自身的存在。它以不容置疑的权威性强迫人们重新审视经典科学所遵奉的自然观、科学观和方法论，认识改变思维方式的必要性和紧迫性。

20世纪的宇宙观，包括物质观、运动观、时空观、信息观、系统观、规律观等，以及人天观、人体观、科学观、技术观等，都发生了并且仍在发生着根本性的转变。相对论否定了绝对时间和绝对空间的观念。量子力学推翻了关于可控测量过程的机械决定论信条，揭示出随机性的客观意义。质能转化、测不准原理、夸克因禁、信息和信源的可分离性等科学发现，剥除了包裹在物质概念上的层层形而上学迷雾。宇宙学使康德的星云假说升华为关于宇宙起源的科学描述。非平衡统计物理学揭示了不可逆过程的建设性作用。混沌学扬弃了钟表世界模式，揭示出客观世界是确定性与随机性、可预见性与不可预见性的辩证统一。系统科学描绘出宇宙万物普遍联系的科学图景。演化的物理学，更一般地说是系统演化理论，描绘了客观世界发展变化的科学图景。自组织理论揭示出事物是如何自己运动的。生态学的发展暴露了经典科学的反生态弊病，指明建立现代生态自然观的途径。科学文化与人文文化的会聚正孕育着"天人合一"的现代自然观和科学观，向唯科学主义发起挑战。一言以蔽之，20世纪的科学完全称得上全面向辩证思维复归，100年前出现的几条支流已经汇聚扩展为汹涌澎湃的历史洪流。如果说恩格斯的时代只是在形而上学的自然观、方法论和思维方式上打开几个缺口，那么，在21世纪的今天我们有充分的根据断言，形而上学已经没有一块完整的阵地，近乎可以说是"忽喇喇似大厦倾，昏惨惨似灯将尽"了。

0-3 20世纪：走向自觉的复归

恩格斯在100多年前就指出，理论自然科学向辩证思维的复归有两条不同的道路。一条是自发的复归，即"仅仅由于自然科学的发现本身所具有的力量而自然地实现"，"但这是一个比较长期、比较缓慢的过程，在这个过程中有大批多余的阻碍需要克服"①。另一条是通过自觉的学习而复归。"如果理论自然科学家愿意从历史地存在的形态中仔细研究辩证哲学，那末这一过程就可以大大地缩短。"② 科学发展的实际进程表明，从19世纪到20世纪前期，自然科学界基本上是沿着前一条道路行进的；但在20世纪中叶以后，通过自觉学习而向辩证思维复归的道路已经开辟出来了。

自然科学的这一发展历史在总体上是合乎规律的，并未走过明显的弯路。这并不奇怪。一切代表历史前进方向的新趋势在开始时都是自发进行的，发展到一定规模和水平之后，才被先进的人们意识到，变为自觉的努力。这是科学

---

① 《马克思恩格斯选集》（第3卷），人民出版社，2012，第467、468页。
② 同上书。

作为一种社会历史过程自身自组织发展的必然历程。在很长一段时期中，人们对社会历史发展中的自发性趋势持全盘否定的态度，对自觉的运动持全盘肯定的立场，把二者对立起来。现在是清算这种形而上学观点的时候了。耗散结构论等自组织理论强调系统演化过程的自发性，把自发性看作自组织过程的基本特征之一。这一思想是深刻而重要的。社会实践是人类自发性与自觉性的对立统一。毛泽东说过，自觉的能动性是人类区别于动物的本质特征。这当然是正确的，但只是事物的一个方面。由于偶然性、随机性、混沌性的普遍存在，实践过程还有自发的一面。新的发展趋势或模式常常在人们的预测和计划之外以自发形式产生出来，逐步壮大，迫使人们认真对待它们。真正的自觉性不是凭空产生的，它是实践着的人们不断发现并努力消除自发性的结果。一种社会过程具有很强的自发性，表明该过程具有深厚的历史根据和必然性，具有强大的生命力。相反，那种不具备深厚自发性基础的自觉运动，看上去有纲领有计划，势不可当，到头来不过是一场泡沫剧，其来也速，其去也速，不会在历史前进的道路上留下深刻的辙迹。

  自然观、方法论和思维方式向辩证思维的复归，必然要经历一个很长的自发发展过程。要使它成为自觉的运动，必须具备两个条件。第一，自然过程的各个方面（即科学研究的各个对象领域）的辩证性质充分暴露在人们的面前，迫使科学家不能不承认它们。恩格斯在19世纪70年代认为当时已具备了这个条件，后来的发展表明他的估计过分乐观了。20世纪，特别是中叶以来，完全可以说已经具备了这个条件。第二，机械论的自然观、方法论和思维方式经过科学实践的长期检验，在历史上起过巨大作用，并且是科学共同体唯一真正熟练地掌握了的工具；因此，只有当它走到自己适用范围的边界，充分暴露其固有的局限性和弊病，阻碍科学的进一步发展，甚至造成危及人类生存的严重后果时，才能引起科学共同体的认真反思，下决心加以清理和克服。这种情形在20世纪中叶以后已经鲜明地呈现在人们面前。危机是革命的强劲推动力，是导致向辩证思维复归成为自觉行动的契机。一系列全球性危机同时出现，迫使人们以极大的紧迫感探讨其产生根源，发现它们的出现与形而上学的自然观、科学观、方法论和思维方式长期居统治地位有深层次的联系。要克服这些危机，建设人类美好的明天，必须批判地审视人类文化中的这些深层次的东西，必须采用辩证思维。20世纪自然科学界的著名人物都喜欢探讨自然观、科学观、方法论和思维方式的变革，直言不讳地批判机械论，表明他们向辩证思维复归的自觉性已达到很高的水平，与他们的19世纪前辈们不可同日而语。还应当指出，恩格斯在19世纪看到的主要是自然科学家为克服本领域的理论困难而求助于辩证思维的事实；到21世纪的今天，转变思维方式已成为与人类生存发展休戚相关的全局性大问题，成为各方面的科学家、思想家、哲学家共同的自觉追求。

在历史地存在的多种辩证哲学形态中，恩格斯特别指出两种，即古希腊哲学和德国古典哲学，希望自然科学家能仔细研究它们，以便加速思维方式的转变。恩格斯的建议在20世纪的科学家中得到相当规模的响应。我们从现代科学的许多名著中可以看到，为了克服面对的理论困难，为自己的理论探讨寻找智慧的启迪和哲学的支持，科学家喜欢向古希腊的赫拉克利特、亚里士多德等先哲请教，也常常吸取黑格尔等德国近代哲学家的思想，用以反对20世纪仍然流行的机械论等错误观点。他们需要的无疑是这些先哲们的辩证思想。

在这里，我们要强调另外两种辩证哲学形态。一种是马克思恩格斯在19世纪创立的辩证唯物主义。20世纪自然科学家对辩证唯物主义的态度明显地有别于19世纪。20世纪前半期，资本主义带来的社会危机空前尖锐，两次世界大战把人类推向灾难的深渊，而新兴的社会主义在解决社会危机、反对侵略战争的斗争中发挥了巨大的作用。事实促使一批富于社会责任心和正义感的著名科学家对社会主义抱有同情心，对辩证唯物主义持比较客观、开放的态度。20世纪20年代，恩格斯的《自然辩证法》公开发表并传播开来，为科学工作者了解马克思恩格斯的思想提供了更充分的材料。俄国和中国革命的成功大大促进了列宁和毛泽东的哲学思想的传播，一些著名科学家开始研究他们的著作。辩证唯物主义观点在当代大科学家的思想中都有某种直接的或曲折的反映，一些人采取完全自觉的态度运用它来解决面临的理论困难。这里简略考察三个事例。

享誉世界的英国学者李约瑟，青年时期是机械论的热烈拥护者。在1928年写的一篇文章中，他声称："机械论和唯物主义是科学思想的基础。我无论如何也无法接受思维现象不遵从理化的描述，我所知道的一切在科学意义上都是机械的。"[①] 但胚胎研究中的理论困难迫使他对机械论产生怀疑，开始寻找新的哲学基础。通过学习恩格斯的《自然辩证法》并与苏联学者切磋，李约瑟认识到辩证法能够令人满意地弄清两派哲理生物学之间复杂的争论，说明自然发展必然产生愈来愈复杂的社会组织，包括比资本主义更高级的社会形态。30年代的

---

① F. 卡普拉著，冯禹等编译：《转折点》，中国人民大学出版社，1989，第78页。

李约瑟终于"转向唯物辩证法"①。

在自觉学习、运用和研究辩证法方面，日本科学家写下光辉的篇章。从20世纪20年代起，日本学术界开始译介恩格斯和列宁的自然辩证法论著，组织学术讨论。参加者除哲学家以外，还有数学、物理学、生物学等领域的科学家。第二次世界大战后，这方面的活动迅速恢复，并进入新的阶段，取得重大成果。其中最突出的是理论物理学家坂田昌一。学生时代的坂田已接触到自然辩证法，逐步认识到唯物辩证法是现代科学的方法论。他把这种方法论应用于物理学研究，1942年发展汤川理论创立的二介子论，1946年提出的混合场理论，1955年提出闻名世界的坂田模型（复合模型），"都是根据自然辩证法以武谷的方法论为背景进行的"②。在研究物理学的同时，坂田还长期坚持科学方法论研究，运用唯物辩证法考察和总结物理学发展中的历史经验，批判唯心论和形而上学，写出一系列哲学和方法论文章。特别是1969年发表的《我所遵循的经典——恩格斯的"自然辩证法"》一文，总结了他从事物理学研究40多年的体会，高度评价了唯物辩证法对科学研究的指导作用，在科学界和哲学界产生了广泛的影响。

20世纪50年代，针对国际物理学界盛行的基本粒子不可再分的看法，毛泽东提出基本粒子仍然可分的论断，为沉闷的物理学界注入一股清风。中国物理学家朱洪元等人根据这一见解，以辩证唯物主义为指导，提出强子结构的层子模型，受到国际科学界的高度重视。辩证法大师的观点对当代科学前沿重大问题产生直接的影响，这在科学和哲学史上都是空前的。毛泽东观点的影响已超出中国物理学界。诺贝尔物理学奖得主、美国科学家格拉肖曾建议把层子命名为毛粒子，以肯定毛泽东哲学思想对物理学前沿探索的重大影响。③

另一种历史地存在的辩证哲学形态，是东方古代哲学，特别是中国古代哲学。20世纪科学革命的代表人物大都对中国古代哲学的现代意义有所关注。20世纪中期以后，向中国古代哲学"复归"已不是个别自然科学家在个别问题上的尝试，而是不同学科的一大批学者的共同行动，且兴趣日趋浓厚。系统理论家向中国古代哲学学习的努力，我们将在第12章做专题讨论，这里只提及以下

---

① 普利高津、斯唐热著，曾庆宏、沈小峰译：《从混沌到有序》，上海译文出版社，1987，第1页。

② 坂田昌一：《我所遵循的经典——恩格斯的〈自然辩证法〉》，载《科学与哲学》，1981年第3期，第51页。

③ 何祚庥：《毛泽东与粒子物理学研究》，载《自然辩证法研究》，1993年第11期。

三点。

量子力学的创始人、20世纪最伟大科学家之一的玻尔,对东方思想有特殊的感情。在阐述他的物理学思想时,玻尔多次引用东方思想家的说法。据说,玻尔的名言"在存在的伟大戏剧中,我们既是演员,又是观众",即源于东方思想。玻尔的重大贡献之一是提出互补原理。1947年在为接受宝象勋章而设计的族徽中,玻尔用了中国古文明创造的太极图,以一阴一阳形象地表示互补关系,还在族徽上用拉丁文写下"互斥即互补"这一辩证命题。在那些希望从中国思想中获得智慧的西方科学家中,玻尔和李约瑟是两个突出代表,他们所钟情的正是中国古代先哲的辩证思想。

著名日本物理学家汤川秀树由于在物理学中的杰出贡献,成为第一个荣获诺贝尔奖的东方人。他从20世纪40年代开始思考东西方文明的差别(参看他的《东方的思考》),试图从中国古代道家思想中寻找克服粒子物理学理论困难的思想武器。他把老子的"道"引入物理思想中,提出"物理学之道"的概念。汤川还试图借用庄子的"浑沌"概念去理解基本粒子的奇妙性质。通过对庄子思想和现代物理学的比较,宣扬东方直觉思维的价值,批评西方科学单纯追求逻辑严密的片面性。由于他既有东方文明的根基,又把握了西方科学的真谛,汤川秀树的探索对促进西方科学界研究东方文明起了很大推动作用。

20世纪70—80年代,美国物理学家卡普拉先后出版了两本引起轰动的著作:《物理学之道》和《转折点》。卡普拉考察了现代物理学与东方古老思想之间的平行发展,对经典科学的自然观、科学观、方法论和思维方式的局限性做了入木三分的分析批判,热烈颂扬科学文化领域兴起的"转折之潮"。他认为,西方科学沿着螺旋式道路前进,它从古希腊哲学出发,建立了机械论科学,并发展成一种与东方尖锐对立的世界观;而在最近的阶段里,又最终克服了这种观念而返回古代希腊和东方哲学上来。抛开所谓"东方神秘主义"的用语,卡普拉的评论与恩格斯100年前的预见基本一致。他主张学习东方古老智慧,克服西方科学机械论的、还原论的、反生态的、过分强调竞争的自然观、科学观、方法论和思维方式,创立一种全新的科学。在一定意义上说,卡普拉的著作是对20世纪西方学者向东方学习的一次总结,也是他们更深入地学习东方文明的宣言书。张岱年先生在评论恩格斯关于科学向辩证思维复归的著名论断时写道:"二十世纪后期,这种'向辩证思维的复归'才逐渐实现。现代科学家重视老庄哲学正是这种向辩证思维复归的明显表现。道家老庄哲学所以受到现代西方自然科学家的推崇，正是由于老庄哲学富于辩证思维。"①

这种情形是19世纪的西方思想家，包括马克思恩格斯在内，不可想象的。19世纪的西方人无法理解东方文明、特别是中国文明的世界意义。但今天，学习东方文明已成为一种世界性的思想运动，而且方兴未艾，高潮还在后头。它充分体现出20世纪科学向辩证思维自觉复归所达到的水平。

0-4 21世纪：复归可望完成

然而，在时至今日，我们固然耳闻目睹着科学向辩证思维复归之潮滚滚之势，又不得不承认，我们仍然看不到复归大业即将完成的前景。这种情形值得探究。

作为这一种最深层次的历史运动，科学向辩证思维复归的历程必然是曲折复杂的。恩格斯在谈到19世纪德国理论自然科学的状况时，曾尖锐地指出："正当自然过程的辩证性质以不可抗拒的力量迫使人们不得不承认它，因而只有辩证法能够帮助自然科学战胜理论困难的时候，人们却把辩证法和黑格尔派一起抛到大海里去了，因而又无可奈何地沉溺于旧的形而上学。"② 恩格斯生前对复归过程的曲折性和艰巨性已经有所估计了。

尽管20世纪出现向辩证思维全面、自觉复归的大潮，但道路仍然是曲折的，充满了矛盾和斗争，有前进也有倒退。在科学家中，通过自觉学习而接受辩证法的人毕竟是少数，多数人回避在哲学观点上做明确的选择，他们的思想中既有辩证法，也有形而上学，有些人对唯物辩证法抱有偏见，持反对态度的也不乏其人。著名法国分子生物学家莫诺在《偶然性与必然性》一书中对辩证唯物主义进行了猛烈的攻击，许多提法来源于对后者的误解。恩格斯对热寂说的批判，被莫诺说成是拒绝了热力学第二定律这一伟大发现。他的指责缺乏根据。受科学发展水平的限制，恩格斯与19世纪的物理学家都无法把握第二定律的根本意义，不能对它做出像对三大发现那样深刻的哲学概括。恩格斯对热现象的解释难免有不充分不准确之处。但恩格斯并未怀疑第二定律的正确性，他拒绝的只是克劳修斯的哲学概括，批判热寂说和拒绝第二定律是性质不同的两

---

① 董光璧著：《当代新道家·序》，华夏出版社，1991。
② 《马克思恩格斯选集》（第3卷），人民出版社，2012，第467页。

回事。莫诺抨击辩证唯物主义造成"认识论灾难"①，断言只有"彻底抛弃这种思想体系"，人类才有前途。② 在如此明显敌对情绪支配下，莫诺不可能做出客观公正的评价。物理学出身的加拿大著名哲学家本格是又一个典型。他是坚定的唯物主义者，又是辩证法的坚定反对者，但不像莫诺那样抱有敌意。本格认为："由于辩证法的含糊性，在唯物主义前面添加'辩证的'这一限制词将不会有所得而只会造成很大的损失。"③ 因此，"如果唯物主义意欲沿着精确化以及与科学相协调的路线发展，它就必须同辩证法划清界限"④。在20世纪的思想运动中，这些声音所代表的倾向绝非可以忽略不计的。

从20世纪的情况来看，用辩证思维最终取代形而上学还有一段不短的路程要走。其根源是多方面的。首先是科学本身的发展状况。宇宙学和物理学仍未能提供足够充分的科学事实，使我们可以唯物辩证地全面回答所有关于存在和演化的本质问题。物理学与生物学之间的鸿沟远未完全填平。系统科学提供了解决简单巨系统问题行之有效的理论和方法，但如何整体地把握生命和社会等复杂巨系统，尚无确实可行的方法。社会科学还相当落后，如有的学者所说，我们正亲身经历着世界形势的空前大变动，却不知道用什么样的概念和理论来描述和把握它。思维科学、人体科学等新兴科学刚刚起步。要使人类的思维方式完成向辩证思维的复归，科学还须有新的长足进步。

自然观和方法论向辩证思维的复归，不是自然科学单独能够完成的。自然科学只是整个科学系统的一个系统，科学又是整个文化系统的一个分系统。按照系统论的整体性原理，没有整个科学在思维方式、科学观和方法论方面的根本改变，自然观的复归无法最后完成。没有整个文化系统在思维方式上的根本转变，科学系统向辩证思维的复归也无法最后完成。20世纪60年代以来，科学系统形成全面复归之势，文化系统也形成全面变革之势，科学文化与人文文化的整合过程已经启动，东西方文明经过长期碰撞之后，也开始出现融合互补的趋势。但这些变革尚处于起始阶段。在科学上，东方民族整体上还处于落后状态。西方民族向东方民族学习还相当肤浅和表面，几百年间形成的偏见和傲慢

---

① 莫诺著，上海外国自然科学著作编译组译：《偶然性与必然性》，上海人民出版社，1977，第29页。
② 同上书，第134页。
③ 马里奥·本格著，张相轮、郑毓信译：《科学的唯物主义》，上海译文出版社，1989，第25页。
④ 同上书，第41页。

根深蒂固。只有当这种局面基本扭转之时，自然观和方法论继而思维方式的复归才能最后完成。思维方式转变的历程绝非直线式的。回顾100多年来的科学发展，每次革命性变革都是对机械论自然观和方法论的突破，革命的拥护者们为机械论的寿终正寝而欢呼雀跃。但在往后的发展中又意外地发现，新理论中仍然保留某些机械论的东西。机械论的某种表现形式被抛弃了，又发现它的另一种表现形式尚待克服。达尔文学说当时对机械论冲击的深刻和猛烈，我们现在仍可想象。但今天的学者发现，达尔文学说也包含许多机械论弊病。恩格斯生前断言机械论世界观已被驳倒，这在当时看是理由充足的。但20世纪的每一次科学革命都需要以清算机械论来开辟道路。直到70年代，普利高津还认为机械论依然是辩证唯物主义面临的基本难题。80年代末，钱学森在研究开放复杂巨系统时，又提出必须克服这方面的机械论影响。由此足见清算机械论之不易。卡普拉等当代学者对还原论、分析思维、唯科学主义提出了全面而深刻的批判，但他们关于新的自然观、科学观和方法论的建构相当粗糙，片面性和表面性在所难免。不少人反对他们的观点，其中不乏真知灼见。卡普拉在提倡学习东方文明的同时，又把古代神秘主义捡起来，难免使人误入歧途。这些问题不解决，复归的真正完成就不会到来。

就辩证唯物主义哲学而言，马克思恩格斯建立的理论框架只是它的经典形态。它的自然观的知识背景，主要是19世纪中叶以前的自然科学成就，那个世纪后半叶的物理学新进展，微积分以外的现代数学，基本上未被从哲学上概括进去。列宁看到20世纪初的科学革命正在产生辩证唯物主义，但没有时间做系统的哲学概括。辩证唯物主义哲学在20世纪有重要发展，但主要是结合社会革命和军事斗争进行的，与自然科学的联系相当薄弱。对于自然科学在20世纪的辉煌发展，辩证唯物主义至今未做很好的总结和吸收，很多方面还停留在19世纪的水平。辩证法依然只表现为哲学形态，没有发展出一套充分反映自然科学的矛盾特殊性、易为科学工作者掌握的理论和方法。科学家抱怨辩证法与他们的工作"不协调"，存在"隔膜"感，有一定道理。正因为如此，尽管辩证唯物主义在指导社会革命和军事斗争中显得百灵百验、所向披靡，而在指导经济建设和科学工作中发挥的作用却显得相形见绌。加之极"左"思潮和教条主义的肆虐，造成批判相对论、遗传学、控制论等新兴科学的荒唐事件，使一大批科学家与辩证唯物主义疏远了。这种状况没有根本的改变，最后完成向辩证思维的复归是不可想象的。

然而，不论未来的道路还有多少曲折，20世纪的科学在克服形而上学方面已取得决定性的胜利。在某种意义上说，反对形而上学的"战争"已进入巷战阶段，尽管在许多角落还可能遇到顽强的抵抗，形而上学毕竟溃不成军了。思维方式已发生不可逆转的变化。事物的演进遵循加速度原理。科学正在加速发展，未来50年中科学理论在深度和广度上都会有无法逆料的巨大进步，横扫各个角落残存的形而上学。世界社会主义在经历严重挫折之后，正在做历史性的反思和变革，待摒弃原来的弊病之后，将大踏步地走向新的征程。这一切必将强有力地推动复归之潮走向功德圆满。笔者相信，再过半个世纪，人们将有比较充分的根据对科学向辩证思维复归的最后完成做出预见。

0-5 开发现代科学的辩证思想，促进复归完成

科学从形而上学向辩证思维的复归是一种自组织过程，有其固有的规律，拔苗助长是不行的。但社会实践中任何一种自发的运动或趋势一经被认识，人们就要自觉地影响它。单纯自发的自组织观点不能正确说明社会历史现象。自发性和自觉性、自组织和他组织辩证统一的观点，能更好地解释社会历史运动。在我们认识了科学向辩证思维复归是历史大趋势之后，理所当然要采取行动，促进它早日完成。

我们应当遵循恩格斯的忠告，有计划地、系统地、深入地研究历史上的各种辩证哲学形态。其中更重要的，一是从马克思到毛泽东的哲学思想，二是中国古代哲学思想。但仅仅这样做还不够。在科学向辩证思维复归的整个历史过程中，20世纪是一个决定性的阶段。这是我们时代精神的精华。不管人们是否认识到或是否公开承认，这种时代精神在20世纪一切有影响的思想家和哲学家的著作中都有直接的反映或间接的折射。即便那些公开宣布反对辩证法的学者，他们的著述中也包含着辩证思想。本格可算一个典型。他宣称，代替机械唯物论的不是辩证唯物论，而是突现唯物论或科学唯物论。本格用八个属性来刻画这种唯物论的本体论。除第一条和第四条外，其余六条都包含辩证法，或者干脆就是辩证哲学经常讲的内容。第一条要求哲学陈述是"精确的"，这并非与辩证法互不相容。辩证法也需要把概念尽量精确化。辩证逻辑并不排斥形式化。但辩证法强调精确与不精确的对立统一关系，反对把任何一方绝对化。这同现代科学（特别是模糊理论）反对片面强调精确化、肯定近似方法和模糊方法也有科学性的主张是一致的。看来，本格的主张与这种潮流背道而驰，不足为道。

总之，应当科学地对待当代各种潮流的思想家、哲学家，通过他们的著述从不同侧面把握时代精神，吸取营养，丰富辩证法。

另一个更重要的途径是从现代科学的丰硕成果及其发展历史中学习辩证法。20世纪的各门科学都是在反对机械论的谬误、克服还原论的局限性的旗帜下发展的，它们的理论体系和发展历史中蕴藏着丰厚的辩证思想。现代科学不是简单地复归到某种历史上产生的辩证哲学，而是在最贴近20世纪时代精神的意义上的复归，包含有各种历史地产生的辩证哲学所没有的新内容。这是活生生的辩证法。但这些新内容都熔铸在艰深的现代科学内容之中，不是海滩上的漂亮贝壳，或夏天盛开的山花，可以信手拈来。只有学习恩格斯的"脱毛"精神，钻进去，掌握现代科学的基本精神，才可能从中挖掘出新的辩证思想来。现代科学仍未完全清除形而上学的影响，新东西和旧观念常常混杂在一起，只有深入把握其精神实质，方能区分良莠。这个过程本身就需要自觉地运用辩证法。

因此，我们需要有计划地组织力量，就现代科学的十大门类和几百个学科分支分门别类地开展研究工作。本书的宗旨就是在系统科学领域进行这项工作。系统科学是现代科学向辩证思维复归的重大成果（详见第12章），也是进一步推动复归走向完成的重要工具。这一点已为越来越多的学者所接受。这方面的工作大体有两类。一类是利用系统科学的成果发展辩证法，建构辩证法的新体系。十多年来，国内学者就此做了大量探索，已有几部专著问世，但都难以令人满意。这方面的工作是重要的。但笔者掂量再三，深感自己目前不具备这种实力，所以选择了另一条途径，借用张华夏的说法，就是开发系统科学本身的辩证法。我们先就十种系统理论①分章进行讨论，阐述它们的创立者如何克服机械论，表现了哪些辩证思想；然后再用六章的篇幅，分别从不同的角度就系统科学的总体来阐发它的辩证思想。前十章为本书的分论部分，后六章为总论部分。

不论采取那种途径，都要克服两种错误观点的影响。一种观点认为，哲学是人类知识的最高概括，系统科学是具体科学，没有也不可能达到辩证哲学的高度；因此，只能用系统科学来证实辩证法，做些补充，不能做出新的发展。这是一种学科关系上的形而上学观点。所谓最高层次，是就概念的抽象程度而

---

① 严格地说，其中有些系统理论还不能算作系统科学的分支，因为它们包含大量自然科学的内容，属于系统科学与自然科学的交叉。但它们所包含的辩证思想都可以吸收到系统论中来，成为系统论的重要内容。

言的，如果放在时间维中考察，高层与低层是不断转化的。基于19世纪科学知识而建构的辩证法框架，不可能全部包含现代科学的辩证思想。对于那些片面强调哲学最高层次性的朋友，我们愿借苏东坡的一句诗来作为忠告："高处不胜寒，起舞弄清影，何似在人间。"抱着哲学最高层次性不放，落得像寂寞嫦娥那样"碧海丹心夜夜清"，倒不如"下凡"到具体科学层次上来，那里有不断发展着的辩证法的新材料、新观点、新方法，需要有哲学功底的学者加以提炼和概括。

另一种观点认为，辩证哲学已成为历史上的东西，现代哲学的旗帜是分析哲学、科学哲学。一种极端的观点甚至认为，讲辩证法就是极左，就是思想僵化。一些朋友不愿看到笔者选错方向，空耗时光，曾劝告于笔者："什么年代了，你还老讲辩证法！""除了辩证法，就不能讲点别的？"朋友的心是真诚而善良的，但这种观点笔者不能赞同。在笔者看来，分析哲学的辉煌岁月已经过去，综合哲学主导的时代正在到来。科学哲学是有前途的，但按照西方科学哲学几十年的老路走已接近尽头，难有大的作为。科学哲学要再度辉煌，唯有全面而深入地贯彻辩证法，开辟与西方一味追求逻辑语义分析的做法不同的新道路。库恩的工作给我们新的启示。他关于科学革命结构的著名理论，实质上是量变引起质变、渐变导致突变的辩证法原理在科学发展问题上的创造性应用。这表明，运用辩证法研究科学技术的发展规律是大有可为的。

我们无意于否定，辩证唯物主义的发展在20世纪走过弯路，未能跟上现代科学发展的步伐，没有创造出与之相适应的新形态。过去几十年中，教条主义地应用辩证法给她蒙上灰尘。这是导致80年代末社会主义事业遭受空前挫折的重要原因之一。辩证唯物主义正处于她的低潮期。但辩证唯物主义不可能被轻易打败。低潮过去就是高潮，这个高潮定会到来。目前仍在经历的这场大变动也有积极的一面，唯有如此强烈的震撼才能把蒙在辩证唯物主义上的教条主义尘埃荡涤尽净，还她以本来面目，为她开辟新的生机。一个有良知的学者，既然生逢辩证唯物主义的低潮而又相信她的未来，就应当为她的复兴尽心尽力，把这当作一种历史使命。本书就是抱着这种使命感而写成的。这并非说笔者欲借此书力挽狂澜，笔者自知人微言轻，才疏学浅，对本书的影响不抱多大希望，只是作为不愿随波逐流的一介书生，尽一点"有一分热，发一分光"的心愿罢了。

02

分 论

第1章　一般系统论的辩证思想

> 虽然起源不同，但一般系统论的原理和辩证唯物主义相类似则是显而易见的。①
>
> ——贝塔朗菲

撇开组成要素以及要素之间相互作用的具体性质，仅仅当作处于相互作用中的要素的复合体来处理，这种对象称为一般系统。研究一般系统的科学理论，即关于系统的一般理论，叫作一般系统论。它的创始人为贝塔朗菲，重要的代表人还有保丁、拉波波特等人。一般系统论是基础科学层次上现代系统研究的起点和第一个理论框架，虽然在定量研究系统方面并无大的作为，但在阐述系统思想、概念、方法论方面有巨大贡献，其影响是其他系统理论无法代替的。钱学森指出，一般系统论是现代系统研究总进程中的"一个重要发展"。② 这个评价是公允的。无论从学科产生的先后看，还是从各学科在整个系统科学中的地位看，本书的讨论从一般系统论开始都是适当的。

1-1　跳出机械论和活力论的误区

20世纪20年代，当贝塔朗菲作为一个理论生物学家登上科学舞台之时，生物学界正流行着机械论和活力论两种对立的观点。那时的学者们几乎都采取一

---

① 庞元正、李建华编：《系统论、控制论、信息论经典文献选编》，求实出版社，1989，第118页。

② 钱学森等：《论系统工程》（增订版），湖南科学技术出版社，1988，第240页。

种二中择一的态度：要么支持机械论，反对活力论；要么支持活力论，反对机械论。两军对垒，阵线分明，展开长期而激烈的争论。但年轻学子贝塔朗菲表现不凡，在学术生涯开始之时就迅速摆脱这种形而上学的选择方式，对机械论和活力论都采取一分为二的辩证态度，闯出一条新路子。

贝塔朗菲承认，"机械论的科学"① 能够对生命现象提供有价值的描述。作为高级运动形式的生命机体，也包含机械的、物理的、化学的运动这些低级形式。为弄清生命的本质，有必要研究生命现象赖以发生的那些机械的、物理的、化学的过程。机器模型是生命科学的有用工具，它有助于克服活力论的神秘主义。但贝塔朗菲清楚地意识到，机器模型在生物学中的应用只是"部分的成功。根本问题尚未得到答案"。② 整体性、方向性、目的性、秩序性、组织性、等级结构、动态相互作用等，生命现象的这些重要特征，在机械论科学的框架内无法做出解释。贝塔朗菲认为，不能回答生命现象的起源、调节和控制、自我保护等问题，是有机体机器模型的主要困难和局限性所在。问题还在于，机械论科学不是把这些特性当作科学尚未准备好研究手段的难题，留待未来去解决，而是武断地宣布这些特性为超越科学研究对象范围的东西，以此来同活力论等唯心主义观点划清界限。从形式上看，这是在坚持唯物论。从实质上看，它违背了实事求是的科学精神，把这一广阔现象领域拱手让给活力论者去做唯心主义的曲解。因此，机械唯物论不可能真正克服关于生命现象的神秘主义思潮。贝塔朗菲不愿同这种唯物论为伍是正确的。

对活力论宣扬的唯心主义观点，贝塔朗菲持非常明确的批判态度。他责备杜里舒等人拒绝用自然科学的成果解释"活力"现象，一味用新术语来表述和重新提出"隐德莱希"之类陈旧观念，即宣扬超自然的组织原则。但贝塔朗菲同时也承认，以杜里舒和柏格森为代表的活力论新流派反对机械论，坚持给整体性、目的性等做出解释，这种态度有可取之处，承认他们的著作中"提出了

---

① 贝塔朗菲著，林康义、魏宏森等译：《一般系统论：基础、发展和应用》，清华大学出版社，1987，第11页。从科学思维方式转换的角度看，把经典科学称为机械论科学是切中要害的。但我们要指出，力学在其适用范围内并不违背辩证法，只有在人们试图把它的原理不加限制地推广，把各种非力学现象都归结为力学现象，并据此描绘世界图景时，才是机械论的，即形而上学的。

② 庞元正、李建华编：《系统论、控制论、信息论经典文献选编》，求实出版社，第136页。

很有道理的一些论点"。① 这些论点的基础是关于"机器"中的调节作用、偶然事件进化的有限性以及行动的目的性。机械论拒绝给这些问题以科学的解释,并不能真正取消这些问题,反而导致"问题的结论一次又一次地被引向活力论"②。贝塔朗菲由此得出结论说,只有把这些合理的东西从活力论的浑水中过滤出来,在新的科学框架中做出解释,才能真正战胜活力论。

在同这两种错误倾向的斗争中,贝塔朗菲把主要精力用于清算机械论。在他那本关于一般系统论的经典性著作中,从头到尾贯穿着对机械论的批判。至于提到活力论的地方,贝塔朗菲往往从肯定它包含合理因素的角度来谈论问题。这是因为,活力论的神秘主义色彩与自然科学格格不入,绝大多数科学家对此有清醒的认识,容易被忽视的倒是其中有价值的东西。机械论在历史上与唯物论密切相关,机械论科学的辉煌成就很容易使科学工作者把机械论的哲学谬见当作正确的东西接受下来。贝塔朗菲明白,克服机械论需要花费特别的气力。贝塔朗菲从科学发展的历史进程中感受到清算机械论的新潮流在涌动。他为20世纪初"格式塔心理学首先向机械论图式冲去"③ 而欢呼。他看出,这种潮流在物理学、生物学、精神病学、社会科学等不同领域都有平行的发展:柯勒提出"物理学格式塔"④(1924),洛特卡就人口问题进行系统研究⑤(1925),怀特海提出有机机械论哲学⑥(1925),坎农提出内稳态理论⑦(1929),等等。这些学说从不同侧面、在不同程度上对机械论做出清算,给贝塔朗菲以很大影响。他逐步认识到,活的东西的基本特征是它的组织,生物学的主要任务是阐述生物体在组织的一切水平上起作用的规律。也就是说,只有坚持有机主义观点,才能克服机械论。在20年代发表的著作中,贝塔朗菲对这些观点给出初步阐述,并称之为有机论。30年代初,又称之为有机系统论。这是他在创立一般系统论过程中迈出的第一个重要步骤。

进一步的研究使贝塔朗菲认识到,那些不能用机械论解释、又被活力论神

---

① 庞元正、李建华编:《系统论、控制论、信息论经典文献选编》,求实出版社,第136页。
② 贝塔朗菲著,林康义、魏宏森等译:《一般系统论:基础、发展和应用》,清华大学出版社,1987,第116页、第4页。
③ 同上书,第116页、第4页。
④ 同上书,第4页。
⑤ 同上书,第9、10页。
⑥ 同上书,第9、10页。
⑦ 同上书,第10页。

秘化了的问题，如整体性、目的性、秩序性等，都是"基本的系统问题"①，是系统的一般属性；只要建立起关于系统的一般理论，就可以对这些问题做出统一的科学解释。他发现，柯勒早已用物理学方法研究过系统论的基本原理，试图对照有机体系统拟定出无机体系统的一般特性。洛特卡研究过一般系统概念，他以微分方程为工具对人口系统的研究，直接启发贝塔朗菲形成动态系统理论，认识到存在着适用于一切系统的模式、原则和规律，而不管其组成部分的具体种类、性质以及它们之间的关系和力的性质如何。这些认识最终（1937）凝结出一般系统和一般系统论的概念，在创立这门新学科的道路上迈出决定性的一步。

1-2 揭露还原论的局限性

贝塔朗菲断言："系统问题实质上是科学中分析程序的局限性问题。"② 通过对近代科学方法论形成和发展过程的历史考察，特别是对 20 世纪各个科学领域自发兴起的反还原论倾向的分析总结，贝塔朗菲在科学史上第一次系统地揭示了还原论和分析思维的局限性，形成了自己的系统思想。

古代人类的知识都包含于哲学母体之中，整体论思维占支配地位。由于对整体的认识不是建立在对部分的深入精细认识的基础之上，有悖于部分与整体的辩证关系，古代整体论只能是直观的、猜测性的，缺乏科学性，表现出很大的局限性。克服这种弊病，提倡对部分做深入精细的研究，成为近代科学兴起的必由之路。

近代科学是以还原论或分析思维取代古代直观整体论的产物。伽利略首先提出把复杂现象分解为基本的部分和过程去研究的方法论思想。笛卡尔在《方法》一书中进一步发展了这种观点，倡导把问题尽可能分解成细小的组成部分，深入地分别研究其中的每一部分。培根、牛顿等人也大力提倡这种方法。经过这些大师们的努力，逐步确立起经典科学方法论的基本原则和规范，即还原论的观点和分析的方法。经典科学的成功反过来又极大地加强了还原论和分析方

---

① 庞元正、李建华编：《系统论、控制论、信息论经典文献选编》，求实出版社，第133页。
② 贝塔朗菲著，林康义、魏宏森等译：《一般系统论：基础、发展和应用》，清华大学出版社，1987，第16页。

法，使其在科学研究中取得牢固的支配地位。

还原论是处理部分与整体相互关系的一种理论观点。它的基本信条是：相信整体或高层次的性质可以还原为部分或低层次的性质，认识了部分或低层次，就可以完全把握整体或高层次。还原论的另一基本信条是：相信人们在现象层次上发现的复杂因果关系，可以还原为一些"孤立的因果链"来认识。这些观点如实反映了部分与整体相互关系的一个重要方面。与还原论观点相适应的方法，是分析的方法。由这种观点和方法导向，各门科学都致力于寻找本领域的基本构成单元，或孤立的因果链，向越来越深的层次进军。物理学的目标是把自然现象还原为受"盲目的"自然规律支配的基本构成单元的某种作用，宏观物体被还原为分子，分子被还原为原子，原子被还原为基本粒子，基本粒子被还原为层子或夸克。生物学把生命机体还原为器官，把器官还原为组织，把组织还原为细胞，又把细胞还原为生物大分子，把生命运动还原为物理化学运动。沿着这条道路，现代科学创立了量子力学、粒子物理学、分子生物学等代表新的科学革命的学科分支，大大深化了我们对客观世界的认识。到 20 世纪中叶，还原论科学终于到达它的顶峰。

然而，20 世纪的物理学家在欢呼他们从基本粒子深入到夸克层次这一伟大胜利的同时，发现无论是微观的夸克囚禁现象，还是宏观的三体问题，还原方法都无能为力。现代生物学家在庆贺他们把生命现象追踪到分子层次这一光辉成果的同时，发现随着他们对细节知道得越精细，对全貌知道的反而越少。在心理学和社会科学领域，无法用还原方法处理的问题比比皆是。这些事实使贝塔朗菲认识到："可隔离的因果链和分部处理的机械论模式，已不足以解决理论问题，特别是生物社会科学的理论问题；而且也不足以解决由现代技术提出来的实践问题。"[1] 还原论科学的巨大发展在呼唤着克服还原论的局限性，创立非还原论的科学。贝塔朗菲认识到："尽管（或正因为）'分子'生物学使认识加深了，'机体论'生物学的必要性反而更为明显。"[2] 一种倾向的发展总要为自己的否定物的发展创造条件，这就是辩证法。贝塔朗菲比同时代的学者更早地

---

[1] 贝塔朗菲著，林康义、魏宏森等译：《一般系统论：基础、发展和应用》，清华大学出版社，1987，第 10 页。

[2] 同上书，第 4 页。

把握了这一动向，进行了极有意义的探索，表现出很强的辩证思维能力。①

现代系统理论也是一种关于部分与整体相互关系的理论观点。它的基本信条是：处于整体联系中的部分与孤立存在的部分之间有质的不同，若干事物一旦按某种方式相互联系而形成统一整体，就会产生出部分所没有的新性质。或者说，高层次必定具有低层次所没有的特殊性质。一般系统论把这种在整体或高层次才会出现的特性称为非加和性，或非还原性（可以还原为部分或低层次去认识的是加和性或还原性），并借用亚里士多德的名言"整体大于部分之和"来表述这一原理。系统论揭示了部分与整体相互关系的一个更重要、更本质的方面。还原论的失误在于违背了部分与整体关系的辩证法，不懂得一旦把整体或高层次还原为部分或低层次，这种整体性就不复存在了。系统论则强调，认识事物的关键是把握事物作为整体的那些不可还原的性质，从而把握了部分与整体相互关系的辩证法。贝塔朗菲看出，系统观点和方法的必要性和可能性，产生于现代科学技术发展的全部成果之中。"我们被迫在一切知识领域中运用'整体'或'系统'概念来处理复杂性问题。"② 系统观点要求人们把关注的中心从实体转向关系，从部分转向整体，从组分转向结构，从孤立因果链转向相互作用的因果转化网络，即从分析思维转向系统思维。如贝塔朗菲所说："这就意味着科学思维基本方向的转变。"③

提倡系统论并不意味着全盘否定还原论。在现代系统论看来，任何系统都是可分性与不可分性、还原性与非还原性的对立统一。有些系统，如机械系统和数学上的线性系统，可分性、加和性居主导地位，还原方法十分有效。但这些系统也有某种非还原性。机器作为整体的功能是一种非还原性，把机器拆卸为零件的总和，其功能便不复存在。另一些系统，如生命系统和数学中的强非线性系统，不可分性、非还原性占主导地位，还原方法无能为力，有效的描述手段是系统方法，是从整体上把握和处理问题。但任何复杂系统都有某种可分性、可还原性，分析方法仍有用武之地。贝塔朗菲发现："在'系统方法'中既有机械论的倾向和模型，又有机体论的倾向和模型"，"这些模型并不互相排斥，

---

① 如拉兹洛所指出的，在20世纪20年代，怀特海和韦斯也独立认识到需要发展一种关于有组织复杂事物的一般理论，并做出各自的贡献。但只有贝塔朗菲将这种思想贯彻始终。[44p2]

② 贝塔朗菲著，林康义、魏宏森等译：《一般系统论：基础、发展和应用》，清华大学出版社，1987，第2页。

③ 同上书，第2页。

而且同一现象还可以用不同的模型来处理"。① 说得更准确些,系统方法并不排斥分析方法,而是提倡分析与综合相结合,但以综合方法为主导。还原论和机械论是相通的。从科学思想的发展历程看,清算机械论和还原论属于同一方向的努力。但还原论所掩盖的是更深层次的机械论。19世纪的思想家,包括马克思、恩格斯,对机械论做过认真的哲学批判,但未能触及科学中的还原论。这是由当时的科学发展水平决定的。还原论的局限性在20世纪,特别是中叶以后才充分暴露出来。系统科学对还原论的批判,把清算机械论的工作提高到一个新的水平。

1-3 倡导开放系统观

机械论和还原论主张把研究对象从周围环境中分离出来,或者把部分从整体中分离出来,置于封闭甚至完全孤立的状态下进行研究。当近代科学还局限于"存在的科学",主要研究简单物理系统时,这种方法是可行的。存在的科学的巨大成功,确立起一种普遍的方法论观点:相信一切事物都需要而且能够被当作封闭的甚至孤立的系统,从与其他事物的相互联系中暂时孤立出来,放在纯净的条件下进行研究。直到20世纪初,科学家一般都缺乏相互联系的观点。对他们来说,把对象孤立起来进行研究是唯一正确有效的方法。

随着"演化的科学"在生物学和物理学领域的兴起,科学研究的对象越来越转向复杂系统,把对象孤立起来进行研究的方法越来越不适用,引发许多矛盾。从19世纪中叶起,一个尖锐而深刻的矛盾摆在科学共同体的面前:一方面,热力学第二定律的克劳修斯解释断言,世界沿着日益无序化、简单化的方向演变;另一方面,达尔文的生物进化论断言,世界沿着日益有序化、复杂化的方向演变。有些学者怀疑克劳修斯和达尔文之中可能有一个是错的,试图由此找寻出路。但热力学和进化论都是科学理论,这种办法解决不了矛盾。另一些学者设想,物理世界与生物世界应有不同的规律,不能用物理学规律去解释生物学现象。这种观点把统一的客观世界割裂为两个不同的部分,显然是相信物质世界统一性的广大科学家所不能接受的。如何解决这个矛盾是一大难题,

---

① 贝塔朗菲著,林康义、魏宏森等译:《一般系统论:基础、发展和应用》,清华大学出版社,1987,第22页。

它困扰科学界长达100年之久。

贝塔朗菲是最早提供解决这一矛盾之线索的学者之一。克劳修斯关于系统向最大无序态退化的结论，是在封闭状态下研究热力学系统得到的。作为生物学家，贝塔朗菲深知生物机体不是封闭系统，不可能把它们从环境中孤立出来进行研究。承认普遍联系是辩证法的基本原理。对这一原理的深刻理解使贝塔朗菲认识到："我们发现系统从它们的真实性质和定义来看，不是封闭的。"[①] 所谓封闭系统是一种理论抽象，现实的系统必定与周围环境有这样或那样的联系。有些系统与环境的联系微弱，在一定条件下忽略这些联系，把它们从环境中暂时孤立出来进行研究是许可的，也是必要的。但这不是普遍情形，对环境的开放性才是一般系统的属性。基于这些认识，贝塔朗菲接受了德费1929年提出的开放性概念，于20世纪30年代初提出开放系统理论的基本思想。这是继提出有机系统论之后，在形成一般系统概念之前，贝塔朗菲迈出的另一大步。

贝塔朗菲的开放系统理论第一次启示人们，克劳修斯与达尔文之间可能并无实质性矛盾。克劳修斯研究的是封闭系统，由于同环境没有物质能量交换，内部没有成分的组建和破坏，向无序化演变是不可避免的。达尔文研究的是生物系统，由于同环境不断交换物质和能量，内部不断发生成分的组建和破坏，即新陈代谢，有可能避免走向无序化，而朝着组织性增加的方向进化。这并不违背第二定律，而是预示着可能存在新的物理学原理。当然，贝塔朗菲没有也不可能解决发现新物理学原理的问题，但他的探索为普利高津后来的工作开辟了道路。在非平衡态物理学建立后，贝氏很快理解了它的意义，应用它的成果来完善开放系统理论，指出："与传统的封闭系统相比较，开放系统表现出似乎与通常的物理学定律相矛盾的特征……随着物理学理论扩展和推广到开放系统，这个表面上的矛盾消失了。"[②]

开放系统理论深化了我们对系统概念的辩证性质的理解。系统概念包含两种规定性。组分和结构是系统的内部规定性。确定一个系统，首先要确定它的组成部分和结构。这一点容易看到。但仅有这一方面还不行。任何系统都是在一定的环境中形成、存续和演化的，环境的特性以及系统与环境的相互作用，是系统的外部规定性。同一系统置于不同的环境中，必然表现出不同的特性和

---

① 贝塔朗菲著，林康义、魏宏森等译：《一般系统论：基础、发展和应用》，清华大学出版社，1987，第36页。本书的引文有时根据原文做了某些修改。

② 贝塔朗菲著，林康义、魏宏森等译：《一般系统论：基础、发展和应用》，清华大学出版社，1987，第135页。

功能，发生不同的演化行为。研究系统不能不研究它同环境的关系。任何系统，只有当它与环境的关系也给定时，才是完全确定的。这一点有时容易被忽视。开放性概念引出大量系统问题。许多矛盾，如系统与环境、输入与输出、激励与响应、成分的组建与破坏等，在封闭系统中并不存在，在开放系统中则具有基本的重要意义。许多矛盾，如平衡与不平衡、稳定与不稳定、初态与终态等，在封闭系统中显得很平常，在开放系统中内容大大丰富了。由于开放，系统还会出现许多新现象，如起动不及与过调等。开放性概念还有助于我们科学地把握整体性、目的性、方向性等概念，因为系统的这些特性与系统和环境的关系密切相关。总之，在封闭条件下研究对象，系统是一个可有可无的术语；在开放条件下研究对象，系统是一个不可或缺的基本概念。

系统理论要求人们辩证地理解开放性与封闭性的关系。对于活系统，开放性是其生存发展的必要条件，只有对环境充分开放才能更好地运行演化。但开放性并非只有积极的一面，并非任何开放都是有利于系统的。对环境实行开放，意味着系统要承受环境的压力和限制；在有益的东西输入系统的同时，消极甚至有害的东西也难免混入系统；环境中还可能存在系统的敌对势力。封闭性指阻碍系统与环境相互作用的特性，无疑有消极的一面。但封闭性并非纯消极因素，它有保护系统免受外界侵害的积极作用，也是系统生存延续的必要条件。系统性是开放性与封闭性的辩证统一。了解这一点，在理论和实践上都有重要意义。那种认为系统应当不加任何限制地开放的观点，在理论上没有根据，在实践上极其有害。

1-4 探索动态系统观

一般系统论的概念框架容易引导研究者忽略时间的或历史的因素，只考察事物之间同时性的联系，不关心事物之间的历时性联系。从确定的构成元素、确定的结构关系、确定的外部环境出发去阐述系统特性，只能形成静态系统观。苏联学者萨道夫斯基的《一般系统论原理》一书就有这种倾向。贝塔朗菲完全意识到这一点，试图开辟一条不同的道路。他坚持在一般系统研究中引入动态观点，把动态系统理论作为一般系统论的重要内容之一。为此，他提出用微分方程组来定义一般系统，力图通过对微分方程组的研究，发现一般系统的动力学特性，建立动态系统理论。这容易使人联想到列宁的名言："自然界的统一性显示在关于各种现象领域的微分方程式的'惊人的类似'中。"① 一个理论生物学家,一个政治家、哲学家,通过完全不同的途径得出相近的结论,并非偶然的巧合,因为他们在相信辩证法的普遍联系原理方面是相通的。

经典动力学只研究事物的运动,不涉及事物的演化问题。贝塔朗菲本人没有提出不可逆性、自组织等概念,未能对经典动力学的局限性做出明确的批评。但他以生命机体等开放系统为实际背景去运用动力学原理和方法,主要关心的不是平衡态、调节、反馈等静力学问题,而是系统的生长、竞争、目的性、方向性、果决性、异因同果性等动力学问题,即系统演化问题,因而在一定程度上克服了经典动力学的局限性,提出许多很有启发意义的观点。贝塔朗菲看出,为阐明系统演化的机制,需要清除机械论的因果观。他在这方面的贡献主要有三点。其一,指出经典科学的孤立因果链观点只适用于封闭系统,研究开放系统必须把因果观点建立在动态相互作用之上,即采用系统论的因果观。其二,基于开放系统和定态概念阐述有机体的异因同果性,说明这种性质是有机系统初级调节能力的基础。其三,批判了单向因果联系的传统观念。动力学把因果关系归结为系统不同状态之间的关系,使因果关系可以用科学语言表述,是一个贡献。但简单地把原因与初态等同起来,把结果与终态等同起来,把原因完全归于过去,把结果完全归于未来,就在原因与结果、过去与未来之间划出一条形而上学的界限。拉普拉斯决定论就立足于这条界限之上。贝塔朗菲反对这种观点,坚持辩证地把握原因与结果、过去与未来之间的关系。他认为,对于人类来说,"目标的预见决定实际的行为"② 是不争的事实,表明决定人类行为的原因也来自未来。对于一般系统,某些未来状态有吸引作用,也是决定系统行为的原因。就是说,原因与结果在时间维中的联系不再是单向的,系统行为是它的过去状态与未来状态的辩证统一。这种说法难免有不确切之处,但无疑颇具启发性。

贝塔朗菲指出,机械论没有给目的性、方向性留下任何余地,是它不能解释演化现象的根源。他主张对目的论采取一分为二的态度,在清除其唯心主义观点的同时,把目的性、方向性作为合法的科学课题对待。贝氏相信,在开放系统理论和动态系统理论的基础上,可以用科学甚至数学的语言来阐明目的性

---

① 《列宁选集》(第2卷),人民出版社,第295页。
② 贝塔朗菲著,林康义、魏宏森等译:《一般系统论:基础、发展和应用》,清华大学出版社,1987,第73页。

和方向性概念。为此，他提出果决性概念，认为"果决性也可以说成是取决于将来的意思"，目的性就是"过程走向最终状态的针对性"。① 这些论点已经包含现代动力学吸引子理论的某些思想。朱照宣指出，稳定定态概念相应于贝塔朗菲讲的finality②。

在贝塔朗菲的思想中，组分之间的斗争、对立物之间的一致，是系统的一般组织原理。他力图从这种对立、斗争和一致中发现系统演化的机制，从系统内部找根据以说明何以能够出现由简单到复杂、由低序到高序的演化。从动力学方程中控制参数的一种特殊变化方式中，贝塔朗菲发现了系统的一种特殊演化方式，即渐进分异化和渐进机构化。它导致从整体向总和、从非加和性向加和性的转变，是造成系统复杂性增加的机制之一。从控制参数的另一种变化方式中，他还发现系统的另一种特殊演化方式，即中心化和渐进个体化。这是导致系统有序化和提高整体性、统一性的机制之一。分异化和中心化是两种相反的趋势，但又是相互联系、相互促进的，都可以在生命和社会历史的现实演化过程中观察到。贝塔朗菲认为，坚持这两个原理可以解释许多演化现象，避免许多假命题。

一般系统论把系统看作不变性和可变性的统一。凡现实中存在的系统，均有其稳定的质，即自身同一性。当它处于不同的空间和时间时，由于这种同一性，我们能够识别系统是它自己。拉波波特和拉兹洛详细讨论过这种特性，称之为系统的自我保持特性。拉兹洛认为，能够自我保持是从次有机组织到有机组织再到超有机组织的系统普遍具有的特性，是一般系统的四个基本特性之一。拉波波特指出，系统的不变性不是绝对的，而是变化中的不变性。一方面，处于多变环境中的系统能够保持自身基本结构和特性不变。另一方面，更重要的是在内部组分不断更替的条件下，系统能够保持基本的结构和特性不变，因而能为我们识别。这在生物系统和社会系统中表现得特别明显。但一切系统都处于永恒的变化之中，可变性也是系统的固有属性。系统的自我保持只能是在不断变化中的自我保持。因为当外部环境或内部组分、关系发生变化后，系统只有做出相应的变化，才能保持自己。拉兹洛特别强调系统的自我创造和自我进化，也把它作为一般系统的四个基本特性之一，认为在次有机、有机和超有机

---

① 贝塔朗菲著，林康义、魏宏森等译：《一般系统论：基础、发展和应用》，清华大学出版社，1987，第71页。
② 中国科学院《复杂性研究》编委会：《复杂性研究》，科学出版社，1993，第11页。

的层次上都可发现它。系统的存续和演化、自我保持和自我创造，是相互矛盾的倾向，有利于生存延续的因素一般都不利于进化创造，反之亦然。但这两种倾向又是互为条件、相互促进的。系统首先要能够生存延续，才谈得上进化创新，一个无法保持自己的系统也无进化创新可言。反过来，系统只有通过改进自己、发展自己，才能更好地保存自己。

贝塔朗菲把层级秩序（hierarchic order）当作一般系统论的基本概念，试图发现关于层级组织的一般原理。这个问题往往被人们作为一种静态结构来研究。贝塔朗菲不同意这种观点，认为"层次序列和动力学可能非常一致"[1]。他曾尝试从定义系统的微分方程出发，通过对整体性、累加性、渐进机构化、中心化和果决性做数学分析，论证"这样的层次结构，一层一层地组合为层次愈来愈高的系统，是实在作为一个整体的特征，特别在生物学、心理学和社会学中具有基本的重要性"[2]。

从具体科学的角度看，贝塔朗菲关于动态系统理论的探索并不成功，可供后人借鉴的成果很少。他对一般系统所做的数学分析，基本上是象征性、比喻性的，算不上严格的科学结论。许多问题只给出猜测性、思辨性的回答。有些问题提出来了，却未给出解决问题的线索。但从建立动态系统观的角度看，他的工作颇有价值，有些观点相当深刻，为进一步探索提供了起点。

1-5 警惕对系统论的形而上学应用

贝塔朗菲临终前曾尖锐批评那些有机械论倾向的系统理论家，说"他们谈论系统时只谈数学、控制论和技术，这样就有理由使人担心，系统论是人走向机械化、贬低人的价值和通向技术统治的道路上的最后一步"[3]。为避免这种错误倾向，他提倡系统哲学要研究人与世界的关系，研究价值问题，宣扬系统论的人本主义观点。这些警告，今天看来仍有现实意义。

贝塔朗菲力图把一般系统论的原理用于讨论有关人的问题，以便创造出一

- [1] 贝塔朗菲著，林康义、魏宏森等译：《一般系统论：基础、发展和应用》，清华大学出版社，1987，第25页，译文有所更改。
- [2] 同上书，第69页。
- [3] 庞元正、李建华编：《系统论、控制论、信息论经典文献选编》，求实出版社，第151页。

套适用于研究人这种一切系统中最复杂的系统的方法。在这里,贝塔朗菲哲学思想中的混乱,他对于唯物论和辩证法信仰的不彻底性暴露得比较明显。但我们要着重指出,贝塔朗菲的这些工作也是旗帜鲜明地反对机械论的。他主张"不是把人当作一个反应性的自动机械或机器人,而是看作一个能动的个性系统"①。贯彻这一思想,就可以克服西方心理学、行为科学、组织理论等关于人的科学中盛行的机械唯物论。贝氏并未找到实现这一点的具体途径。但他这方面的著述同样富于启发性,值得加以研究。

从我们的观点看,贝塔朗菲对于带有机械论倾向的系统理论家的批评还有更普遍的意义。这就是:运用系统观点和方法解决问题时必须坚持辩证法,否则,系统论的语言可能成为掩盖形而上学的新外衣。事实上,即使辩证法本身,如果不能唯物地而且辩证地对待,也会成为形而上学的挡箭牌,或成为诡辩论。这是有历史教训的。

我们仅就结构和功能的关系问题做些探讨。考察结构和功能的关系是用系统方法研究事物的一个重要方面。这个问题很容易被局限于只从静力学观点来研究,詹奇称之为"静态结构导向思维"②。一般系统论学者不易摆脱这种思维方式。但贝塔朗菲对此有所警惕。他把结构定义为"部分的秩序",把功能定义为"过程的秩序"。③ 功能的发挥是一个过程,包括诸多阶段、步骤、手续,只有按合理的秩序组织安排,才能有效地发挥系统的功能。这里已包含动态观点。贝氏讲的"部分的秩序"也不完全是静态的,他已注意到"在生物世界里结构就是过程流的表现"④。贝塔朗菲强调过程与结构是一对古老的对立面,把开放系统和反馈概念视为这两个对立面的现代表述,并预言:"它们最后必将在某些新的综合中得到辩证的解决。"⑤ 尽管他的论述很笼统,但提出"辩证的解决"问题这个大原则,是极有见地的。我们从较后提出的自组织理论中,可以初步看到这些问题是如何在新的综合中得到辩证解决的。

20 世纪 80 年代,我国学者对结构与功能的关系做了大量探讨,取得不少成

---

① 贝塔朗菲、拉威奥莱特著,张志伟等译:《人的系统观》,华夏出版社,1989,第126 页。

② 詹奇著,曾国屏等译:《自组织宇宙观》,第 15 页,中国社会科学出版社,1992。

③ 贝塔朗菲著,林康义、魏宏森等译:《一般系统论:基础、发展和应用》,清华大学出版社,1987,第 25 页。

④ 同上书。

⑤ 同上书,第 154 页。

果。但片面强调结构决定功能，把它作为系统论的基本规律之一，反映出系统研究中的机械论倾向。这些讨论主要是以无生命的物理系统，特别是人工系统为依据而进行的，主要利用的是控制论、信息论、运筹学的知识，很少涉及自组织理论。这就很难避免接受机械论的影响。其实，即使是人造的机械系统，一般情况下也是元素、结构、环境三者决定功能。如果从系统设计和组建的角度看，首先是确定了某种功能目标，然后设计适宜的结构方案。在一定意义上讲，这就意味着功能决定结构。设计或组建系统是一个反复进行的过程，由于条件的改变，功能目标往往要做调整，以适应元件和结构的技术水平的限制。这里也包含功能决定结构的因素。如果就一般自组织系统的发生、演化过程看，功能目标的变化是引起结构变化的一般动因。首先是系统内外形势发生变化，原有的功能特性不适应系统生存发展的需要，迫使系统改变结构，结构改变的方向必须根据是否满足功能要求而定。实际的变革过程中，结构与功能的改变是相互激发、相互因应、反复进行的，不能简单地讲哪个是决定者，哪个是被决定者，要看到这种关系的复杂性，要辩证地加以把握。

系统观点和系统方法同样不是万能的，设想给出一种简单统一的框架去处理一切问题，不符合科学的基本精神。经验表明，对于同一问题，可以用不同的系统方法和模型去处理，所得结果也不同。这就要求从实际出发，具体问题具体处理。要坚持用实践检验理论分析。离开这些辩证唯物主义的基本原则，就会在系统论的旗号下传播形而上学的谬误。这是应当加以警惕的。

第2章 信息论的辩证思想

> 信息就是信息，不是物质也不是能量。不承认这一点的唯物论，在今天就不能存在下去。①
>
> ——维纳

信息论是系统科学中的一门技术科学，一种以研究信息的定义、实质、度量以及有关信息传输、处理、存取和利用的规律性为基本内容的科学理论。它的主要创立者是美国数学家申农，重要的代表人物还有维纳、魏沃尔等。以申农的著名论文《通信的数学理论》发表（1948）为标志，信息论一诞生就"震撼了世界"，被视为科学发展的一次"大突破"，在广泛的研究领域引起强烈反响。这不仅是由于信息论为通信科学提供了定量化描述的理论基础，适应了正在到来的信息时代对通信及一般信息技术的强烈需求，而且还在于信息论对描述科学世界图景、建构科学观和方法论有重要的突破和创新，表现出深刻的哲学意义。

2-1 通信工程的基本矛盾

尽管人类早在远古时代就开始探索利用信息的技能，不断有所创造，后来又有文字和印刷术等重要发明，但直到19世纪30年代之前，还谈不上真正的信息技术。这是因为那时的人类主要利用人体自身的器官进行信息的发送、编码、加工和接受，利用天然信道（主要是声信道和光信道）传输信息，用不着

---

① N. 维纳著，郝季仁译：《控制论》（第二版），科学出版社，1963，第133页。

专门的技术设备。这种通信手段尚不能暴露通信工程中的基本矛盾和问题，因而不可能提出建立关于通信的定量化科学理论的任务。

随着资本主义大生产的迅速发展，特别是欧美国家工业革命完成之后，社会对信息的需求急剧增加，与人类自身的信息能力发生了尖锐的矛盾，要求借助物质手段延长和扩展这种能力的问题日益突显出来。在这一矛盾的推动下，在自然科学提供的知识（特别是关于电的知识）准备基础上，人们开始认识到信息的载体需要并且能够变换形式，需要并且能够建造人工电信道传输信息。这是人类认识史上一次意义重大的进步。发明电报（1836）和电话（1876），标志着通信已成为一种专门的工程技术，开始与数学、物理学等科学理论发生联系。电信通信技术的开发利用，提出一系列有待解决的科学问题，单凭经验无法解决，需要有定量化的精确科学理论来指导。电信技术一经产生，就暴露出通信的快速性和准确性、有效性和经济性之间存在矛盾。通信的本质是准确而迅速地传输信息，工程实践又要求这种传输是简明而无浪费的。简明与准确、迅速与可靠、有效与经济是一些相反的要求。例如，实现无错误传输就会使效率下降，提高通信效率难免会发生错误；提高传输速度，可靠性就会降低，提高传输可靠性，快速性就会降低；通信工程的效率高，势必需要提高成本，提高工程的经济性，难免降低通信的有效性。这是通信工程的基本矛盾。信息与噪声构成通信的又一个基本矛盾。在通信过程中，一切与通信目的无关的信号，统称为噪声。它们可能来自通信系统本身（内噪声），也可能来自外部环境（外噪声）。噪声的存在使要传输的信息受到干扰、掩埋、发生畸变、损失，严重时完全无法通信。所以申农说，噪声是通信的大敌。噪声的存在还使通信的效率与可靠性的矛盾更趋尖锐。但噪声又是无法完全避免的，特别是系统的内噪声总是与要传输的信息同时存在、同时被传输，而且表现为同一类型的物理信号，无法自然地把二者区分开来。作为信息的对立面，噪声是通信过程所固有的。人类只能在存在噪声的情况下通信，在与噪声做斗争中通信。申农第一个理解了这种必然性，并从理论上加以阐述，写出著名论文《在噪声中通信》。他把信息与噪声作为同一过程中的两种对立倾向或方面，把噪声源作为通信系统模型中必须包含的环节之一，由此出发阐述通信科学的原理。这些观点颇富辩证性。信息科学家相信，噪声的发生及其影响也有规律可循，掌握了这种规律性，掩埋于噪声中的信息就可以被检测出来。因此，他们把研究噪声的来源、类型、特性、数量特征以及如何过滤等，作为信息论的重要课题。在通信工程中，传输时间和传输频率之间的矛盾也很重要。通信工程中长期存在的问题，如信号的高频成分在传输中常常被衰减掉,不同信道之间往往相互串扰,都与这对矛盾有关。它也是产生快速性与准确性这对矛盾的重要根源之一。对于这些矛盾,通信科学家都明确承认。在通信科学 100 多年的发展中,重大技术发明和理论创造都是围绕着解决这些矛盾进行的。大体上说,围绕解决前两个矛盾,阐明了信息概念,制定出度量信息的方法,提出编码理论、信道理论、率失真理论、噪声理论等。围绕着解决第三个矛盾,研究了信源信号的频谱、信道频谱以及调制信号的变换等,形成所谓波形传输理论。

2-2 确立信息概念与清算机械论

信息从一个日常用语上升为现代科学、文化中普遍而意义重大的概念,远非一帆风顺。除通信工程的发展为它提供了深厚的实践基础之外,重要的还在于一批学者以现代科学的最新成果为依据,认真清算了形而上学唯物论长期形成的机械论物质观。维纳是申农之外对信息论的建立做出重大贡献的学者。申农对信息的哲学问题的兴趣不大。他的工作主要是建立通信的数学理论,属于技术科学层次。维纳对信息的深层次问题有浓厚的兴趣,常常从基础科学和哲学的高度探讨信息的本质,因而对于建立信息论必须克服的传统观念有比别人更深切的理解。他把确立信息概念同反对旧唯物论的形而上学偏见联系起来,对后者做了猛烈的攻击,最有代表性的是本章开头引用的那段话。40 多年来,这一著名论断不断出现在有关信息概念的论著中。有人把它理解为维纳对唯物论的否定,未免失之武断。维纳的批判矛头明确指向某种唯物论,而不是一切唯物论。就在这段话的前面,维纳写道:"机械大脑不能像初期唯物论者所主张的'如同肝脏分泌胆汁'那样分泌出思想来,也不能认为它像肌肉发出动作那样能以能量的形式发出思想来。"[1] 维纳所批判的初期唯物论,显然就是恩格斯当年批判过的福格特、毕希纳等人鼓吹的庸俗唯物论。所谓机械大脑能像肌肉发出动作那样以能量的形式发出思想来的观点,是庸俗唯物论观点的自然引申。维纳与恩格斯所处的时代背景和科学条件有很大区别,但哲学批判的大方向是一致的:反对把思维运动简单地归结为生理过程,反对单纯用物理学概念说明思维产生的机制。维纳的那段名言的前一句是一个否定命题,断言信息不是物

---

[1] N. 维纳著,郝季仁译:《控制论》(第二版),科学出版社,第 133 页。

质也不是能量，却未正面回答信息究竟是什么的问题。这不能不说是一种缺陷，受到一些严肃的学者的批评是自然的。维纳的著作表明，他或多或少把自然科学讲的物质概念与哲学讲的物质概念混淆了，利用前者直接进行哲学讨论。因为与能量相区别的物质指的是材料或质料，不是哲学讲的物质，即独立于人的精神的客观存在。这就使维纳的观点中不可避免有思想混乱。不过，对于像信息这种科学本身尚未全面揭示其实质的概念，维纳的论断表现出某种慎重态度，还是可取的。这个论断的重大价值在于指明了信息问题是一个使旧唯物论无法吞下去的苦果，要确立信息概念，必须清算机械论的影响。维纳的这种态度是一贯的。他在《控制论》的另一处写道："'唯物论'这个名词已经差不多变成'机械论'的不严格的同义语了。"① 这固然反映出维纳对唯物论有很大的误解和对辩证唯物论的无知，但也进一步表明他真正反对的是机械论，希望唯物论能够克服机械论的弊病。这一观点对信息论的创立和发展有重大作用。维纳的批判实际上把信息哲学推到辩证唯物论的大门口，因为只有采用辩证观点的唯物论才能正确说明"信息就是信息，不是物质也不是能量"。

从科学思想看，信息论对机械论的突破集中体现在它对概率统计思想的应用。在以牛顿理论为代表的经典科学中，机械决定论占支配地位。必然的东西被说成是唯一在科学上值得注意的东西，而偶然的东西被说成是对科学无足轻重的东西。机械决定论宣称，世界的现在是由过去决定的，只要知道了初始条件（现在的状况），未来的一切是完全可以预见的。有时科学家也使用统计方法，但只是作为一种对付人类无知的权宜手段，决不采用概率观点来定义基本的科学概念。信息论却反其道而行之。它把信源的可能消息看作随机事件，把发送消息的过程看作随机过程，把信息这个最基本的概念定义为消息发生概率的函数，从而使本学科的整个理论框架建立在统计概念之上，使信息论的方法体系完全建立在概率描述之上。在学科林立的现代科学体系中，像信息论这样彻底贯彻统计思想和概率方法的学科，并不多见。

信息论对机械论的突破，是以19世纪中叶到20世纪中叶哲学、物理学等领域的革命性变革为前提的。首先是马克思恩格斯从哲学上对机械论做了系统的批判，坚持和发展了黑格尔关于必然性与偶然性、确定性与不确定性的辩证思想，提出辩证决定论。接着是玻尔兹曼把统计思想引入物理学，用概率观点解释熵的微观机制，开启统计物理学研究之先河。进入20世纪后，统计物理学

---

① N. 维纳著，郝季仁译：《控制论》（第二版），科学出版社，第44页。

在物理学领域获得承认，特别是量子力学的胜利，使统计规律被确认为客观世界的基本规律，概率论描述被确认为与确定论描述并驾齐驱的另一种科学方法，从而导致一场伟大的科学革命。机械决定论在科学中的统治地位被推翻了。信息论的产生是这场革命的必然结果和进一步发展。

但是，信息论的创立并非只是现成地应用了统计物理学的新思想，无须在科学思想上有独立的创新。信息科学毕竟不同于物理学。统计物理学是自然科学的基础科学，信息论是技术科学，处理的是通信工程中的问题。统计物理学描述的是微观层次的统计规律，信息论处理的是宏观层次的问题，即消息发送和传输中的统计特性。因此，在通信科学中用统计决定论取代机械决定论，绝非只是简单地借用统计物理学的观点和方法就可解决问题。必须经历一个科学思想和方法论变革的过程。20世纪20年代，哈特莱已初步意识到信息与概率的联系，为后继者打开一条思路。40年代，申农和维纳在哈特莱的基础上，分别独立地提出用概率定义信息的观点。受玻尔兹曼公式的启示，申农提出整体平均信息量概念，并根据诺伊曼的建议，把它称为熵，以强调信息论与物理学的联系。维纳则发展了薛定谔的观点，提出信息就是负熵的命题。对信息论卓有贡献的学者，如魏沃尔、费歇尔、布里渊等人，都坚持用概率统计观点解决有关信息的理论问题。经过这批学者的持续努力，关于信息的统计理论终于完满地建立起来了。

2-3 确立信息概念与矛盾分析

形而上学或机械论的对立面是辩证法。反对机械论，不能不在实质上采取、至少是靠近唯物辩证法的立场。审查一下在信息科学发展史上有贡献的学者关于信息概念的阐述，就会发现他们事实上都是通过揭示差异、矛盾来理解信息的实质，制定信息科学研究方法的。

在信息概念上第一个取得突破的是哈特莱。在他之前，人们一直把消息和信息当作一回事，以为传送了消息就是传送了信息。但通信工程的实践表明，通信系统中传输的消息可以是没有内容的符号序列，一条有内容的消息重复传输也会失去通信的价值，即不再传输信息。俗话所谓"话说三句淡如水"，说的就是这种情形。哈特莱从这些事实中领悟到，消息和信息是通信过程中既有联系又有区别的两个东西，消息是信息的载体，信息是可以包含在消息中的内容。

或者说，信息有形式和内容两个方面，两者既有统一的一面，又有差异、矛盾的一面，应当根据形式和内容的辩证关系来把握信息概念。这一认识的获得，对尔后建立和发展信息论做了必要的思想和方法论准备。基于信息的形式和内容的区别，才有申农关于信息的形式化定量化研究，撇开信息的语义和语用特性而单纯考察信息的语法特性；基于信息的形式和内容的统一，才有广义信息论关于语义信息和语用信息的研究。

把概率观点最先引入物理学的玻尔兹曼，他又最先把信息概念和物理学中的熵概念联系起来，提出了"熵是一个系统失去了的'信息'的度量"[①]这一论断。用哲学语言讲，玻氏第一个把熵与信息作为一对对偶范畴，看出二者之间存在相互联系、相互区别、又相互转化的辩证关系。这个思想极为深刻。玻尔兹曼开辟了从基础科学层次上研究信息的方向，远远走在时代的前面。几十年后，申农关于熵的定量研究，维纳关于信息实质的定性研究，都可以从玻氏的工作中找到思想渊源。作为统计物理学的创立者，玻氏已认识到信息具有统计特性，信息与熵的增减反映系统有序性的增减。申农和维纳对信息概念的研究，是统计物理学克服机械论的努力的继续。申农侧重于从通信工程的角度研究信息概念。他把通信过程看作由信源和信宿构成的矛盾统一体，着力刻画确定性与不确定性之间的辩证关系。人们之所以要通信，是由于信源有多种可能状态要发生，因而存在不确定性。信源唯其具有这种先验不确定性，才可能通过发送消息来消除不确定性。通信前，信宿对信息源的哪个状态将要发生存在不确定性，因而需要获得信息以消除不确定性。通信的结果，某一状态的发生排除了其他状态发生的可能性，使不确定性转化为确定性，达到通信的目的。可见，确定性与不确定性是通信过程中固有的两个既互相差异、对立，又互相依存、联系的方面。基于此，申农把信息定义为消除了的不确定性，亦即增加了的确定性。申农的信息量公式，从一方面看是对不确定性的度量，从另一方面看又是对确定性的度量。

维纳也是从消除不确定性、增加确定性的角度来阐述信息概念的。但维纳没有停留于此，他跳出狭义信息论的范围，从系统内部的差异、矛盾以及系统与环境的差异、矛盾着手研究信息问题。系统是由许多部分组成的整体，不同部分之间相互差异、相互制约、相互作用，形成种种矛盾。由此产生了如何安

---

① 王雨田编：《控制论、信息论、系统科学与哲学》，中国人民大学出版社，1986，第280页。

排、协调、整合各个部分的问题，即组织问题。从这个角度考察，维纳把信息定义为系统组织性的度量。从外部看，系统总是存在于一定的环境中，与环境之间存在这样那样的联系和作用。从这方面考察，维纳给出关于信息实质的另一著名论断："信息这个名称的内容就是我们对外界进行调节并使我们的调节为外界所了解时而与外界交换来的东西。"[①] 不论就内部还是外部来看，维纳都把信息理解为负熵。这些论述显然很不精确，带有思辨色彩，难以当作信息的科学定义。但这些论述超越了通信工程的狭隘范围，揭示出信息与控制、信息与组织、信息与系统的关系，对于系统科学与哲学都有启发意义。

2-4 信息的实质与哲学基本问题

维纳主张把信息同物质、能量区分开来的论断，还有更深层次的思想有待发掘。这里涉及哲学的基本问题。

信息科学告诉我们，关于物质客体的信息，或者说，某信源发送的信息，是表征该客体或信源的成分、结构、功能、行为、演变趋势等特性的东西。一切信息都是由一定的信源发送出来的，一切原始信源都是某种物质客体，不存在非物质的信息源。所谓中介信源，其实是储存信息以备再发送的物质系统。另一方面，从信源发送出来的信息必须固定在一定的物质载体上（信宿是一种特殊载体），离开载体而单独传送的信息是没有的。所谓信息的传输、变换、加工、存取、控制等，都是通过对载体的操作而实现的，都要消耗一定的能量。对物质的这种依存性是信息的基本特性，表明信息不能是某种超越物质的东西，它归根结底还是一种物质的属性。西方一些学者把信息看作独立于物质的"第三种本原"，是对信息科学的曲解。信息科学不支持唯心论，相反，它给唯物论提供了新的科学依据。

信息科学又告诉我们，表征物质客体属性的信息可以同该物质客体分离开来，固定在叫作载体的其他物质客体上，同时并不改变该客体本身。严格地说，如果一个客体的属性尚未在他物上得到反映和表征，就谈不上关于该客体的信息。某物的属性只有通过与他物的相互作用并在他物上得到反映或表征，才能称为该物的信息。信息不是物质客体本身，不同于一般的物质特性，信息是一

---

① N. 维纳著，陈步译：《人有人的用处》，商务印书馆，1989，第9页。

种特殊的物质属性，一种只有通过物质的相互作用、并在他物上才能表现出来的属性，或物质运动的一个特殊方面。由此看来，中文"信息"一词颇具科学性："信"者，物质客体属性的反映或表征；"息"者，栖息载带于他物之上。某物的信息是表征该物属性而又栖息载带于他物之上的东西。

信息与它所表征的物质客体的这种可分离性，具有极为重要的意义。由于这种可分离性，人们可以不直接接触某物而获取它的信息，可以不改变对象客体而对它的信息进行采集、变换、加工、存取、利用，可以跨越空间和时间进行信息传输。由于这种可分离性，同一信息可以用不同的载体固定，用不同系统进行传输、加工、存取；不同信息可以用同类载体固定，用相同的系统进行传输、加工、存取。由于这种可分离性，一个客体虽然早已消亡，但有关它的某些信息可以长期保存下来，有时还可以借助一定的技术手段把它复制出来。由于这种可分离性，一个客体虽然尚未产生，但人们可以先用符号系统建构出它的信息形态，然后再利用一定的技术手段把它实地建造出来。由于这种可分离性，事物的过去、现在和未来被联系在一起，人们能够立足于现在而回顾过去、展望未来。所有这一切，都是机械论以及受它支配的经典科学无法理解，甚至不可能发现的。

由于信息与它所表征的物质客体的可分离性，人类创造出符号这种特殊的信息载体。符号系统作为一种特殊的载体而获得其现实的价值和意义，成为一种特殊的客观存在。人类利用符号创造了语言、科学、文化等，形成波普尔所说的"世界3"。我们不赞同他把"世界3"看成完全独立于物质世界的另一个世界的观点，因为"世界3"中的一切事物都是通过一定的物质载体而存在和演变的，它们归根结底是由物质世界派生出来，并受它的制约的。否认这一点，就会滑向唯心主义。但我们必须承认"世界3"同物质世界有相对的独立性。不承认这一点，我们就不能挣脱机械论的禁锢，无法适应信息时代和信息社会的新事物、新观点、新趋势。

维纳提出从系统与环境相互作用的角度考察信息的实质，把信息规定为我们同环境进行交换的内容，这一思想有重要的方法论意义。但维纳把系统局限于人和人类群体，显然过于狭窄；把系统在与环境相互作用中交换来的东西都归结为信息，也失之于片面。一切物质系统，从物理的到生物的，从自然界的到社会的，都与环境相互作用。有相互作用，就有物质和能量的交换，也有信息的交换。但物质系统之间有不同水平的相互作用，相应地，也有不同水平的交换过程。大体上可分为三个层次。最低层次是力的相互作用，物质和能量的交换居主导地位，信息交换作为伴随过程而表现出来。较高层次的相互作用和交换发生在那些（至少其中的一方）自身进化出信息器官的系统之间，通过信息器官，以很少的物质能量交换实现了大量信息交换。在这种交换过程中，信息交换居主导地位，物质能量交换居辅助地位，而且是为信息交换服务的。最高层次的相互作用和交换是人类社会特有的信息过程，即通过设计建造符号系统以及相关的技术设备来进行大规模的信息交换。从最低层次到较高层次再到最高层次，表现了物质世界的进化过程。客观世界之所以能够发生这种进化，信息与它所表征的客体的可分离性是必要前提。

由上面的分析可以引出以下几点结论。

（一）信息与它所表征的物质客体的可分离性，是物质客体的基本属性，一种辩证的性质。它有助于我们理解客观世界固有的多样性、复杂性、演化性，理解事物之间普遍的相互联系和相互作用。信息科学揭示这种物质属性，是对辩证唯物主义物质观的一大贡献。我们可以把维纳的那个著名论断改述为：不抛弃机械论的唯物论，无法与信息科学相容，因而无法存在下去。

（二）信息科学带来了我们对周围世界构成成分的新看法。按照经典科学描绘的世界图景，客观世界是由质料和能量构成的。按照信息科学描绘的世界图景，客观世界是由质料、能量、信息三者构成的，并且随着人类社会的发展，信息在这个科学世界图景中所占的地位将越来越重要。

（三）信息这种特殊的物质属性，为阐明"物质变精神，精神变物质"这一辩证唯物主义原理提供了科学依据。由于信息与它所表征的物质客体可以分离，客观世界在无穷无尽的相互作用中不断进化，产生出具有专门信息器官的高级物质系统，进而产生出人类大脑这种物质系统，能够处理信息，制造精神产品这种特殊形态的信息。由于信息与它所表征的物质客体的可分离性，表征客观世界的各种信息在适当的信号或符号载带下传入大脑这个信息加工厂，转化为精神产品，精神的东西又可以变成用信号或符号表示的方案、计划、规则、蓝图等信息形态，通过人类的实践而转化为物质的东西。承认信息的这种辩证特性，是理解在一定条件下"物质可以变精神，精神可以变物质"的关键。信息论为辩证唯物论的认识论提供了现代科学依据。

2-5　信息度量的方法论

同其他事物一样，信息也是量与质的统一。对于辩证哲学家来说，这是常识。但通信科学家认识到这一点，经历了曲折的过程。在发明电信通信技术后的很长时期中，人们基本上限于从定性上处理问题，未提出信息量的概念。但通信工程的实践使人们逐步认识到，信源与信道之间有一个数量上如何匹配的问题。有时候，信源发送信息的能力很大，但信道传输能力不足，造成信息积压和延误。有时候，信源发送信息的能力远小于信道传输能力，信道不能充分利用，造成浪费。为使两者匹配，需要定量刻画信源发送信息的能力和信道传输信息的能力，关键是解决信息的度量问题。

信息量是一种抽象量，不能像面积、速度那样用物理手段实地测量。因此，度量信息成为一个技术难题，背后有一个方法论难题。在这方面最先有所突破的也是哈特莱。在理解了信息和消息的区别与联系之后，哈特莱发现，当可传输符号的集合包含 n 个符号时，从中选出 N 个符号作成的序列共有 n^N 种，接受其中一个序列得到的信息量 H 可用对数 $H = \log n^N$ 来定义。这个发现在方法论上有几点重要启示：(1) 可以只从符号传送的角度来度量信息，不必顾及其包含的内容；(2) 可以用概率统计观点使信源模型化；(3) 可以采用对数形式计算信息量。当然，在哈特莱的定义中，信源概率结构的思想还模糊不清，有待进一步展开。

在哈特莱工作的基础上，维纳，特别是申农完成了对信息度量方法论的思想突破。申农深知广义信息的定量化十分困难，把研究范围明确限制于通信工程问题，假定信源与信宿有相同的可能消息集合，只要把信源发送的符号准确传送给信宿，信宿就完全获得了信源的信息。就是说，通信系统只须考虑如何在接收端精确复制发送端挑选的符号，完全不必涉及通信的语义问题。申农由此找到了对信息做形式化处理的途径。其要点是：(1) 通信中传送的信息量就是通信中消除了的不确定性，信源的先验不确定性越大，它能发送的信息量也越大，度量信息即度量这种不确定性；(2) 通信中消除的不确定性是指消息发生的随机性或统计性，用概率来表述，消息包含的信息量由消息发生的概率 p 决定；(3) 信息量是相对量，数学形式可以有不同选择，最自然的形式是对数函数。基于这些认识，申农和维纳同时独立地提出信息量的著名定义：I = -

logp（I 为单个消息包含的信息量）。

从通信工程看，度量单个消息的信息量是远远不够的，重要的是度量可能消息集合的整体信息能力。就单个消息看，概率 p 越大，信息量 I 越小，p 越小，I 越大。若就通信系统发送的整个消息序列看，小概率的消息尽管包含的 I 大，但在整个序列中出现的机会很小，因而影响也很小；大概率的消息由于在序列中频繁出现，在全过程中传送的信息量很大。这是部分与整体的辩证关系在信息量中的反映。申农看出概率对整体信息量的两种相反的影响，为全面反映概率对信息量的贡献，提出信息熵（整体平均信息量）公式：$H = -\sum p_i \log p_i$（离散信源）。H 是对 I 的统计加权平均，概率 p 通过 I 和加权系数两个途径对 H 做出贡献。熵 H 全面反映了概率的贡献，具有比 I 重要得多的意义。

信息熵公式是狭义信息论对现代科学的重要贡献。从技术上说，它给出度量不确定性的一般方法，后来有关不确定性度量的各种概念，如语义信息、语用信息、模糊熵、测度熵、K 熵、信息分维等，都是从申农熵公式脱胎扩展而来的。从理论上看，它提供了描述系统有序性、组织性、演化性的重要工具，在理论自然科学和系统科学中有广泛应用。

第3章 控制论的辩证思想

在我开始写"控制论"的时候，我发现说明我的观点的主要困难在于：统计信息和控制理论的概念，对当时传统的思想来说，不但是新奇的，也许甚至是对传统思想本身的一种冲击。①

——维纳

关于控制的科学包括两个有区别的领域：维纳的控制论（Cybernetics）和自控界讲的控制理论（Control Theory）。前者指的是综合数学、工程、生理和心理的研究成果以沟通动物和机器并实现人机构调的理论探索；后者指的是对自动化的技术要求提供定量化理论描述，是一门典型的技术科学。② 本章的讨论主要针对前者。

3–1 冲击传统思想需要哲学支持

控制论的创立者和对早期发展有突出贡献的学者，常常从科学革命的高度来审视这门新学科。维纳认为，应当把控制论核心观点的形成放在20世纪物理学革命的大背景下考察，控制论属于20世纪人类科学观以至一般文化观上的真正变化之列。钱学森认为，控制论是20世纪继相对论和量子力学之后又一次科学大革命。对于一项伟大事业在其创立过程中遇到的困难、经历的斗争以及它在科学思想和方法论方面实行的变革，创业者的体会无疑更真切、更深刻。对

---

① N. 维纳著，郝季仁译：《控制论》（第二版），第 xiii 页，科学出版社，1963。
② 20世纪60年代以前，控制论与控制理论的界面比较清晰。从60年代以后，随着控制问题越来越大型化、复杂化以及人工智能技术的发展，这种界面开始模糊化，自控界的学者对维纳的思想产生新的兴趣。这也反映出科学发展的辩证性质。

控制论的产生做哲学分析时，必须抓住这一思想线索。

在奠基性著作《控制论》(1948)中，维纳首先讨论的是时间问题，他区分了牛顿的可逆时间和柏格森的不可逆时间概念。在另一名著《人有人的用处》(1950)中，维纳首先讨论的是偶然性和宇宙观问题。这与其说是科学著作的内容，不如说是哲学的论题。在控制理论家的视野中，重要的是提出新的控制思想，把它用数学语言表达出来，找到技术实现的途径，而不大关心讨论哲学问题。自控界许多学者不愿把自己的工作归于控制论，而宁愿称为控制理论，这是一个重要原因。但控制理论的产生不仅意味着在分支林立的学科群中又增加了一个新分支，更重要的在于它是新的科学革命的一部分。对于控制论创立者维纳来说，要克服的理论困难主要是冲破科学观和方法论方面传统思想的束缚。1961年，维纳在追溯自己最初的思想发展过程时，对此有明确的说明。

从伽利略和牛顿以来，自然科学发展的历史表明，科学研究的对象是客观物质世界的物质运动，不同学科研究物质的不同运动形式。这被视为科学学的一条基本原理。但控制论不符合这条基本原理。从维纳开始，控制科学家都对这门科学的横贯性有所阐述，钱学森的讨论最为透彻。1978年，他在对控制论和相对论、量子力学的研究对象进行比较之后指出："控制论的对象自然还是客观世界，所以控制论的研究对象最终还得联系到物质，只不过不是物质运动本身而是代表物质运动的事物因素之间的关系。"[①] 从物质运动本身到事物之间的关系，是科学在研究对象上发生的根本性转变，势必引起科学思想和方法论的相应改变，与传统观点发生冲突在所难免。自然科学研究的是客观规律性，不涉及如何发挥能动性的问题。控制论则不然，它强调的正是发挥能动性。控制论的创立者对此有深刻的理解。维纳等人（1943）把控制界定为主动的、有目的的、策略性的行为，主动性、目的性、策略性都是能动性的要素。阿希贝（又译为艾什比）指出（1956），自然科学回答"是什么"的问题，控制论回答"做什么"的问题。20世纪60年代兴起的现代控制理论提出一系列反映能动性的基本概念，如能控性、能观性、可解耦、可镇定等，并用集合论等现代数学工具加以描述和论证，创造出一套描述能动性的科学方法。这就把控制论有别于自然科学的性质完全呈现出来了。基于这一发展状况，黄琳给控制理论做出新的定义："控制理论是研究在一定限制条件下，发挥能动性以实现对系统的控

[①] 钱学森、宋健：《工程控制论·序》（修订版），科学出版社，1983。

制的一门技术科学。"① 于景元从实践范畴阐述控制概念，指出："控制理论中控制的概念和思想是十分可取的。正如我们通常所说，认识世界的目的是为了更好地改造世界，那么我们认识系统则是为了更好地控制系统。"② 从撇开人的能动性单纯研究客观规律性，到研究并强调发挥能动性，是控制论在科学发展史上带来的重要变革之一。这在今天看来是十分自然的，但对控制论的创立者来说，意味着他们必然同传统思想发生激烈冲突。

维纳把控制论定义为关于动物和机器中控制和通信的科学，即一门同时适用于生命现象和非生命现象的科学。物理学和生物学、非生命现象和生命现象的关系，历来是哲学和理论自然科学最敏感的问题，是唯心论和唯物论、形而上学和辩证法激烈争论的焦点之一。这就决定了创立控制论的主要困难不在于如何定义它的概念，引入怎样的数学方法，而在于从科学观和方法论上厘清思路，实行变革。用维纳的话来说："我注意的是表明和详述我在这门学科上的思想，摆出那些开始引导我进入这个领域和在它的发展中继续引起我的兴趣的某些观念和哲学上的考虑。"③ 维纳曾做过这样的评论："阿希贝博士的工作代表控制论的一个支派，该支派的发端要回溯到这门科学的最早年代，它所致力的主要不是这门科学首批出现的种种观念的定义问题和词汇的使用问题，而是控制论的哲学问题"。④ 因此，首要的任务是在科学观和方法论上冲破传统思想的束缚。这就需要哲学的支持。

那么，创立控制论需要什么哲学基础呢？首先，控制论的建立是清算活力论、目的论等唯心主义思想的结果，必然建立在唯物论之上。阿希贝明确宣布："控制论按其实质是一门唯物主义的科学。"⑤ 维纳对唯物论这个名词有许多误解或成见，不愿采取阿希贝那种明确态度，但在具体研究工作的一系列问题上明显站在唯物论一边。其次，更为重要的是建立控制论必须以清算机械论为依据，因而不能不采取辩证法的态度。在这一点上，维纳和阿希贝都未做明确选择。但从他们的著作中容易看出，其态度总的来说与辩证法相当接近。

---

① 黄琳：《控制理论发展过程的启示》，载《系统工程理论与实践》，1990年第1期。
② 于景元：《控制论和系统学》，载《系统工程理论与实践》，1987年第3期。
③ N. 维纳著，郝季仁译：《控制论》（第二版），第 xxi 页。
④ 《控制论哲学问题译文集》（第一辑），商务印书馆，1965，第57页。
⑤ 同上书，第77页。

3-2 唯物论的目的观

《控论论》一书的基本思想，是维纳和罗森勃吕特等人在有关科学方法论讨论班的合作研究中形成的。维纳是数学家，又热心于自动机研究，熟悉通信、控制、反馈等适用于描述机器的概念。罗森勃吕特是医生，长期从事生理学研究，熟悉行为、目的、适应性等概念。他们在共同的跨学科研究中认识到，日益专业化的科学发展趋势严重阻碍科学的进一步发展，深信20世纪在科学上可以得到最大收获的领域，是各学科之间被忽视的"无人区"。从30年代末起，他们就瞄准生命科学与非生命科学之间广阔的空白地段，开展合作研究。凭借卓越的科学洞察力，他们发现可以把通信、控制、反馈等概念推广应用于生命系统，把行为、目的、适应性等概念推广应用于机器系统，再引入适当的数学工具，就可以建立一门关于动物和机器的某些共同属性的新学科。当时他们还没有想到把这门科学命名为控制论，但已清楚地意识到这是一项"建立一个介乎各门科学之间的科学部门"的"宏大的实验工作计划"。[①]

作为实现这个宏大计划的第一步，必须清除存在于科学界和哲学界的一些根深蒂固的传统思想，给行为、目的等概念找到正确的哲学基础，做出科学的表述。维纳和罗森勃吕特等人在40年代的研究活动就是以这一课题为中心的。其成果总结在1943年发表的那篇著名论文《行为、目的和目的论》中，它对于了解控制论思想的形成过程极有价值。

为清除建立控制论的思想障碍，必须重新阐述目的概念。以牛顿力学为代表的精密自然科学不使用目的概念，从这里无所借鉴。建立在牛顿理论之上的机械唯物论完全排斥目的概念，把它视为与科学不相容的东西。这种观点对自然科学的影响深远而牢固。只有目的论充分肯定目的概念，做了大量哲学分析。但目的论从唯心主义出发，给目的概念罩上种种神秘色彩，把它歪曲成一个反科学的概念。目的论和机械论的持久对立，严重妨碍了在物理现象与生命现象之间架设桥梁。维纳等人发现，这两种观点与现代科学都是根本冲突的。他们指出，动物随意活动的目的不是一个可以任意解释的问题，而是生理学上的事实：伺服机构一类的机器又是内在的有目的的。这就是说，阐述目的概念要以

[①] N. 维纳著，郝季仁译：《控制论》（第二版），科学出版社，1963，第8页。

唯物论为基础，目的性具有客观机制。旧唯物论对于目的论的唯心主义谬论进行批判完全正确，但采取全盘否定的态度是一种形而上学。用机械论不能战胜目的论。现代科学要求在坚持唯物论的前提下，对目的论采取科学分析的态度。

维纳等人采取的正是这种态度。他们摆脱了在目的论与机械论之间二中择一的形而上学选择。一方面，坚持反对目的论引入"终极因"概念的唯心主义，指出"目的论之不可以置信，主要是因为它被定义作：它暗含着一个时间上后于给定的果的因"；另一方面，反对全盘否定目的论，批评机械论"当目的论的这一方面被丢开之后，与目的的重要性有关的认识不幸也被抛弃了"。① 在维纳等人看来，目的性是理解某些行为式样所必需的。因此，他们主张在清除目的论的神秘主义色彩的同时，承认"目的概念是有用的，因此，它应该保留下来"②。这无疑符合辩证法的要求。

哲学分析的缺点是缺乏可操作性。要克服机械论和目的论这两种错误倾向，需要解决如何用科学语言表述目的概念的问题。为此，维纳等人从自然科学中引入状态和状态集概念，把目的定义为系统的可能状态集中的那些终极状态，它们是稳定的，对其他状态有吸引作用。有目的的行为就是趋向这类终极状态的运行过程。这就使我们明白了，目的并非神秘的终极因，而是系统所固有的、可以用科学方法加以描述的特性。这样一来，通向神秘主义的道路被堵塞了。

目的论把目的性神秘化，机械论完全排除目的性概念，这两种极端对立的观点有一个共同的"事实"依据：相信目的性必须借助某种生物体的，甚至精神的特质来体现，无生命物体不可能具有目的性。要彻底驳倒他们，需要找到物质客体完成有目的行为的具体机制，这种机制是生物体和无生命的机器共同具有的。维纳发现，电工学使用的反馈概念是适当的工具。一切有目的行为都可以看作需要负反馈的行为。系统自寻目标的行为不是生命或精神的特有属性，而是负反馈特性。任何系统，不论是物理系统，还是生物系统，只要具有负反馈特性，就可以表现出有目的的行为。反之，一旦负反馈机制被破坏，有目的的行为就会消失。医学上的小脑震颤即一例。

对于活力论，维纳等人同样采取了辩证法的分析态度。在批判其唯心主义谬论的同时，肯定了"活力论的时间结构"的合理性③，给柏格森的不可逆时

---

① 《控制论哲学问题译文集》（第一辑），第9页。
② 同上书，第3页。
③ N. 维纳著，郝季仁译：《控制论》（第二版），科学出版社，1963，第44页。

间概念以充分的评价,为20世纪60年代兴起的自组织理论做了必要的思想准备。

3-3 辩证的因果观

在控制论产生之前,科学家已创造出用于研究动物和人的生理、心理现象的行为主义方法。他们把有机体应付环境的一切活动称为行为,认定全部行为都可以分析为刺激和反应。给对象以某种刺激,观察它的反应,通过研究反应与刺激的关系来了解对象的特性,而不顾及对象内部的结构和机制。这就是行为主义方法。维纳等人发现,工程技术界关于伺服机构的研究方法基本上类同于行为主义方法。他们意识到,要沟通动物和机器两大领域,确立控制科学的方法论基础,应当推广行为概念,给行为主义关于自然事件的研究方法以精确的表述。目的概念的重要性,就在于它是科学地定义行为概念并对行为进行分类所必需的智力工具。

维纳等人坚持把对象作为开放系统来考察(尽管他们并未对传统的封闭性观点提出批评)。从开放性观点看,科学研究的对象是从它的环境中相对地抽象出来的,与环境有千丝万缕的联系。可以而且必须从系统与环境的相互关系中研究系统。按维纳的观点,如果把行为广义地定义为系统相对于环境做出的变化,那么,一个系统从外部探知的任何变化都可以称作行为。把环境对系统的影响和作用称为输入,把系统对环境的影响及其引起的环境变化称为输出。给系统以某种输入,观察它的输出,通过分析输出对输入的响应关系来了解系统的属性,而不顾及系统内部的结构和机制,这就是广义的行为主义方法。它既适用于动物,又适用于机器及其他系统。这种推广奠定了控制论的方法论基础。我们看到,从经典控制理论到现代控制理论,都通过输入输出关系来刻画系统,输入输出观点鲜明地贯穿于控制论专家对控制系统的种种定义之中。

输入输出方法,更一般地说行为主义方法,是以因果决定论为哲学基础的。相信输入与输出之间存在因果联系,输入为因,输出为果,通过施加适当的输入以求获得理想的(或满意的)输出,是设计和使用控制系统的思想前提。不论是维纳、阿希贝以及他们的先驱者,还是现代控制科学家,都相信因果律,坚持某种决定论。维纳等人认为:"目的论与决定论不是对立的,它只和非目的论对立。当我们所考虑的行为属于决定论应用的领域时,目的论的系统和非目的论的系统二者都是决定论的。"① 阿希贝认为："控制论所研究的是各种因果联系。"② 这是他把控制论归结为一门唯物主义科学的重要根据。

但是，在控制论产生之前，尽管物理学中由于量子力学的胜利牢固地确立起概率观点，在技术科学领域占支配地位的还是拉普拉斯决定论，信奉的还是机械因果观。机械论提倡的是一种简单的、线性的、完全确定性的因果观，要害是把原因和结果作为绝对对立的范畴，否认原因与结果的相互转化。如维纳所指出的，即使像莱布尼兹这样具有辩证思想的学者，他的单子说也"没有使因果关系互相转移"③，而控制论所研究的问题与这种因果观格格不入。为建立关于动物和机器中控制与通信的科学，维纳等人不得不花气力去清除机械论因果观的影响。

控制论在因果观上对机械论的突破是多方面的。如阿希贝所说，在那些机械唯物论占统治地位的学科领域，所考察的大多是一个原因和一个结果的关系。但早期的伺服机工作原理已经表明，控制是一种由许多项顺序衔接的操作变换所组成的过程，完成这一过程的是由许多相互衔接的环节组成的系统。在系统工作过程中，前一环节的输出（果）是后一环节的输入（因），整个控制过程表现为一种输入与输出相互转化，即因与果相互转化的过程。这是控制论的因果观有别于以往的因果观的一个特点。经典控制论以传递函数作为基本的数学工具，它的前提就是把控制过程当作因果转化过程，传递函数也就是因果转化函数。

以这种开式因果链概念去克服机械因果观是十分不够的，因为它表现的仍然是一种线性因果观。并且，在这种因果链条中，起始环节的因是单纯的因，不是由某种果转化而来的因；终了环节的果是单纯的果，不再转化为某种因，因果转化的思想表现得很不彻底。对线性因果观的有力冲击是由维纳等人发起的。在有关动物、自动机、社会系统的类比研究中，他们领悟到反馈概念对于揭示因果转化的关键作用。闭环控制系统由于设置了反馈环节，上述终了环节的输出被反向传送到起始环节，作为新的输入的一部分。这样一来，系统中不再有单纯的因和果。系统一旦启动运行，整个工作过程就是因与果不断循环转化的过程。用反馈观点看问题，他们发现了高等动物机体内由中枢神经—肌肉

---

① 《控制论哲学问题译文集》（第一辑），商务印书馆，1965，第9页。
② 同上书，第76页。
③ N. 维纳著，郝季仁译：《控制论》（第二版），科学出版社，1963，第41页。

—神经系统组成的"循环过程",只有把握了这种环形过程,才能理解动物随意活动的本质特征。在社会系统中,他们也看到"其中具有反馈性质的循环过程起着重要的作用"①。在机器、动物、社会系统以及一切具有反馈机制的系统中,原因与结果相互对立的绝对性消失了,它们的相互转化得到科学的说明。在那些包含多重反馈的复杂网络系统中,还可以看到复杂的因果转化网络,线性因果观被从根本上推翻了。

在研究自动机的过程中,维纳理解了通信与控制之间的本质联系。第二次世界大战结束后,维纳在信息论的许多方向上进行探索。其中的一项重要收获,是明确了控制系统接收的信息具有随机性,系统的结构必须适应这种性质。维纳由此引出一个重大结论:控制论是一种统计理论,它关心的不是系统根据单独一次输入产生的动作,而是对全部输入都做出令人满意的动作,即对一类从统计上预期要收到的输入做出统计上令人满意的输出响应。在这种系统中,因果联系不再是完全确定论的,它具有统计不定性,因而是一种统计因果联系。在因果范畴中引入统计性,就从另一层面上否定了机械论因果观,表现了辩证因果观的新因素。

3-4 控制论与科学世界图景的变革

明确控制工程的关键是信息概念、控制论是一门统计理论之后,维纳便意识到控制论的建立关系到科学世界图景的变革。这就需要从科学观和哲学的高度阐述偶然性与必然性、随机性与确定性、有序与无序的关系,以便确定控制论在现代科学中的地位。我们看到,《控制论》的前几章和《人有人的用处》的大部分的内容都是以这个问题为中心而展开的。

维纳详细论述了20世纪前半叶发生的物理学革命。他指出,牛顿物理学描述的宇宙是一个其中所有事物都是精确地依据规律发生着的宇宙,是一个细致而严密的组织起来的、其中全部未来世界都严格地取决于全部过去世界的宇宙。机械唯物论所描绘的这种钟表式世界图景,统治了从17世纪到19世纪的漫长时期。直到19世纪后期,由于玻尔兹曼和吉布斯在物理学中引入概率观点,机械决定论的世界图景才受到真正的冲击。到20世纪量子力学获得全面胜利之

---

① N. 维纳著,郝季仁译:《控制论》(第二版),科学出版社,1963,第24页。

时，这种世界图景才在微观领域被推翻。物理学革命暴露了"宇宙自身的结构中存在着机遇这一基本要素"①，随机性"作为物理学的部分经纬，被人们接受下来了"②。统计决定论的科学世界图景部分地取代了严格决定论的科学世界图景，是辩证思维对形而上学思维的一次重大胜利。部分地出于民族感情，维纳把美国物理学家吉布斯尊奉为这场科学革命的主要代表，称为吉布斯革命。

维纳认为，不同学派在20世纪40年代分别独立进行的建立控制论的探索，是以这场物理学革命为科学背景和思想前提的。没有统计物理学和量子力学，不推翻机械决定论的统治地位，就不可能有维纳的控制论，关于控制的科学只能停留在伺服系统理论的水平上。事实上，一个完全确定了的世界没有能动性的存在之处，不需要关于能动性的科学，就连伺服系统理论也不可能产生。所以，维纳明确宣布：控制论"应该属于吉布斯统计力学的范围，而不应当属于古典牛顿力学的范围"③。控制论不仅是物理学革命的产物，而且由于把这场革命扩展到技术科学领域，沟通了生命世界和非生命世界，开辟了描述能动性的科学途径，对科学世界图景的变革做出了独特贡献。

由于在基本概念中引入概率观点，通过玻尔兹曼关于熵的概率解释，维纳把控制论与著名的热力学第二定律联系起来，从另一角度触及科学世界图景的重大问题。维纳把控制论界定为同时适用于动物和机器的理论，并把它建立在概率统计观点上，就不能不对热寂说和进化论的对立做出说明。维纳解决这个问题的理论方案是：由于热力学第二定律的作用，宇宙在整体上不断减少其秩序和组织性，最后退化为热平衡态；但在宇宙的某些孤岛（如地球）上，完全有可能朝着进化的方向演变，不断增加秩序和组织性。这种思想来自玻尔兹曼。玻氏认为，根据热力学系统的统计特性，遵循热力学规律的大系统不可避免会有局部小区域的涨落，其中存在与熵增加相反的过程。宇宙就是这种热力学系统，地球就是存在减熵过程的涨落的局部区域。玻尔兹曼和维纳采取了在克劳修斯与达尔文之间进行调和的立场，不可能真正解决问题。这与他们所处时代的科学水平有关。现代宇宙学证明，尽管宇宙的熵 S 随着时间逐步增大，但宇宙的最大熵 S_M 随时间以更快的速度增加，熵差 $S_M - S$ 是时间的增函数。这表明，宇宙向着越来越远离平衡的状态演化，不可能走向热寂状态。④ 维纳的担

---

① N. 维纳著，陈步译：《人有人的用处》，北京大学出版社，2010，第5页。
② 同上书，第4页。
③ N. 维纳著，郝季仁译：《控制论》（第二版），科学出版社，1963，第44页。
④ 赵光武主编：《现代科学的哲学探索》，北京大学出版社，1993，第41页。

心完全没有必要。但我们不难发现，维纳解决问题的方案是以部分与整体的辩证矛盾关系为基础而建立的，包含合理的内核。

维纳上述论证的主要价值在于揭示出控制的本质。信息是负熵，信息、反馈等都是系统的反熵手段。不论什么系统，只要能获取信息、利用信息，具有反馈机制，就能从环境中吸取负熵，克服内部的熵增加，从而达到减熵，即增加有序性、组织性的目的。通信过程、控制过程，本质上都是系统的反熵过程。生物、社会和机器不断进化的奥秘就在这里。这就从更深层次上揭示了动物与机器的类似性，阐明了建立关于动物和机器中通信和控制的科学的必要性和可能性。基于此，维纳强调指出："控制论这门新兴科学就是以这个观点为核心而开始其发展的。"[①]

维纳著作中讨论的问题已超出控制论这门科学的范围，触及当代科学的一些核心问题，如时间、演化、自组织等，做出了许多精深的论述。在很长时期内，控制界的学者们无法理解维纳，有人甚至指责维纳著作中的"噪声太多"。直到自组织理论产生，特别是提出建立系统科学的基础理论系统学之后，人们才发现维纳当年的研究已经超越了技术科学层次，进入理论控制论即系统学的层次了。这导致方福康的如下评论："使我惊异的是 N. Wiener 的原始思想竟与 I. Prigogine 等人的想法如此相似。'在非平衡系统中，或者在非平衡系统的一部分中，熵不一定增加'，'它对于我们来说非常重要……在这些阶段熵并不增加，而组织及有关的信息却正在建立之中'，这些 Wiener 的论述并用以作为控制论的基础，几乎可以毫不加变动成为 Prigogine 的语言。"[②] 刘华杰考察了维纳对混沌现象的探索，发现维纳的观点与现代混沌研究是相通的。[③] 维纳超越同时代的学者，从控制论走向非平衡态物理学、混沌学等复杂性研究，表现出非凡（但不自觉）的辩证思维能力。

3-5 工程控制论的辩证思想和方法

如果说维纳的控制论著作主要关心的是学科的新思想和哲学问题，而不是

[①] N. 维纳著，陈步译：《人有人的用处》，北京大学出版社，2010，第6页。
[②] 钱学森等：《论系统工程》（增订版），湖南科学技术出版社，1988，第271页。
[③] 刘华杰：《混沌语义与哲学》（博士论文），中国人民大学哲学系，1994。

系统地建立控制论的概念体系，那么，1954年出版的钱学森著《工程控制论》恰好相反。在这本书中，钱学森为自己确定的任务是应用维纳阐明的控制论原理总结控制科学界在工程实践和理论研究方面的已有成果，建立工程控制论的学科体系。他出色地完成了这个任务。这是一本深受自动控制界欢迎的控制理论著作，引起热烈反响，被译成俄、德、中等文字，产生了世界范围的影响。

大家知道，钱学森原是空气动力学和火箭专家。只是在美国政府禁止他从事原来的工作并被软禁之后，才转向研究刚刚诞生的控制论。短短的几年时间里，他不仅掌握了从伺服系统理论到维纳的控制论的基本内容，而且参与这一学科的前沿探索，并能把握全局，写出经典控制论的奠基性著作。能有如此成就者，必定在思想方法上有过人之处。全面论述这一点需要专门的文章，本节只就几方面做些分析。

《工程控制论》显示钱学森有很强的理论敏感性和洞察力。在转向控制科学后，他很快把注意力集中到学科前沿，从散见于不同学者的研究成果中迅速捕捉到控制论进一步发展的各个生长点。例如，维纳的滤波理论（1949），勃克森包姆和胡德的互不影响控制（1950），德瑞尼克利用摄动理论的控制设计（1951），椎柏和李耀滋的自寻最优点控制（1951），勃克森包姆和胡德满足指定积分条件的控制设计（1952），阿希贝的自镇定和自适应控制（1952），诺伊曼关于系统可靠性的设计思想（1952）等。钱学森从这些初露头角的前沿探索中发现深刻的控制思想和发展前景，阐明它们之间的内在联系，纳入统一的理论框架中。这些内容都是20世纪60年代兴起的现代控制理论的重要方向，许多问题至今仍受到自控界的关注。

钱学森在师从冯·卡门并与他合作研究的时期就已表现出一种智力优势：既善于把理论原则转变为工程设计思想，又善于从工程技术中提炼理论思想。这种能力在建立工程控制论的过程中得到进一步发挥。他先于一般同行从维纳和阿希贝哲学味颇浓的著作中抽取出能够直接用到工程上设计控制系统的东西，如维纳关于控制的统计性质的论述，阿希贝的超稳定性概念等。另一方面，钱学森常常从他最熟悉的航空工程中提炼控制思想，验证控制论原理。他深悉定性与定量的辩证关系，强调对问题做定量分析，系统地阐明了经典控制论的数学方法。但又反对单纯追求数学工具的高深，强调把握数学方法的控制意义，在对各类系统做理论分析时，力求指明对系统性能的特定要求，并引出相应的设计准则。如在讲反馈控制的一章中，通过对控制系统传递函数的理论分析，归纳出三个性能要求，即稳定性、快速性和准确性，提出三条设计准则。《工程控制论》是典型的技术科学著作，但处处表现出深刻的科学思想，体现了理论原理与应用方法的良好结合。与同一时期的其他控制论著作相比，这种特点相当突出。

毛泽东指出："对于物质的每一种运动形式，必须注意它和其他各种运动形式的共同点。但是，尤其重要的，成为我们认识事物的基础的东西，则是必须注意它的特殊点，就是说，注意它和其他运动形式的质的区别。"[①] 从《工程控制论》中可以看出，钱学森在当时已精于此道（每一位卓有成就的学者都精于此道）。他把控制系统划分为线性的和非线性的、定常的和时变的、连续的和离散的、有时滞的和无时滞的、确定性的和随机性的等，这也是现代控制论通行的系统分类。正确的分类是把握矛盾普遍性和特殊性的关键。从《工程控制论》的第四章起，每一章都讨论一类特殊的系统或特殊的控制问题，给出问题的特定表达，引入特定的数学工具，引出特殊的设计思想和设计准则。例如，前四章讨论的是一个受控量的系统，第五章转向包含多个受控量的系统，针对受控量之间存在相互影响这个矛盾特殊性，用新的方法做出具体分析，证明必须增加一条新的设计准则，即互不影响准则。全书思路明晰，逻辑严谨，结论准确，表现出辩证思维的魅力。

20世纪80年代，钱学森在论著中对结构与功能、部分与整体的辩证关系做了许多深刻而精彩的论述。这些观点在30年前写的《工程控制论》中已见萌芽。对于每一类控制问题，他都紧紧抓住结构与性能的关系进行分析。他把控制问题分为两类。一类是给定系统的结构，然后确定它具有什么性能。例如，关于有反馈装置的控制系统的分析，采用继电器或其他非线性元件的控制系统的分析等。另一类是首先给定要求的系统性能，然后找出应当具有怎样的系统结构。例如，满足给定积分指标的系统设计，为对付噪声引入滤波器的系统设计等。控制论是一种系统理论。维纳的著作基本上是把系统作为一个一般术语来使用，钱学森则把系统作为控制论的一个必要概念，阐明控制论是研究控制系统的学问，他的系统观点比维纳更明确些。（在后来为中文修订版写的序言中，钱氏进一步给出系统概念的明确定义。）钱学森把系统研究分为系统分析与系统综合两方面，特别强调系统综合，整体论思想比较突出。他从阿希贝著作中抓住这样一个新颖而重要的思想：如何使系统能够根据环境的变化来重新组织自己的构成部分，以便实现系统整体稳定而又有目的的行为。在诺伊曼的著

---

① 《毛泽东选集》，人民出版社，1964，第283页。

作中，他抓住了通过使用大量不那么可靠的元件构造出高度可靠的系统整体的思想。可以看出，正是对部分与整体、结构与功能之间辩证关系的深刻理解，使钱学森与阿希贝、诺伊曼等人的思想发生共鸣。

《工程控制论》许多地方表现出作者懂得用两点论看问题。仅举两个例子。其一，由于非线性给系统分析带来很大困难，经典科学往往把非线性视为纯消极因素，力求避开它。通常的做法是把系统线性化。钱学森注意到线性化的局限性，要求人们不可由于线性化而把非线性因素产生的某些非平凡行为（如系统出现自激振荡）的物理数学根源忽略掉，提出利用某些非线性因素来改善控制系统的品质。其二，伺服系统理论主张以尽量消除误差为设计准则，但钱学森从诺伊曼的著作中悟出一个新思想，即在解决复杂系统可靠性问题时，可以有意识地把误差引入系统，然后提出问题："系统应如何设计才可以不顾误差的影响，而且还可以给出合适的性能？"这类例子在《工程控制论》中可找出很多。

当然，那个年代的钱学森应用辩证法还不甚自觉。回归祖国之后，通过学习马克思主义、毛泽东思想，他终于成为一个自觉的辩证唯物主义者，把自己在长期科学实践中积累的心得、做学问的窍门总结上升为系统的哲学观点。几十年来，不论形势如何变化，他都执着地宣传要用马克思主义哲学指导科学发展，招致某些人的非议。细读《工程控制论》一书可以发现，钱学森的这些议论确为有感而发，是出自内心的。

<<< 分　论

第4章　事理学的辩证思想

> 需要有改进系统的辩证方法。不然的话，我们就很容易发现自己的能力受到社会现实一种表现的限制，而这将妨碍我们能够从我们从事的各种活动中学习。我想说，未来系统方法的主旨概念将是辩证的学习过程。①
> ——丘奇曼

事理学是一个极其广阔的研究领域。但目前能算作系统科学组成部分的，主要是运筹学。事理学是相对于广义的物理学而言的。一般来说，事理学不涉及科学世界图景问题，但它在科学观和方法论方面带来的变革深远而巨大，应予充分肯定。本章讨论涉及一般事理问题，但中心仍限于运筹学。我们主要依据运筹学的产生、发展和目前的知识体系，探讨有关的哲学问题。

4-1　运筹学研究需要哲学

运筹学是系统科学的一门技术科学，有时也被当作一门应用数学。学科的技术性、应用性容易造成一种错觉，似乎这一学科远离哲学，无须哲学的指导，对哲学的发展也无所贡献。有些人甚至认为对运筹学做哲学思考是无病呻吟。这种状况是不正常的。

少数思想深刻的学者持有不同的看法。在1978年出版的《运筹学手册》一书中，主编摩特和爱尔玛巴拉对于西方运筹学发展趋势做了这样的概括："一方

---

①　小拉尔夫·弗迈尔斯主编，杨志信、葛明浩译：《系统思想》，四川人民出版社，1986，第350页。

61

面，过去三十年间理论和应用方面都有巨大成就，足以引起骄傲和一种舒适的职业作风，特别是在学术规划中。另一方面，有一批有影响的少数人表现出一种哲学上的焦虑，……他们促使研究主题的范围和前景继续扩展。"① 主编者肯定这种"哲学上的焦虑"对发展运筹学的意义，重视来自系统哲学家拉兹落等人的意见，从中吸取思想启迪。他们认为："运筹学在受到丘奇曼（Churchman）、阿柯夫（Ackoff）和拉兹落（Laszlo）这些思想家的推动后，将会重新思考它目前的支离破碎、很不完全的基本哲学，以便对它现在所做的事和它今后想做的事得到一个全面的看法。"② 该书第一篇的标题是"运筹学的基础和哲学原理"，其中丘奇曼写的第二章是"关于系统设计的哲学思考"。他认为，系统设计（包括运筹学、系统工程等）的哲学思考涉及认识论、社会本体论、伦理学和"实用主义"等方面。撇开具体观点不谈，这些学者提出的问题，他们关于运筹学研究和哲学分析之间关系的见解，很值得我国哲学界深思。系统理论和方法的应用不仅是一个科学技术的问题，而且与社会、伦理等问题有关，这个警告是重要的。运筹学并非远离哲学，它的基本哲学问题有待深入研究，哲学思考有助于正确评价运筹学的现状并推动它的未来发展。特别是在提出"运筹学向何处去？"这类问题的转折关头，尤其需要哲学思考。

我国也有一些学者明确提出这方面的问题。在1978年发表的那篇影响广泛的文章中，钱学森、许国志、王寿云指出："……'事理'同数学、物理都充满了辩证法的道理，都是以辩证唯物主义作指导的。"③ 对于西方运筹学家通过长期实践懂得了一些辩证法，并应用于实践中，钱学森等给以充分评价，以此激励中国学者自觉地运用辩证法。

4-2 事含妙理亦堪寻

历来的哲学家言必讲事物，把现实世界视为一切事物的总和。但他们把事物理解为一个笼统的概念，很少有人对事与物加以区分，给这对矛盾以具体的考察。从近代自然科学诞生之日起，科学家关心的仅仅是物，建立起关于物的

---

① 摩特、爱尔玛巴拉主编：《运筹学手册——基础和基本原理》，上海科学技术出版社，1987，第15页。
② 同上书，第24页。
③ 钱学森等：《论系统工程》（增订版），湖南科学技术出版社，1988，第18页。

庞大知识体系,即我们熟知的自然科学,也可以广义地称为物理学。自然科学的伟大成就使人们树立起一种信念,相信千差万别的物质现象中存在某种共性,物质运动具有客观规律,即所谓"物理",人们可以认识和利用它。"物含妙理总堪寻",镌刻在颐和园铜亭门柱上的这一联句,高度概括了上述信念。关于事的知识则是另外一种情形。与物不同,事与人的活动不可分离,具有明显的权变性。这使人们长期以来一直认为如何办事属于经验和艺术的领域,不存在普适的规律和方法,理论和科学在此无能为力。流行的看法是,关于物的知识在智力上是硬性的,可以形式化定量化地描述和讲授;关于事的知识在智力上是软性的,难以定量化形式化描述,叮意会但难以言传。由于上述原因,科学家历来只见物不见事,直到19世纪末,没有提出建立关于事的科学的问题。

进入20世纪后,这种情形开始发生变化。一些学者从各自的背景出发,分别对工时定额、电话拥挤、作战规划等事理现象做了科学的考察。由于研究者对事理尚无深刻理解,又是在彼此完全孤立的情况下工作,在当时不可能形成一定气候。真正的转变是反法西斯战争促成的。30年代末,英国在对付德国空军轰炸中发现,技术上先进的武器的作战效果并不好。他们调集一批专家学者(主要是自然科学家)组成运筹小组进行研究,发现问题在于复杂武器系统没有得到合理使用,其中涉及人员调动、武器装备与人的关系、不同部门协调行动等不属于自然科学即关于物的科学研究的问题,而是关于事的运筹问题。他们引入自然科学和数学的方法,结合有关的社会科学知识,成功地解决了这个问题。受此鼓舞,他们采用类似的办法解决了更多的军事筹划问题(如搜索敌机敌舰),形成所谓军事运筹学,经过战后的总结和发展,并大量向民用部门推广,终于建立了运筹学这门与自然科学在性质上大不相同的新兴科学分支。运筹学概念的提炼和发展过程,对现代科学思想有如下重要贡献:

第一,明确了事与物这对矛盾。人类认识和实践的对象世界不是单纯由物构成的,而是包含着物和事两个方面。物与事有性质上的不同,但在人类生存活动中又是相互联系的,形成一对矛盾。物是现实世界的"硬件",事是它的"软件",现实世界是由硬件和软件组成的巨大系统。在上述武器系统的使用问题中,技术性能属于物的方面,有效使用属于事的方面,使用武器于作战过程是这两方面的辩证统一。在现实世界中,一切物都是作为人的认识和实践(观察、实验、研究、设计、生产、使用、控制、管理等)的对象而发挥作用的,研究、设计、使用等都是人们办事的过程。就是说,现实世界的物不能离开事而孤立地发生作用,事也不能离开物而单独地进行。不论做什么事,总有必要的物质条件、活动空间、承担任务的人员等，办事就是由人流、物流、信息流构成的过程。自然科学撇开人在实践中对自然界的作用，单就物质对象的自然属性进行研究，不可能提供关于现实世界的全面知识。

第二，在物理之外发现了事理。许国志指出："事物总有其一定的规律，物有物理，事有事理。"[1] 事理现象不同于物理现象的一个重要方面，是它的个别性和权变性。俗语"世事如棋局局新"，说的就是这种特性。但事的权变性不可能取消它的规律性，只是使这种规律性更加复杂而已。人们要办的事各种各样，如资源分配、工序安排、排队问题、存储问题、更新问题、选择运输路线、寻找位置不明的物体等。表面上看，这些千差万别的事理现象没有共性，只能一事一议，针对特殊问题制定特殊的处理方法。但运筹学的研究证明，这类现象也有共性，这种共性就是事理。不仅物含妙理，事同样包含妙理。所谓客观规律，包括物理规律和事理规律两个方面。

第三，肯定了事理也是可以认识和运用的。运筹学的开拓者大都来自自然科学和数学领域。良好的科学训练，使他们容易相信关于认识和改造世界的活动的规律性也是可以认识的。他们有意识地把自然科学中行之有效的方法移植到事理领域，结合事理现象的特点，创立了一套行之有效的运筹决策方法。一项人们在生活中司空见惯的事理问题，经过运筹学的科学表述，便显示出其内在的、可以和自然科学媲美的规律性，所给出的解决方法同样显示了科学美。运筹学的成功表明，事理现象（至少其中的一部分）也可以做定量化的描述，建立可以讲授的理论体系。就是说，事含妙理亦堪寻。建立一门可以同物理学并驾齐驱的事理学，既是必要的也是可能的。目前的运筹学就是事理学的第一个成熟的分支学科。

众所周知，20世纪在科学上出现了一系列重要飞跃。其中之一就是从单纯研究物理到开始研究事理。运筹学的建立表现的是在"对事的（软的）重要性的认识"方面的飞跃。[2] 这一飞跃开始于军事运筹学的草创，中间经过一般运筹学数十年的发展，到70年代达于完成。其标志是：对事理现象做出更高层次的概括，抽象出"事理"这一新概念，提出建立事理学的任务。这是中国系统科学家的重要贡献。在西方，相近的工作是H. 西蒙关于建立人为事物的科学的

---

[1] 许国志：《论事理》，载《系统工程论文集》，科学出版社，1981。

[2] 同上。

尝试。①

中华民族对事理的探索源远流长，见识卓越，其中有许多已积淀于成语格言之中。班固在《汉书》中表彰刘德有"实事求是"的精神，他所讲的从"实事"中求得的"是"就是事理。中国人的日常用语中也有这一概念，如用"明事理"或"不明事理"来评价个人的思想素养。历代著名的政治家、军事家、思想家、智谋之士都对事理有独到的见解，成为中华民族智慧的重要组成部分。被尊奉为《兵学圣典》的孙子兵法，也是一本事理学的"圣典"。这些关于事理的用法还不是我们现在讲的事理学概念，但又有相通之处。未来的事理学将从这里吸取大量思想营养。

值得注意的是，在西方运筹学兴起的同时，毛泽东以中国革命和建设为背景，独立地对事理问题做了大量的探索，并从理论上加以总结，在许多方面与运筹学创立者的观点不谋而合，体现了相同的时代精神。毛泽东对于事理具有客观规律性和可认识性有深入的论述，强调事理活动强烈地表现出人类特有的自觉能动性。人们不能超越客观条件的许可去确定事理活动的目标，但可以而且必须在客观条件许可的范围内，充分发挥主观能动性和灵活性，去能动地争取得到最好的结果。毛泽东对事理过程的各种不确定性有深切的认识，强调事理过程的曲折性和复杂性，要求人们的头脑也要复杂点，准备走曲折的路。他用事理一词评价贾谊的名作《治安策》，说它"全文切中当时事理"②。这个评论包含事理随着时代发展而发展的思想。毛泽东对事理的认识（特别在哲学方面）超越现代系统理论家，发展了辩证唯物主义事理观，对军事运筹思想和方法论尤有杰出贡献，并在战争实践中获得极为成功的应用。不足之处是没有引入数学方法，对军事运筹问题主要是定性的分析和把握。这是由他所处的社会历史条件限定的，不可苛求于他。事实上，他所研究和处理的那些事理问题特别庞大复杂，今天的系统科学家也未找到适当的数学方法。

4-3 事在人为靠运筹

事理毕竟不同于物理。物理学回答"是什么"和"为什么"的问题，揭示

---

① 赫伯特·A. 西蒙著，武夷山译：《人工科学》，商务印书馆，1987。
② 张贻玖著：《毛泽东读史》，中国友谊出版公司，1991，第45页。

物质客体运动的规律性。事理学回答"做什么"和"怎么做"的问题，探讨如何办好事情的规律性。类似于控制论，事理学也是一门关于在一定限制条件下发挥能动性的科学。

事理现象是由人的活动构成的。如毛泽东所说："一切事情是要人做的""做就必须先有人根据客观事实，引出思想、道理、意见，提出计划、方针、政策、战略、战术，方能做得好"①。办事总有一定的目的，为达到目的必须制定适当的计划、策略、方法，这是主观能动性的突出表现。办事总要利用既有的资源、手段、条件，承受种种限制、约束，这是客观必然性的表现。事理活动是由这两方面决定的。所谓"谋事在人"，讲的是在办事过程中要尽量发挥主观能动性，努力筹谋策划，并且要善于抓住机遇。所谓"成事在天"，讲的是：第一，办事的计划、方法等必须符合客观规律，亦如毛泽东所说，把事情办好的关键"就在于把主观和客观二者之间好好地符合起来"②；第二，需要客观过程造成适当的机遇，"天赐良机"方能办成大事。事理就是主观与客观、机遇与人为相统一的道理。

目标是系统运行中理想的或可接受的状态。一项事理活动的目标一般不是某个独一无二的未来状态，而是一组未来状态的集合。复杂事理活动的目标可能是由许多这种集合构成的系统。办成一件事总有多种可供选择的行动方案，不同行动方案对应着不同的结果。确定系统的目标模式，选择适当的行动方案，叫作运筹决策。目标、约束条件和运筹决策，是构成事理系统的三个基本要素。办事＝运筹决策＋实施，具有决定意义的是运筹决策。"运筹帷幄之中，决胜于千里之外"，既是军事活动的至理名言，也是一切事理活动的至理名言。日益复杂化的现代社会尤其如此。

运筹决策过程始终贯穿着处理确定性与不确定性这对矛盾。物质世界存在各种偶然性、不确定性，包括系统内部的和外部的不确定性。它们通过办事过程所涉及的物理因素而表现于事理系统中。人的主观方面更少具有确定性，理性、非理性、权变性、灵活性等都联通着不确定性，给事理活动带来更多的不确定性。但不确定性中存在确定性，确定性通过不确定性为自己开辟道路，不确定性可以转化为确定性。不管运筹学家是否自觉，他们要有所成就，必须接受这一辩证观点。解决同一事理问题有多种可能的方案就是一种不确定性，它

---

① 《毛泽东选集》，人民出版社，1944，第445、163页。
② 同上。

规定了选择的必要性。选择是一种使不确定性转化为确定性的系统机制。大多数事理问题具有不可忽略的随机性，这是不确定性的一种基本形式。但随机性中存在统计确定性，可借助概率统计方法进行运筹决策。不确定性的另一种基本形式是模糊性，即事物类属的亦此亦彼性。模糊性中存在确定的隶属规律，可用模糊学方法处理，进行模糊运筹决策。存在不确定性给运筹决策带来麻烦和困难，但运筹学家相信，正是由于存在不确定性，才使运筹决策具有特殊的魅力。运筹决策的实质就是在不确定性中寻找确定性，使不确定性转化为确定性。从哲学上看，存在不确定性为辩证思维提供了用武之地。

要办成一件复杂的事，正确选择目标模式十分重要。力求把事情办好，以最小的代价获取最大的收益，乃事之常理。给这一思想以科学的表述，得到优化概念。在运筹学中，寻求最优解是一种最诱人的目标模式，最强烈地体现了人类追求功利的主观能动性。目前的运筹学基本上是一门追求最优化的科学。但必须辩证地看待最优化。任何事理活动的目标都不止一个，因为对象系统的性能功效不止一个方面。不能要求所有性能同时达到最优。一切皆优，意味着一切皆不优；有所不优，才能有所优。运筹学的做法是，有所选择，突出重点，以次要性能的非最优来保证某项主要性能的最优。性能指标的优化只是问题的一个方面，还要考虑技术上是否可以实现和经济上是否合算。一项决策的技术性能最优但难以实现，或者可以实现但代价昂贵，都不是真正的最优。性能好、可靠、经济、便用综合最优，才是真正的最优。在比较复杂的事理系统中，还存在局部优化与整体优化的差异和矛盾。部分有自己的利益和追求。部分是整体的基础，部分太差不可能构成优化的整体。但部分最优的系统，整体可能是非优的。运筹学在处理这种矛盾时，以坚持整体优化为目标去组织部分，部分服从整体，同时整体要照顾好各个部分。

运筹决策的另一种目标模式是寻找满意解。某种方案虽然不是最优的，却是令人满意的，便称为满意解。这里有两种情况。一是问题本身存在最优解，但同满意解相比，实现最优解带来的效益并不显著，而所付出的代价很大，综合地看，此时的满意解反而是次优解。二是问题本身没有最优解，除了取满意解，别无选择。有时情形还要更糟。例如，在许多情形下，决策者对环境一无所知（连事件发生的概率也无法估计），但又必须做出决策。运筹学是非常讲究实际的科学，用所谓不确定性理论来对付这种情形，允许人们根据自己的主观倾向进行决策，或采用悲观主义准则，或采用乐观主义准则，或采用等可能性准则，或采用最小后悔值准则，等等。难怪有的运筹学家不无幽默地说："运筹学是一种给出问题坏的答案的艺术，否则的话问题的结果会更坏。"[1]

现在的运筹学容易给人造成一种印象，似乎一项事理活动只要在开始时做出正确的决策，以后的事就只是贯彻执行了。这是一种形而上学的观点。俗话说，世事茫茫难预料。复杂事理活动由于种种不确定性和权变性，它的未来进程有不可预料的一面，越是长期行为，不可预料性越强烈。运筹决策不是一次性的，而是反复多次的，甚至是贯穿整个事理活动始终的。毛泽东对此早就从认识论上做出透彻的分析，强调要在实行过程中不断检验和修正计划、方案、政策。目前的运筹学尚未达到这种认识论高度。

总之，实际的运筹决策过程是复杂的，充满各种矛盾，决策者的思想一点也不能僵化，不能固守死板的模式，必须坚持用辩证的观点看待事理，具体问题具体分析。运筹学的原理并不难懂，但"运用之妙，存乎一心"。这个古训也是运筹学家成功的秘诀。

4-4　注重把握事理的矛盾特殊性

运筹学的研究过程包括四个主要阶段。一是确定问题，二是建立模型，三是求解模型，四是解的实施。第一步确定问题至关紧要，因为只有科学地提出并表述运筹问题，进行后面几步才有可靠的基础。

运筹学研究的问题就是关于事理的差异和矛盾。不但要区分物理和事理的差异和矛盾，尤其重要的是区分不同类型事理中的差异和矛盾。正确地确定运筹学问题，是以正确区分和理解各类事理的本质特征为前提的。我们仅就三个运筹学分支来说明这一点。

规划论　这是研究经营管理中经常要处理的规划问题的运筹学分支。规划问题是由资源和活动两方面构成的系统，这里讲的资源包括资金、物资、设备、人力、时间等。如果资源无限，各项活动可以任意占有，无须搞规划。如果只有一项活动，可以独享全部资源，同样无须规划。现实的经营管理恰好是资源有限而活动又不止一项，这就形成了矛盾。各项活动都希望尽量多地占有资源，它们在条件、效益等方面的差异又不允许平均分配。如何合理分配资源，满足各项活动的需求，并取得总体最大效益，是规划论要解决的问题。有限资源和

---

[1] 《运筹学》（修订版），清华大学出版社，1990，第2页。

多项活动的矛盾，是贯穿于一切规划问题中的基本矛盾，在不同类型的规划问题中各有不同的表现，规定了规划论不同分支的矛盾特殊性，要求建立不同的概念框架和解题方法。

排队论　这是研究社会服务活动中广泛存在的拥挤现象即排队问题的运筹学分支。排队问题是由顾客和服务台构成的事理系统。服务台通过提供服务而获取经济效益和社会效益，顾客通过接受服务而满足自己生存发展的需要，由此规定了双方的矛盾同一性。服务台与顾客的利益还有差异甚至对立的一面。从顾客方面看，希望消灭排队现象，做到随到随服务，以免造成排队损失。消除排队现象需要加大服务强度和增设服务台，但服务强度有限，增设服务台需要增加投资。由于顾客到来一般为随机聚散现象，若按高峰期顾客数设置服务台，在低峰期大部分服务台势必处于空闲状态，造成很大空闲损失。这是服务台所不能接受的。如何协调这对矛盾，使顾客和服务台的利益都能得到满足，是排队论要解决的课题。由于顾客流入、排队规则和服务规则多种多样，不同类型的排队问题带有各自的特殊性。

库存论　这是研究经营管理中广泛存在的库存问题的运筹学分支。库存问题是由于必须存储货物或商品以满足特定时期内的需要而产生的。这是一类由需求和供应两方面构成的事理系统。库存为满足需求而发生，满足需求的结果导致库存的减少。库存不足，会使商店因缺货而坐失销售良机，使工厂停工待料，造成缺货损失。有供应才有存储的可能，供应导致库存的增加。存储过多，导致物资积压，提高单位时间的投资成本，造成存货损失。这也是一对矛盾。库存论的任务是探讨存储问题的规律性，制定解决上述矛盾的策略原则，为建立合理的库存系统提供理论和方法。库存问题也有不同类型，如需求方式可能是确定性的或随机性的，供货方式可能是瞬时的或均匀的，这些差别要求用不同的模型来描述。

此外，对策论、决策论、更新论、搜索论等运筹学分支研究的事理也各不相同，各有自己的特殊矛盾。从各个分支到整个运筹学，离开对事理矛盾特殊性的具体分析，便无法建立它们的理论体系。留心一下国内外运筹学名著即可发现，运筹学家在解决他们面临的任务时，自觉或不自觉地都要研究事理的矛盾特殊性，在理解这种特殊性的基础上提出和表述运筹学问题。他们深谙必须在事理的差异或不同方面之间统筹兼顾、综合安排的道理，即懂得差异协同的道理。在必要的时候，他们还直接引用辩证哲学的术语来说明问题。曾担任过英国运筹学会会长的托姆林森提出有效应用运筹学的六条原则，其中一条是

"平衡原则",强调处理运筹学问题要考虑各种差异与矛盾的平衡、关系的平衡。[①] 丘奇曼在对运筹学做哲学思考时,发现运筹学家同时生活在外部的实在世界和内部的自我世界里,他认为:"可能这两个世界是辩证的"。[②] 就是说,应当辩证地处理运筹学的理论研究和实践应用的关系。在另一论著中,他主张"以反省性的思想"探讨这一问题,把运筹学应用于运筹过程中,把系统方法应用于系统分析本身。丘奇曼预言,未来的系统分析必定会提出一种新的哲学,他称为"学习哲学",其"主旨概念将是辩证的学习过程"。事实表明,即使在西方国家,一个实事求是的科学家对辩证法也不采取简单否定、一概拒绝的态度。运筹过程固有的辩证性质,必定要以某种方式反映在运筹学家的认识中。

建立和求解数学模型是运筹学研究和应用的核心内容。这部分内容的技术性特别强,但辩证地认识和处理问题的方法论原则仍然是重要的。这方面的问题我们将另做讨论。

4-5 运筹问题的数学处理同样需要辩证法

建立和求解数学模型是运筹学研究和应用的核心内容。这部分知识的技术性特别强,但辩证地认识和处理问题的方法论原则仍然是重要的。建模工作尤其如此。

从建模的方法论看,首先要正确认识模型与原型的关系。原型是现实的事理系统,模型是它的一种理论表达形式。模型是否有效,要看它是否真实地反映出原型的基本特性。但有关原型的信息是多方面的,甚至是无穷多的。如果原型的一切信息都反映在模型中,就不成其为模型了,何况这样的模型根本无法建立。建模必须对原型进行简化,压缩原始信息,以最少的信息描绘出原型的主要特性。建立既有效又简便的模型的可能性,来自原型自身的不均衡性:决定事理系统特性的各种变量和有关信息不是同等重要的,只有很少一部分对系统行为有支配作用,大量的信息是可以忽略不计的。把一切变量和信息同等地反映在模型中,实质是混淆主次,掩盖了原型系统的本质特性;忽略次要信

---

① 《运筹学》(修订版),清华大学出版社,1990,第3页。
② 摩特、爱尔玛巴拉主编:《运筹学手册——基础和基本原理》,上海科学技术出版社,1987,第44页。

息，才能把原型的本质特性凸显出来。当然，实际事理问题是复杂的。如 H. A. 塔哈所说，如何正确地建立理想的模型，"并没有固定的规则"，主要取决于运筹学工作者的"创造性、远见和想象力"。① 特别是当事理问题的机理不清，缺乏数据，又不能进行试验以获取资料时，尤其要强调把科学、理论与经验、洞见、艺术结合起来，而贯穿始终的是善于辩证地思考问题。

作为一门系统理论，运筹学强调整体观点，反对沿用传统的还原论即分析科学的方法论处理问题。从总体上看，运筹学是把对象作为黑箱来对待的，不大关心它的内部机理，着重从输入输出关系来研究系统，强调整体功能。黑箱方法是一种系统方法。但运筹学无法也无须完全不使用分析方法，事实上，它所使用的方法大多是从所谓传统的"分析科学"中引入，再加以改造而成的。以层次分析为例，层次模型要求根据事理问题的具体特性把它分解为目标层、准则层和措施层，复杂的层次模型还要求进一步区分总目标层与子分目标层，或其他更多的层次。另一个例子是动态规划，要求把一个需要规划的事理过程分解为若干相互联系的子过程，即把原始规划问题划分为几个容易处理的局部问题，再分阶段顺序决策，以求得全过程的最佳决策。这叫作分解原则，是动态规划理论的要点之一。整体与部分、分析与综合也是辩证统一的，在运筹学中有多方面的表现。有一种观点认为，系统科学家高扬反还原论大旗，强调整体观点和系统方法，实际操作上又大量使用分析科学的方法，显得自相矛盾，表明系统科学家未能坚持他们对还原的、分析的方法的方法论反驳。这些观点部分地来自对系统方法的误解，忘记了分析与综合的辩证关系，还原论科学不可能完全不用综合方法，系统科学也不可能完全不用分析方法。

建模过程还要处理好定性与定量、形式化与非形式化的关系。运筹学作为事理科学产生的标志，主要是使用了定量方法，用数学模型描述事理问题。但定性认识是定量描述的基础。如果对事理问题的定性性质缺乏认识，建模便无从下手；定性认识不正确，数学模型再漂亮也无济于事。运筹学中那种一味追求形式化和高深数学工具而不管是否符合原型的倾向，是形而上学思维方式的表现，受到大多数学者的批评是理所当然的。我们知道，运筹问题大体分为两类：一类是结构良好的，可以建立精确的数学模型，如规划论；另一类是结构不良的，不存在精确的数学模型。越是复杂的事理问题，越难以建立良好的数学模型。应当避免人为地拼凑精确的数学模型，需要从实际出发寻找近似的、

---

① H. A. Taha：《运筹学》，上海人民出版社，1985，第5页。

半定量的或定性的模型。这是唯物论观点在运筹学中的重要体现。

辩证的思维方法在运筹学中还有多方面的应用。对于不能忽略不计的多个目标、因素、变量，应当区分它们的轻重主次。一个办法是加权，给不同的目标、因素、变量确定不同的权重，以便在模型中反映出它们的轻重主次。

求解数学模型属于纯粹技术性操作，但这里并非没有哲学的用武之地。数学本身充满辩证法，一个突出的表现是通过不同数学形式的相互转化来寻找解决问题的有效途径，如把代数问题化为几何问题来解决，或把几何问题化为分析问题来解决，或把分析问题化为代数的或几何的问题来解决，等等。孙悟空的厉害在善于腾挪变换，数学家的厉害也在善于腾挪变换。运筹学同样如此。例如，一个麻烦的对策问题，若转换为线性规划问题，很可能变得容易解决。在一个难解的静态规划中引入时段因素，常可把问题转化为动态规划而获得解决。这种例子是很多的。此外，运筹学中的对偶理论、单纯形方法等数学内容，其中也包含着辩证思想。

<<< 分 论

第 5 章 突变论的辩证思想

> 我们的模型将所有形态发生归结于冲突,即两个或多个吸引子之间的斗争,这是有 2500 年历史的思想。最早出自苏格拉底前的哲学家阿那克西曼德和赫拉克利特。他们曾被斥责为原始混乱主义,因为他们运用了蕴涵人类和社会起源意义的词汇(冲突、不公正等等)来解释物质世界的面貌。但是我认为他们远非错误,因为他们具有以下基本的确实的直觉,"支配自然现象进化的动态情景基本上与统治人类和社会进化的动态情况相同",深刻地证明在物理学中应用拟人词的正确性。①
>
> ——托姆

从物理运动到生命运动,从自然界到社会历史领域,从物质世界到心理世界,到处可以看到渐进的过程中出现突发性、跳跃性的变化,即所谓突变。研究突变现象的理论,称为突变论(Catastrophe Theory)。它的创始人是法国杰出数学家雷内·托姆,著名突变论学者还有齐曼(英)、阿诺德(俄)等。初等突变论已发展成为现代数学中一个自成体系的学科分支,又被视为现代系统理论的重要分支。广义突变论也取得许多有价值的成果。如钱学森所指出的,对于建立系统学和系统论,突变论具有重要意义。

---

① R. 托姆著,赵松年等译:《结构稳定性与形态发生学》,四川教育出版社,1992,第 374 页。

5–1　推动生物学与数学相聚汇

突变论产生于20世纪60年代。这是现代科学发展的一个重要时期。科学沿着不断分支化的道路经过数百年的发展，终于在20世纪中叶出现了相反的发展趋势，不同学科同吐兴起相互聚会、交叉和过渡的趋势，并在60年代达到高潮。托姆比较早地认识到这一发展趋势，积极参与，并做出杰出贡献。如他所说，突变论"源出于两种理论的汇合"①。

托姆对纯数学有重要贡献，又很关心数学之外的"当代问题"。他熟悉现代物理学与数学相结合产生的伟大成果，相信现代生物学与数学之间也应该进行水平相当的对话。这种信念的哲学基础是关于事物普遍联系的辩证法原理。富有远见的科学信念加上深厚的数学功底，使托姆最先觉察到形态发生学与数学彼此独立地沿着各自的道路走到一个聚会点。一方面是数学中的奇异性理论、分叉理论、结构稳定性理论，提供了描述系统定性性质如何保持和演变的一般原理。另一方面是胚胎学，特别是沃丁顿提出的"育径（chreod）""后成论（epige-netic landspcape）"等概念，提供了理解生物形态发生的新思路。两者之间"正好相适应"②，这使托姆领悟到此处存在着系统演化的一般性质，可以建立起远远超出胚胎学甚至生物学的一般理论。托姆把这种一般理论称为突变论。

但是，生物学家与数学家之间的对话是困难重重的。主要的思想障碍仍然来自机械论、还原论、活力论等流行观点，它们的影响渗透于生物学家和数学家的科学观、方法论、研究风格以至语言之中，造成彼此长期的隔阂。为了推动生物学与数学的汇聚，必须清除这些思想障碍。《形态发生的动力学理论》被托姆当作突变论的一篇"渊源性文章"，他在结论部分声明，写作这篇文章的中心思想是批判机械论和活力论。托姆认为，活力论宣扬的神秘主义必须否定，但它强调生命现象的"活"性是有重要价值的观点。机械论缺少的正是这种"活"性观点。与贝塔朗菲相似，托姆对活力论的危害并不十分担心，在他看来，只要能用动力学原理解释被活力论者神秘化了的生命过程，活力论的谬见便不攻自破了。他相信突变论可以担当此重任。托姆主要担心的也是机械论的

---

① R. 托姆著，周仲良译：《突变论：思想与应用》，上海译文出版社，1989，第2页。
② 同上书，第3页。

影响。在他看来，要深入清算机械论，必须进一步修正我们关于非生命界的某些概念。他赞赏生物学在一定程度上采用一些人类常用的字眼，如信息、密码、程序、计划、冲突等，批评物理学至今仍然禁止使用这类词汇来解释物质世界，宣称"在物理学中使用拟人化语汇是完全合法的"。[1] 这些表述未必准确，但透过字面可以看出，他反对的是传统科学那种刻板的思维定式，提倡的是发挥思维的灵活性和能动性，也就是在更深层次上清除机械论的影响。

托姆是一位有深刻哲学思想的数学家，自诩有"哲学思考的习惯"，喜欢"从哲学高度看问题"。他的两本突变论专著都不是用传统数学方式写成的，书中有大量哲学和方法论的论述。托姆公开声称，与齐曼、波斯顿等人写的突变论著作不同，他的著作有意向读者提供"更为思辨又更富哲理性的观点"，并期望读者对这些观点"产生深刻的印象"。[2] 一些学者不赞成他的这种做法。阿诺德就表示对此"不能理解"，宣称他的著作"讨论不了"托姆著作中那些"带有诗意的结论"[3]。阿诺德主张新的数学成果应有严密的论证，批评托姆不仅没有给他的结论以恰当的证明，甚至不打算给出这些结论的精确表述。我们由此可以看出这位数学大师的固有风范。但阿诺德没有意识到，对于创立突变论这种深刻的新理论来说，强调从哲学上扫除思想障碍，厘清新学科的思路，是极其重要的。忽视从哲学上审视问题，过早地而且过分地强调逻辑严密性，有可能扼杀新学科所需要的创造性。阿诺德是世界闻名的数学家，解决过许多艰深的数学难题（包括突变论方面的），却未能成为突变论的创立者。究其原因，恐怕与他的这种治学风格不无关系。任何优点同时也是缺点，斯言是也。

托姆写道："我的许多主张依赖于纯思辨，有可能被看作白日做梦，我接受这一评价。"[4] 从经典科学方法论的观点看，自然科学与纯思辨是不相容的。托姆不接受这一观点，他问道："白日做梦难道不是知识创始的真正突变吗？在这个世界上众多学者都在仔细定量计算的时代，难道人们不盼望有一个敢于幻想的人吗？"（同前）把纯思辨与科学完全对立起来，也是机械论的一种表现。事实上，理论自然科学的重大发现从来离不开思辨力的作用。纯思辨是人类认识的能动性的重要表现。科学愈是不局限于直接观察，愈是深入存在与演化的本

---

[1] R. 托姆著，周仲良译：《突变论：思想与应用》，四川教育出版社，1992，第20页。
[2] 同上书，英译本序。
[3] 阿诺德著，周燕华译：《突变理论》，高等教育出版社，1990，第 iii 页。
[4] R. 托姆著，赵松年等译：《结构稳定性与形态发生学》，四川教育出版社，1992，第376页。

质问题，它就愈不能离开思辨力。对于将要取代机械论科学的新型科学来说，充分发挥思辨力的作用将显得更为重要。

5-2 对科学方法进行清理

托姆发现，简单地因袭现有的研究方法，不可能实现上述科学目标。"突变论对现存科学在良心上进行了一次攻击；它迫使人们对科学的方法和技术做了一次清理。"[1] 对现存科学的基本信念和方法进行清理和变革，是突变论的一项重要贡献。

20世纪生物学的最大进展是把生命现象追踪到分子层次，创立了分子生物学。这使许多人产生了一种强烈的愿望，希望用分子生物学原理解释形态发生现象。在他们看来，"最理想的解释方案是还原论的：将生命体中每种分子的结构都表示为庞大的一组微分方程的解，这组方程描述了有关分子的运动及其相互之间的关系"[2]。但为了做到这一点，需要考虑数量级为 10^{23} 的分子，两个分子之间的作用已经复杂得很，至今尚无法用数学形式表示，更何况如此巨量的分子之间的相互作用。还原方法是不切合实际的。并且，生命不能无限细分，生物学的使命是构造出生命的整体结构，这在本质上与还原论不相容。还原方法之所以有效，是因为在其适用范围内，还原论模型可以进行实验控制，得到的结论可以通过实验来验证和实现。一旦超出它的适用范围，例如把生命的整体结构和形态发生现象还原成物理化学现象，就无法用实验加以检验和实现，因而不再是科学方法。基于这些分析，托姆指出："'活力'论者的观点和'还原'论者的观点并非水火不相容。在这两种观点中间，与字面意义正好相反，倒是还原论者的观点有'形而上学'[3] 之嫌，因为它要求还原到物理化学，而这是无法用实验实现的。"[4]

---

[1] R.托姆著，周仲良译：《突变论：思想和应用》，四川教育出版社，1992，第136页。
[2] 同上书，第191页。
[3] 黑格尔把"形而上学"一词的含义分为两种，一种指"物理学之后"，即哲学；另一种指反辩证法的哲学形态。恩格斯一般使用后一含义。本书也取这种用法。但托姆和系统科学家一般均在前一种意义上谈"形而上学"。
[4] R.托姆著，周仲良译：《突变论：思想和应用》，四川教育出版社，1992，第15页、第99页。

<<< 分　论

　　托姆反对还原论，必然站到系统论一边。尽管他对贝塔朗菲的一般系统论和维纳的控制论评价不高，颇有微词，一些说法显然不够公允、客观，但他对20世纪中叶兴起的系统论思潮还是充分肯定的，公然宣布"我们采用的正是这种系统论方法"，赞赏"齐曼干脆将突变论纳入'系统论'的范畴，从而大大地拓宽了突变论可能应用的范围"①。托姆坚持把系统放在一定的空间和时间中考察，视之为能够同实验者进行"对话"的实体，主张用时空的现实模型取代抽象的系统定义。作为动力学专家，托姆用开放的、动态的、历史的观点看系统，把形态的发生归结为系统的演化，成功地用拓扑动力学和微分动力体系的原理解释育径、后成论、形态发生场（morphogeneticfield）等概念。正是从这里切入，托姆找到了生物学与数学的一个汇聚点，创立了突变论。

　　从方法论角度看，还原论与系统论的对立集中体现于如何处理局部描述与整体描述的关系。还原论寄希望于用简单的局部来构造复杂的整体，势必把描述整体的困难全部集中到元素的身上。这样做未必比研究整体更简单。与古代整体论不同，现代系统论并不单纯求助于直观的整体思维而拒绝对局部进行描述，相反，它强调对系统的整体把握要建立在对事物的局部有真切的了解之上。托姆坚持这种方法论原则，指出："将局部机理综合成整体结构这个问题乃是生物学的中心问题。"② 生物学和生理学已经给出许多描述局部现象的有用数学模型。形态发生的拓扑特性，有时还有它的度量特性，都可以借助局部数学模型得到直接的解。将这些局部知识综合起来，就可以得到"生物整体动力学的一幅完整的图画"。③ 托姆深信，他的突变论为攻克这个课题提出了一种合理的新方法。

　　对于局部与整体的关系，托姆不但进行哲学分析，还试图给出数学描述。一种有效的办法是几何化。这种思想起源于彭加勒，托姆继承了他的探索。托姆认为："几何化往往会提供一种整体的看法"，"试用整体上几何化的思想在理论上有着巨大的意义"。④ 突变理论家喜欢通过类比形成概念，建立模型，招致追求严格性的学者的非议。托姆为这种做法辩护，认为通过将类比几何化，可以克服它的缺点。托姆估计，在找到将这些概念精确化的方法之前，"突变论的

---

　　① R. 托姆著，周仲良译：《突变论：思想和应用》，四川教育出版社，1992，第15页、第99页。

　　② 同上书，第192页。

　　③ 同上书，第191页。

　　④ 同上书，第152页。

几何化阶段似乎是一个极为重要的中间阶段"①。一个例子是用几何直观代替语义直观，使其目标专门化。

几何方法和拓扑方法是突变论描述系统行为的重要手段。空间形态总可以看作在一个背景空间上画出的图形。所谓图形 F 是结构稳定的，指的是它能抗拒初始条件的微扰动，即扰动后的图形 G = F + dF 与 F 具有相同的拓扑结构。所谓图形 F 结构不稳定，指的是对于微扰 dF，G 与 F 具有不同的拓扑结构。"这就自然地将我们引向沃丁顿关于'育径'的概念，引向更一般的'形态发生场'的概念。时空开集上形态发生场的存在性取决于能否建立起一个'普遍的模型'，据此即可复写给定的过程。由此可知，此过程就是结构稳定的。这样说来，形态发生场这个概念就无神秘性可言了。它只不过表明，一个过程在结构稳定的意义上与一个预先给定的模型相吻合。"② 获得这一理解，托姆就打通了通向突变论的道路，找到适当的方法阐明：当动力学方程的控制参量变化时，系统如何出现与不同的形态相对应的不同突变流形。

动力学方法也是描述局部与整体辩证关系的锐利武器。用动力学方法研究系统，既要从局部走向整体，又要从整体走向局部。对于从局部走向整体，数学中的解析性概念是有用的工具。初等突变论研究的是有势（梯度）系统，势函数具有解析性。根据托姆剖分引理，势函数包括突变芽和微扰两部分。知道了突变芽，通过解析拓展（加微扰），可以得出整个定义域内的势函数，通盘把握各种可能的突变。为了从整体走向局部，数学中的奇点概念是有力武器。点是描述局部现象的基本概念。但状态空间的奇点与一般点有质的不同。"一个奇点就是整体图形发生塌陷的一点。"③ 任何奇点总可以被视为从某一正规空间中产生出来的，即由嵌入该空间的一个整体图形摧毁成一点。系统在这种点附近的行为，是了解系统整体行为的关键。初等突变论是关于奇点的理论，它通过考察势函数奇点的存在性及其类型、个数、分布等去了解可能的突变，从而了解可能的形态发生。托姆认为："在突变论中交替地使用上述两种方法，我们就有希望对复杂的整体情况做出动态的综合分析。"④ 从原则上说，一切动态系统理论都需要交替地使用从局部到整体和从整体到局部两种描述方法。

---

① R. 托姆著，周仲良译：《突变论：思想和应用》，四川教育出版社，1992，第 153 页。
② 同上书，第 6 页。
③ 同上书，第 202 页。
④ 同上书，第 202 页。

5-3 探索建模的一般理论

在托姆看来,同物理学和数学的汇聚一样,生物学和数学的汇聚主要是通过给生物学问题建立数学模型来实现的。对他来说,就是给形态发生现象建立数学模型。突变论的奠基性著作《结构稳定性与形态发生学》一书的副标题为《建模一般理论概述》。另一本代表作《突变论:思想和应用》是中译者取的书名,法文版原名为《形态发生的数学模型》。由此可见,探讨建立数学模型的一般理论和方法在托姆创立突变论的过程中占有何等重要位置。

物理学应用数学模型已有一套成功的方法,形成相应的建模理论。持乐观态度的学者相信,原则上可以把这套理论和方法应用于一切领域。但突变理论家在给生物学问题建立数学模型时,遇到了未曾料到的困难。原本作为形态发生学的建模理论而提出来的突变论,能够严格应用的领域依然局限于力学和物理学,在生物学上的应用一般是猜测性或类比性的。这种情况显然有违于托姆的初衷。许多严肃的学者据此而对突变论的科学价值提出严重怀疑,有的甚至讥讽突变论是"皇帝的新衣"。但托姆认为,仅仅就突变论重新挑起关于在科学中应用数学方法的争论这一点,已足以表明突变论作为一门新学科的价值。实际上,反对者的"致命性"批评,赞同者对建模过程的直接感受和经验教训,把建模理论涉及的矛盾和问题,包括模型和原型、确定和不确定、精确和近似、定性和定量等关系,从不同侧面尖锐地暴露出来,为托姆发展他的建模理论提供了十分有利的条件。

首先,托姆认识到应把科学区分为两类。一类是"硬"科学、"硬"理论,如物理学。另一类是"软"科学、"软"理论,如生物学和社会科学。传统建模理论以物理学为依据,追求的是"硬"模型。它不适用于"软"科学、"软"理论是很自然的。在生物学和社会科学中,有效的办法是建立"软"模型,即"由对之理解很差的实验形态出发,预先认为突变理论的形式是正确的,并且试图重新建立导致这个形态的潜在动力学"①。托姆称这种建模方法为"玄学"的途径。尽管目前只有第一类模型有令人信服的应用,但托姆坚信:"突变论的主

---

① P.T.桑德斯著,凌复华译:《灾变理论入门》,上海科学技术文献出版社,1983,第68页。

要创造性以及富有成果的未来完全取决于第二类应用。"① 他相信，总有一天建立模型这种过程本身将成为科学，突变论就是为创立一般建模理论迈出的第一步。

但传统建模思想的影响根深蒂固。为传播"软"模型概念，建立一套相应的建模理论和方法，需要进一步肃清机械论的影响。物理学建模方法越来越追求形式化、严格化和精确化。物理学的巨大成就强烈地诱使人们把这种方法推广应用于一切领域，忽视软科学问题固有的困难和不精确性。托姆对此提出尖锐批评，认为即使对于基础物理学，数学形式化也不再那么灵验了，建模理论要有所修正。在软科学领域，必须放弃一味追求数学模型形式化和精确化的做法，公开承认这些领域固有的困难和不精确性，承认近似方法有可能给相当多的科学活动带来丰硕成果，接受不精确模型。只要实行思想转变，"这种困难和不精确性可以转化为优点"②。突变论学者在这方面已有许多有益的尝试。最著名的是齐曼的工作，他关于狗的攻击与逃跑、战争与和平、天才与庸人等问题给出的突变模型，尽管受到许多批评，其中一些确有粗糙和失误之处，但还是很有启发意义，得到广泛传播。它启示人们，在生物学和社会科学中建立数学模型，要紧的是克服那种机械刻板的思维方式，从事实和经验出发，灵活地运用理论知识。

物理学提供了两类成功的力学模型：确定性的动力学模型和非确定性的量子力学模型（统计模型）。通常认为，宏观现象属于动力学范畴，具有严格的确定性，非确定性只能到微观领域去寻找。但托姆指出："看待事物的这种学究式态度在根本上就是错误的。"③ 尽管动力学模型在数学形式上完全确定，但在本质上仍然有某种不确定性。在状态空间的某些点上，初始条件的微小改变可能导致以后的系统行为的巨大变化。动力学系统一般都会在控制空间的某些点上表现出结构不稳定性，任何不稳定性都是确定性系统自身固有的不确定性。正是由于存在结构不确定性，才有可能用动力学模型描述突变现象，进而描述形态发生。托姆认为，一种自然过程的确定性区域就是该过程的育径，首先设法将过程的确定性或结构稳定性区域用不确定性或结构不稳定性区域分割开来，然后引入动力学模型，将每一个育径分解为一个个基本突变，再将这些基本突

---

① R. 托姆，周仲良译：《突变论：思想和应用》，四川教育出版社，1992，第124页。
② 同上书，第139页。
③ 同上书，第6页。

变的格局与一个个"组织中心"（稳定的整体流形）的作用联系起来，就可以对确保其稳定性的动力学过程做出分析。这是突变论的核心思想。

数学模型有定性与定量之分。自牛顿以来，定量模型越来越受到重视，获得很大发展；定性模型被当作科学性较差的模型，越来越被贬低。"定性无非是较差的定量。"卢瑟福的这一名言表达了科学界的主流看法。模型化就是数学化，数学化就是定量化，似乎已成为定论。然而，要发展"软"模型，这是最大的思想障碍。20世纪60年代以来，系统理论的不同分支都对这种形而上学观点做出批判。突变论是其中之一。定性和定量代表科学的两种描述方法，应辩证地看待它们。托姆说得对："如果认为只有定量模型才是科学的和有用的，从而将其与定性模型相对立，那就毫无道理了。"① 定量描述必须以定性描述为出发点。定性模型还可能具有定量模型无法取代的特殊价值，在所谓"软"理论中尤其如此。桑德斯反向引用卢瑟福的话，认为"存在这样的情况，定量恰恰是较差的定性。"② 这话颇有道理。在研究系统演化问题时，我们关心的是系统未来的走向，不是精确的数量特性。这里是定性模型的用武之地。突变论提供的正是这种模型。

5-4 揭示渐变导致突变的机制

托姆指出："我们必须承认宇宙处于不断地创造、进化和形态的破坏之中，科学的目的就是预见这种形态的改变并尽可能解释它。"③ 为了对宇宙中的形态变化做出预见和解释，托姆在系统科学中首次引入突变概念，依据奇异性理论、分叉理论、结构稳定性理论给这个概念以科学的界定，针对有势系统用数学语言严格论证了基本突变的类型和发生机制，并为理解更广泛一类突变现象（他称为广义突变）提供了思路，富有哲学意义。

首先是突变的普遍性问题。物理和心理世界乃至社会历史领域的突变现象，是人们可以直接感知的。达尔文进化论描绘的是一幅渐进演化的图景，其中没

---

① R. 托姆，周仲良译：《突变论：思想和应用》，四川教育出版社，1992，第13页。
② P. T. 桑德斯著，凌复华译：《灾变理论入门》，上海科学技术文献出版社，1983，第148页。
③ R. 托姆著，赵松年等译：《结构稳定性与形态发生学》，四川教育出版社，1992，第2页。

有突变的位置。但20世纪的科学发展表明，否认生物进化中的突变会遇到不可克服的理论困难。生物学越来越倾向于承认物种进化和形态发生中存在突变。突变论的贡献是用严格的数学方法证明，不论形态的基质特性以及引起形态变化的"力"的性质如何，只要动力学系统的控制参量变化到系统的分叉曲线上，就会出现从一种定态到另一种定态的突变。突变不是某个领域特有的现象，而是动力学系统的一种普遍属性，只要满足一定条件，突变现象就会由系统的内在矛盾产生出来。

  如何理解突变和渐变的关系，历来是科学和哲学热烈争论的问题。200年前的居维叶鼓吹灾变论，断言"没有缓慢作用的原因能够产生突然作用的结果"。在他看来，渐变的原因只能产生渐变的结果，突发性的结果只能来自突发性的原因。这种把渐变与突变从因果方面对立起来的观点，显然是形而上学的。渐变与突变是一对矛盾，它们既是对立的，又是同一的，在一定条件下可以相互转化。突发性原因导致突发性结果是比较平庸的情形，渐变的原因导致突变的结果才是不平庸的情形，具有"戏剧性"，蕴藏着丰富的内容，有巨大的科学诱惑力。突变论以这种哲学观点为指导，明确声明它并不研究一切形式的突变，只考察由控制参量的缓慢变化所导致的系统状态或行为的突然变化，并以标准的现代数学语言揭示了渐变与突变如何相互联系、相互依存，又如何在适当条件下相互转化。

  传统观点往往把突变视为灾难性现象，突变与灾变几乎被当作同义词。居维叶的灾变论是典型代表。这是一种价值判断上的形而上学。作为一门科学，突变论一开始就把突变作为一种客观现象加以研究，意味着承认突变可能具有正反两种效应。托姆试图用突变说明形态发生，显然表明他是从建设性方面理解突变的。突变论问世后，由于传统观点的影响，加上西方文字方面的原因，许多人把突变论当作关于灾变的理论，喜好猎奇的新闻界甚至认为"科学界已有逃避灾变的办法"[①]。但突变论学者的头脑是清醒的。在一篇题为《关于突变论的讨论和问题》的短文中，齐曼以答记者问的形式指出，并非所有数学突变都是灾难性的，把这门新学科称为突变论最为确切。托姆对此有更深入的阐述。他把突变划分为普通意义上的和突变论的两种。从工程实践看，突变多半是灾难性的，如桥梁突然断裂、锅炉突然爆炸等，应力求避免发生。但从系统演化角度看，突变往往具有非常积极的作用。因为"这种'突变'是系统得以'生

---

  ① 参看朱照宣、凌复华为《突变理论》（汉译本）所做的序。

存的手段',可用来帮助系统脱离通常的特征状态。因此,出现(突变论意义下的)突变显然是件好事"①。从物理世界到生命世界,从自然界到社会历史领域,都可以看到突变对于系统进化的建设性作用。

从系统学科看,渐变导致突变对应着结构稳定性与结构不稳定性的相互转化。处处结构稳定的系统没有发生突变的可能,处处结构不稳定的系统事实上不可能存在(无法保存自己),突变论不研究这两类系统。既存在结构稳定的区域,又存在结构不稳定的区域,具有这种矛盾特性的系统内蕴丰富的动力学特性,可以出现从渐变向突变的转化。在结构稳定性区域内系统只有渐变,一旦走出结构稳定性区域,就会发生从一种稳定定态向另一种稳定定态的突跳。一般来说,这种系统的不稳定性区域只是零测度的点集合,称为几乎处处结构稳定的系统。对于这类系统,突变总是在相同或相近的地方发生,在实验上有可重复性。因此,"结构不稳定性是以一种结构稳定的方式出现的"②。系统的这种辩证性质决定了突变有规律可循。托姆的突变原理揭示的就是这种规律性。

从数学上看,渐变导致突变联系着连续性与不连续性的矛盾统一。自微积分诞生以来,数学家一直偏爱连续性与光滑性,把不连续性、非光滑性视为不良特性,力求避开它们。20世纪数学观念的一个重要变革,是发现了不连续性、非光滑性远非纯消极的因素,连续性的中断、光滑性的破坏往往意味着系统出现奇异性和创造性,是理解演化现象的关键。连续作用的原因导致连续变化的结果是一种平庸情况,连续作用的原因导致不连续的结果必定伴随戏剧性的事件,最富有科学研究的价值。突变论就是研究这类现象的学问。它把连续性与不连续性、光滑性与非光滑性的辩证关系多方面地展现出来,致使不赞成托姆哲学议论的阿诺德也以饱含哲理的语言写道:"对世界的数学描述依赖于连续性和不连续的、离散的现象之间巧妙的相互作用","从光滑、连续的结构中会出现离散结构"。③ 阿诺德的这段话从一个方面很好地揭示了系统演化理论的方法论基础。自然界固有的辩证性质,科学自身的辩证发展,迟早会使科学家承认它。

---

① R. 托姆,周仲良译:《突变论:思想和应用》,四川教育出版社,1992,第106页。
② P. T. 桑德斯著,凌复华译:《灾变理论入门》,上海科学技术文献出版社,1983,第22页。
③ 阿诺德著,周燕华译:《突变理论》(英文第二版),《序》,高等教育出版社,1990。

5-5 用吸引子概念阐述目的性

用突变模型描述形态发生现象,引导托姆重新思考一个古老的问题,那就是生物学的最终目的问题。研究发育途径、组织中心、形态发生之类问题,使人们强烈地意识到生物胚胎发育过程中存在某种内在的规划或计划,也就是目的性,要求认真发掘活力论、目的论包含的合理思想。托姆直言不讳地指出:"我相信生物学中目的论者的断言是正确的。的确,正如伏尔泰在他那个时代所声言的那样,我们长出眼睛是为了看东西,长出腿是为了走路。"[1] 就字面看,这是对目的论的全盘肯定,当然是错误的。但仔细分析可以发现,托姆并非要求人们简单地接受这些言论字面上的含义,而是要求人们从中"悟出"那些字面上没有的"道理"来。用走极端的语言以示强调某一观点,是一种常见的表述方式。值得注意的是托姆紧接着写下的一句话:"只有通过对胚胎发育过程做动力学分析,我们才能把握住这几个句子的准确含义。"托姆强调的是把握伏尔泰言论的准确含义,挖掘目的论的合理内核。做到这一点的唯一有效途径,是对胚胎发育做动力学分析。只要能用动力学语言解释系统的目的性行为,目的性就没有神秘性可言了。托姆决心做这种探索。为此他引入极为重要的吸引子概念,奠定了科学地阐述目的性的基础,对现代动力学做出重要贡献。

贝塔朗菲对目的性的阐述是思辨式的,没有揭示目的性的系统学机制,也没有给出它的数学表达形式。维纳引入反馈概念,从一个重要方面揭示了目的性行为的系统学机制,但也没有给出它的数学表达形式。托姆前进了一大步,揭示出目的性概念的一般动力学含义,找到它的数学表达形式,即动力学系统的吸引子。仅仅用反馈概念刻画目的性容易使人产生一种错觉,似乎目的性只存在于动物、社会和人工制造的自动机系统中,与无生命的天然系统无关。吸引子概念纠正了这一错觉,在目的性问题上真正消除了生物世界和物理世界的对立。所谓吸引子,指的是系统状态空间的某些点或点集,它们代表的状态是稳定的,对周围其他状态有吸引作用,只要系统还不处于这种状态,它就会不停地运动;一旦到达这种状态,系统就会维持不变,即俗话说的"不达目的不罢休"。任何系统只要存在吸引子,就是有目的的系统,而非线性动力学系统广

---

[1] R. 托姆,周仲良译:《突变论:思想和应用》,四川教育出版社,1992,第15页。

泛存在吸引子。目的性行为是系统在状态空间中趋达吸引子的动力学行为。吸引子理论表明,目的性是一类广泛存在的动力学系统的固有属性,即使没有专门设置的反馈机构,由于吸引子固有的吸引性和稳定性,系统将自动呈现出反馈行为以趋达吸引子。这叫作自反馈。

吸引子概念并非托姆一个人的贡献。彭加勒和伯克霍夫关于动力学定性理论的开创性工作,安德罗诺夫等人关于相平面定态点和极限环的研究,斯梅尔关于微分动力体系的研究,特别是提出吸引力概念,都是重要的先驱性工作。托姆的吸引子概念是这一系列工作的最后结晶。但这并不会降低托姆工作的价值。阿诺德曾评价说:"突变理论不可争辩的贡献在于它引进吸引子这个术语和传播吸引子分叉知识。"① 尽管阿诺德后来对这一评论有所修正(考虑到斯梅尔的工作),评论的基本点还是成立的。

吸引子概念为托姆用对立统一观点阐述形态发生现象提供了便利的工具。一般情况下,状态空间可能存在不同的吸引子,把空间划分为不同的吸引域,代表系统不同的目的性运动。不同吸引子之间必然存在竞争和冲突。把这一思想引进形态发生学,托姆认为,伴随着任何细胞的特化,总存在局部代谢的稳定体制,也就是在有关点的切向处存在着生化力的吸引子,相应组织的功能可用这种吸引子的几何结构或拓扑结构来表示。在此基础上,托姆"试图将所观察的形态作为基底空间中局部动力场之间发生冲突的结果来解释"②。桑德斯也指出:"形态形成可以看作是分离的吸引子相互冲突的结果,或是同一个吸引子的不同状态相互冲突的结果。"③ 托姆等人反复强调,这是突变论的基本思想。

同西方流行的反辩证法思潮不同,托姆对辩证法持赞赏的态度。这不仅表现在他一再引用对立统一观点,强调矛盾斗争,把赫拉克利特作为突变论的守护神。面对学术界对突变论的批评,托姆做了这样的回答:突变论"有利于用一种辩证的、古希腊式的眼光来看待宇宙,而认为世界是在两个'理念'之间、在两个原型之间持续发生战争的一个剧院"④。这反映出托姆的哲学信念。在考察突变论的形成、发展和哲学思想时,不可忘记托姆对辩证法的这种态度。

---

① 阿诺德著,周燕华译:《突变理论》,高等教育出版社,1990,第24页。
② R. 托姆,周仲良译:《突变论:思想和应用》,四川教育出版社,1992,第175页。
③ P. T. 桑德斯著,凌复华译:《灾变理论入门》,上海科学技术文献出版社,1983,第137页。
④ 阿诺德著,周燕华译:《突变理论》,高等教育出版社,1990,第82页。

第6章 耗散结构论的辩证思想

> 当代物理学的发展，不可逆性所起的建设性作用的发现，在自然科学中提出了一个早已由唯物主义者提出的问题。对他们来说，认识自然就意味着把自然理解为能产生人类和人类社会的自然界。①
>
> ——普利高津

比利时物理学家普利高津及其合作者通过对非线性不可逆热力学的长期研究，提出耗散结构（dissipative structure）这一代表科学新范式的概念，建立起一套颇具特色的物理学新理论，形成非平衡统计物理学的一个著名学派。其中有关耗散结构的性质、作用、形成、维持和演化的规律的论述，构成一种关于自组织现象的自成体系的理论框架，称为耗散结构论。耗散结构论对现代系统研究有重要贡献，并且包含十分丰富的科学和哲学思想，在国际学术界有巨大的影响。

6-1 在矛盾冲突中确定研究方向

普利高津于20世纪40年代初登上科学舞台时，适逢物理学经历了宇观和微观领域的重大突破之后，正在准备着从宏观领域取得新的突破。40年代又是系统理论的分娩时期。科学史上一种新的必然性出现了，时代在呼唤着新的科学巨人。一些"偶然性的因素"又恰好把极富才华的年轻学子普利高津"引向

---

① 普利高津、斯唐热著，曾庆宏、沈小峰译：《从混沌到有序》，上海译文出版社，1987，第305页。

化学和物理学",① 引向宏观复杂性问题。必然性和偶然性再次交汇,铸成新的历史机遇,产生了普利高津这位著名科学家和他的耗散结构论。

普利高津是从宏观物理学研究起步,最后走向探索系统自组织问题的。他在回顾自己的科学生涯时写道:"一位理论家的事业是和他的整个生命直接地联系在一起的",他的生命历程中"接连不断地处在'十字路口'",需要不断地识别和选择道路。② 普利高津承认,他是在一系列矛盾冲突中进行识别和选择,从而踏出自己的科学研究之路的。这也是一种系统演化现象。普利高津创立的系统演化理论中显然凝结了他对自己科学生涯的体验。

普利高津走上这条科学探索之路的动力之一,是物理学与生物学之间的冲突。耗散结构这个概念是在《结构,耗散和生命》一文中首次公之于世的(1967)。文章开头写道:"生物学与理论物理学之间仍然存在着巨大的鸿沟,这是非常明显的。"③ 普利高津熟悉这一冲突的历史,了解前辈学者在为克服这一冲突所做的努力中取得的成就和遇到的困难,最先意识到刚刚兴起的非线性热力学提供了解决问题的新希望。在1945年发现最小熵产生定理之后,便潜心探索结构、耗散、生命之间的联系。

推动普利高津创立耗散结构论的另一种矛盾冲突来自物理学本身。"随着热力学第二定律的克劳修斯表述,热力学与动力学之间的冲突变得显而易见。在物理学中几乎没有一个问题比热力学与动力学之间的关系问题更经常和更活跃地被讨论过。即使在现在,在克劳修斯之后一百五十年,这个问题依然激起强烈的感情。"④ 普利高津承认:"我的科学研究工作的方向可能就是在这样一种矛盾冲突中确定下来的。"⑤ 这种冲突涉及现实和时间的含义、热力学第二定律的实质、不可逆过程的作用、熵在动力学描述中的意义等重大问题。耗散结构论就是布鲁塞尔学派为回答这些问题、沟通动力学和热力学而制定的一种理论方案。

到20世纪中叶,西方学术界终于认识到经典科学的社会后果具有两面性,在肯定其伟大成就的同时,也看到科学文化与人文文化之间的矛盾冲突,认识

---

① 湛垦华、沈小峰:《普利高津与耗散结构理论》,陕西科学技术出版社,1982,第2页。
② 同上书,第15页。
③ 同上书,第21页。
④ 普利高津、斯唐热著,曾庆宏、沈小峰译:《从混沌到有序》,上海译文出版社,1987,第284页。
⑤ 湛垦华、沈小峰:《普利高津与耗散结构理论》,陕西科学技术出版社,1982,第13页。

了科学发展给社会造成的种种恶果。这种矛盾冲突对青年普利高津产生了强烈的刺激，并始终是推动他从事科学探索的重要力量。他写道："我下决心攻克这些越来越复杂的问题，我想可能会有希望从中探索出自然科学同生物科学及人文科学之间的联系。"[1] 借助耗散结构概念，他把在生命科学和社会科学中发展起来的时间观念、历史观念、自组织观念引入物理学，用物理学原理解释生物和社会系统的复杂演化现象，初步找到一条沟通两种文化的途径。

自从西方列强用殖民主义方式把世界联成一气，从而导致东西方文明激烈冲突以来，蔑视东方文明的思想一直统治着西方学术界。进入20世纪，特别是下半叶以来，这一局面开始改变。越来越多的西方有识之士认识到，要克服西方文明的种种痼疾，必须借鉴东方文明的优秀遗产。他们从人类文明的整合和不同文明互补的角度重新审视东西方文明的冲突。普利高津属于这批有识之士的行列。至晚从70年代开始，考察东西方文明的冲突和融合，促进人类世界经历了不同演化路径的各部分相互尊重和理解，成为他发展耗散结构论的一种动力，一个思想源泉。

按照辩证法，科学理论发展的动力来自社会实践的需要和理论本身的矛盾冲突。社会的需要往往通过科学理论本身的矛盾冲突表现出来。每一种新理论都是在一定的矛盾冲突推动下创立和发展的。科学家不仅从这些矛盾冲突中获得动力，而且要从中捕获方向、选择课题、提炼思想和建构概念框架。矛盾冲突愈尖锐、持久，产生的理论愈新颖、深刻。普利高津懂得并自觉地实践了这个道理。他多次引用怀特海的名言："几种学说的交锋并不是一场灾难，而是一个好机会。"[2] 普利高津认识到，上述几种相互冲突的理论在20世纪面对面地走到一起来，如此有希望的机会在科学发展史上是很少见的。他没有回避这些冲突去选择那些简单的、易出成果的课题，而是庆幸自己赶上了千载难逢的好机会，把毕生精力奉献给这一艰巨而伟大的事业。

面对上述矛盾冲突，普利高津表现出对经典观点的强烈怀疑精神和敢于突破现有理论的创造性。他自觉地寻找那些被经典科学"掩盖起来的东西"，或"先前被排除过的问题"，或"用消极否定的态度"对待过的东西，坚持用现代科学的精神重新审视一切，努力把被掩盖的东西揭示出来，把被排除过的问题

---

[1] 湛垦华、沈小峰：《普利高津与耗散结构理论》，上海译文出版社，1987，第14页。
[2] 普利高津、斯唐热著，曾庆宏、沈小峰译：《从混沌到有序》，上海译文出版社，1987，第261页。

重新纳入科学之中,以积极的态度对待那些被否定过的东西。普利高津认为,只有这样做才能解决西方文明造成的矛盾冲突和灾难性的后果。

长期以来,西方思想界喜欢把两种观点、理论或文化的对立两极化、绝对化,采取二中择一的形而上学态度。这导致李约瑟所说的西方思想总是在两个世界之间摇摆。普利高津赞赏这一点,尖锐地批评西方思想史中贯彻始终的"两分性"。他认为:"动力学和热力学是自然界两种互为补充的解释",声称"这也就最终构成了我现时的主要定见"。[①] 对于物理学与生物学、科学文化与人文文化、西方文明与东方文明之间的矛盾冲突,普利高津也坚持这一态度,致力于把两种对立的东西沟通起来,找出不同理论之间的互补性。耗散结构论正是他与他的合作者这种努力的结果。

6-2 深入批判机械论

在普利高津学派看来,上述矛盾冲突是经典科学发展带来的负面文化后果,表现了两种文化的对立。他们坚持从世界观上寻找造成这种后果的思想根源,指出:"长期以来,西方科学被一种机械论的世界观统治着,按照这种观点,世界就像是一个庞大的自动机。"[②] 生物学与物理学、动力学与热力学、科学文化与人文文化的冲突,就是"西方科学因为把自然描述成一个自动机而造成的文化危机"。[③] 因此,只有深入批判机械论,"摆脱机械世界观"的影响[④],才能找到填平这些鸿沟的途径。不难发现,普利高津学派创立和发展耗散结构论的过程,就是一个不断清算机械论的过程。

与前辈和同代自然科学家相比,普利高津对机械论的批判在深度和广度上都有重要进展。相对论和量子力学对机械论提出深刻的批判,这是公认的。但今天看来,这种批判远非最后的。爱因斯坦仍然坚持完全的确定论,不承认随机性有客观根源。量子力学局限于研究可逆过程,时间仍然只是一个没有方向的几何参数。牛顿物理学的"静止的自然"被这些物理学新理论继承下来,同

[①] 湛垦华、沈小峰:《普利高津与耗散结构理论》,上海译文出版社,1987,第13页。
[②] 普利高津、斯唐热著,曾庆宏,沈小峰译:《从混沌到有序》,上海译文出版社,第26页。
[③] 同上书,第2页。
[④] 同上书,第114页。

19世纪确立的发展观背道而驰。基于这些事实，普利高津对"量子力学的机械论世界"① 提出批评。耗散结构论第一次明确划分了存在的物理学与演化的物理学，从自然观、物质观、时空观、规律观、科学观等方面深入清算了机械论。

与前辈或同辈系统理论家相比，普利高津对机械论的批判也显得更深入。贝塔朗菲的批判主要属于系统存在论范畴。对于孤立地、片面地研究事物的传统观点，他的批判可谓入木三分；但在系统演化论方面，对于用静止的观点观察世界的形而上学，并无深入的批判。普利高津弥补了这一缺陷。维纳明确提出时间的方向、熵与进步、自组织、混沌等问题，更贴近于20世纪60年代以后科学前沿的新进展，走在同代科学家的前面。但维纳主要还是用控制论观点看问题，控制论的概念框架容易引导人们用新的机器模型（控制论机器）解释生命和社会现象，限制了维纳对机械论弊病的认识深度。维纳的有关论述基本上建立在经典的平衡态统计力学之上。他与阿希贝所讲的自组织是引入某些自组织因素的控制论机器，即包含某些自组织特性的他组织系统，还不是自然界发生的自组织。普利高津以新兴的非平衡态统计物理学和现代动力学（他有时称为不稳定动力学，但这种提法容易引起误解）为依据，克服了维纳的不足，初步建立起一种真正摆脱机器模型的自组织理论。在现代系统理论的诸分支中，耗散结构论对形而上学静止观的批判是最深刻的。

普利高津对机械论的批判没有局限于某些具体问题（如因果关系），而是把经典科学作为一个整体，放在17世纪西欧特定的历史文化环境中考察，寻找机械论形成的根源和特点。他认为，经典科学经过300多年的发展已接近完成其历史使命，正走到一个新的大转折关头。这种转折在历史上只有古希腊科学的产生、从文艺复兴开始的近代科学（即经典科学）的产生可以相提并论，其结果将产生可以取代经典科学的"新兴科学"。他主张要从这种大转折的角度去反思经典科学的机械论弊病，强调新兴科学应当"重新考虑过去以机械论世界观的名义被排斥在外了的东西"②，如时间、熵、不可逆性、偶然性、不稳定性、复杂性等。

普利高津认识到，清算机械论是几代人接力进行的长期过程。总结这一过程的历史经验，有助于把握今后的前进方向。在科学上，他把这一过程追溯到

---

① 普利高津、斯唐热著，曾庆宏、沈小峰译：《从混沌到有序》，上海译文出版社，第169页。

② 同上书，第145页。

傅立叶方程对不可逆过程的描述,认为这是复杂性科学的肇始,迈出物理学摆脱机械论的第一步。在哲学上,他把这一过程追溯到马克思恩格斯的工作。通过分析热力学和动力学的冲突,普利高津发现:"在一定程度上,这个冲突和引起辩证唯物主义产生的那场冲突有些类似。"[①] 这为我们理解辩证唯物主义产生的科学背景提供了新的视角和思路,迄今为止的马克思主义哲学史研究尚未注意到这一点。普利高津冲破西方思想界对马克思主义的偏见,把自己对机械论的批判同马克思恩格斯对机械论的批判联系起来,以科学家的严肃态度加以评论,十分可贵。他特别推崇马克思主义哲学关于自然界有其历史发展的观点。他从辩证唯物主义那里接受了把自然界理解为能够产生人类和人类社会的自然界的观点,作为耗散结构论的哲学基础,试图用自组织原理解释如何从物理世界的演化过程中经过分叉突变而出现生物世界,进而出现人类和人类社会。

普利高津对清算机械论的长期性和曲折性有很深的认识。他指出:"在恩格斯写作《自然辩证法》一书的那个时代,物理科学看来已经摒弃了机械论的世界观,而更接近于自然界的历史发展的思想。"[②] 从那个时代的条件看,恩格斯关于机械论世界观"已经死亡"的结论是言之有据的。但自然科学后来的发展表明,这个结论需要修正。物理学的发展道路同样不是笔直的。19世纪诞生了演化的物理学,但并不意味着存在的物理学已经走到尽头。20世纪的物理学革命首先是在存在的物理学中发生的。普利高津回顾了玻尔兹曼创立物理学进化论努力的成果和失败,研究了热力学新近的发展如何加剧了它同动力学的冲突,并由这一事实得出结论说:"机械论却依然是辩证唯物主义面临的基本难题。辩证法的普遍规律与同样普适的机械运动定律之间的关系是什么?机械运动定律是在达到一定的阶段之后就不再适用了呢,还是它们本来就是虚假的或不完备的?回到我们先前的那个问题,过程世界和轨道世界如何才能联系在一起呢?"[③] 实际上,这首先是现代物理学面临的基本难题。普利高津把毕生精力都献给这方面的科学探索,取得公认的成果。但他承认,问题离最后解决还相距很远。这给我们提供了启示:彻底清算机械论依然是科学和哲学的重大课题。

[①] 普利高津、斯唐热著,曾庆宏、沈小峰译:《从混沌到有序》,上海译文出版社,1987,第304页。
[②] 同上书,第305页。
[③] 同上书,第305页。

6-3　寻找生物有序之源

物理学与生物学之间矛盾冲突的核心是生物有序性的物理学起源问题，即能否用物理规律解释生物体在空间和功能两方面的有序性。更一般地说，这是有序与无序的关系问题。普利高津学派认为，这是科学遗产中包括的两个至今未得到答案的基本问题之一。结构怎样从无序中产生？复杂性如何在简单性中出现？是否存在能够显示有序的破坏和建立这两种行为的系统？正是对这些问题的探索，把普利高津从物理化学领域引向系统科学领域。

热力学和达尔文学说是 19 世纪创立的两个意义重大的科学理论，前者是关于物理世界演化的理论，后者是关于生物世界演化的理论，二者本来是深刻一致的。但按照克劳修斯那一代学者对热力学第二定律的表述，物理世界只能沿着结构破坏、有序性消失的方向走向热平衡态。达尔文学说则断言，生物世界沿着结构产生、有序性增加的方向演进。受形而上学思维方式束缚的 19 世纪科学家，一般都采取在两种对立观点中二中择一的态度：要么像卡洛斯那样断言克劳修斯和达尔文不能都是正确的，试图用肯定一个否定另一个的办法维护世界统一性信念；要么像斯宾塞那样试图引入非物理的自然规律解释生命现象，把统一的客观世界分裂为两个互不相关的部分①。这就是所谓物理学和生物学之间的冲突。

应当说，直到 20 世纪上半叶，物理学尚未指出消除这种冲突的初步线索。物理世界并非没有有序结构，漂亮的晶体点阵结构早已为人们所熟悉。19 世纪 70 年代以后兴起的相变理论和玻尔兹曼有序原理为这类结构的形成、保持和演化提供了令人满意的解释。这曾给坚持世界统一性观点的学者带来新的希望，以为借助热力学和统计力学也可以解释生物有序性。众所周知，这种努力未获成功。相变理论基于自由能判断解释晶体的有序性，但生物演化的方向不是趋于最小自由能状态。如果采用玻尔兹曼原理来解释，把生物有序结构作为统计选择的结果，势必像莫诺等人那样得出生命起源于某个靠不住的离奇事件的结论，这是主流科学家不能接受的。19 世纪后半叶得到的这两项物理学重要成果

---

① 玻尔兹曼是个例外，他努力成为物理学的达尔文，试图通过建立物理学进化论来消除这种矛盾冲突。但没有成功，并由此而走向轻生。

反而加剧了物理学与生物学的冲突。这一事实强烈地启示人们：要解决矛盾，必须突破经典热力学和经典统计力学的局限性。普利高津正是率先实现了这种突破而获得成功的。

从哲学上看，上述两种对立观点有一个共同点，就是割裂了同一和差异的辩证关系，把二者对立起来了。承认物理世界和生物世界的统一性，并不意味着否定两者的差别，不可能要求一切物理规律都可以推广应用于生物领域。相变理论和玻尔兹曼原理不能解释生物有序性，恰好表明这种差异性。但物理世界与生物世界的差异是相对的，承认差异不等于否认二者的统一性，即承认生命运动服从物理规律。玻尔兹曼原理的失效并非表示一切物理原理都失效，而是意味着应当寻找新的物理学有序原理去解释生物有序性。物理世界本身也有差异，在晶体之类的有序结构之外，必定存在别的物理有序结构，它们与生物有序结构服从相同的物理规律。普利高津的高明之处就在于他较早领悟了这种辩证观点，从多方面突破经典理论的束缚，创立了耗散结构论这种新的物理学有序原理，不妨称之为普利高津有序原理。

经典热力学局限于研究封闭系统或孤立系统，认为只有把系统封闭起来甚至从环境中完全孤立起来进行研究，才是科学上有意义的。贝塔朗菲发现，生物有序性同它的开放性分不开，提出了开放系统理论。薛定谔把熵概念引入生物学，提出"生物靠负熵喂养"的观点，指明了用物理学阐述生物有序之源的方向。普利高津继承他们的事业，致力于发展开放热力学理论，获得重大成功。他发现，开放系统的总熵变 dS 由熵产生 d_iS 和熵交换 d_eS 两部分组成，得到总熵变公式 $dS = d_iS + d_eS$。可用熵作为不同热力学系统的判据：$d_eS = 0$ 为孤立系统，$d_iS = 0$ 为可逆过程，$d_iS > 0$ 为不可逆过程。总熵变的两部分具有不同的性质。熵产生具有非负性，熵交换的符号不定。按传统思维方式，熵交换正负的不确定性给理论处理带来许多不便，是令人讨嫌的因素。普利高津却意识到这种不确定性有重大意义，正是由于熵产生可以取负值，开放系统才可能出现减熵有序演化。他以总熵变公式为工具，对贝塔朗菲的观点做出严格逻辑的论证，给开放系统理论提供了现代物理学基础。

经典热力学把能量耗散当作纯消极因素。但经验告诉人们，生物系统中的新陈代谢和能量耗散可能具有本质的积极作用，没有能量耗散就没有生命过程。对这一系统现象的思索使普利高津意识到，经典热力学对耗散过程的理解有片面性，结构、耗散和生命之间可能存在初看上去是悖理的密切联系。他循着这一思路去研究，终于认识到晶体与生物机体是两类性质不同的有序结构，前者的维持无须进行任何形式的物质、能量交换，但后者只有在与外界不断交换能量（有时也交换物质）的条件下才能维持。对于后一类结构，能量耗散本质上是非常积极的因素。认识高级形态常常是认识低级形态的钥匙。把从生物有序现象中获得的这种新观点用于物理学，普利高津发现，后一类结构在物理世界不仅存在，而且相当普遍。实验科学家早已发现的贝纳德流、工程技术中的热扩散电池、云街之类的自然现象，都是依赖能量耗散而维持的结构。为强调耗散过程在这类结构形成和保持中所起的关键作用，普利高津把它命名为耗散结构。这一研究领域的第一篇文章以《结构、耗散和生命》为题，也是为了传送这一信息。

经典热力学偏爱平衡态，视之为系统运行所追求的理想状态（吸引中心），把非平衡态当作干扰因素带来的后果，它的作用是暂时地阻止出现与平衡有序相同的结构。在经典热力学基础上建立的相变理论和玻尔兹曼有序原理，能够解释的只是晶体之类的平衡结构。偏爱平衡态的观点严重遮蔽了科学家的视线，使他们对周围世界司空见惯的耗散结构视而不见，无法架设沟通物理学和生物学的桥梁。这是导致玻尔兹曼未能成为物理学达尔文的重要原因。即使在耗散结构论问世之后，凡坚持偏爱平衡态这种传统观点的学者，都无法对克服物理学与生物学的冲突有所建树。莫诺是对分子生物学有重大贡献的学者，但他的《偶然性与必然性》一书仍然把生命的出现看作完全偶然的事件。普利高津批评莫诺的"这些见解中采用的偶然性和随机性观念产生于平衡热力学和平衡统计力学"[①]，可谓一针见血。

耗散结构论对传统观点最重要的突破之一，是克服了对平衡态的偏爱，提出非平衡是有序之源的著名论断，把握了平衡与非平衡的辩证关系。平衡相变过程只能形成平衡结构，生物体是非平衡结构，一旦处于平衡态就会死亡，导致结构瓦解。最小熵定理断言，在近平衡条件下系统的热力学分支仍然稳定，只能出现与平衡态没有定性差别的近平衡态。就是说，与平衡结构相比，生物有序结构有不同的起源，要求不同的解释，它只能出现在远离平衡的条件下。这是普利高津在1945年证明最小熵产生定理之后不久就萌发的一个猜想。经过20年的潜心研究，在把研究近平衡态的线性热力学推广到研究远离平衡态的非线性热力学取得成功之后，这一猜想得到证实。他发现，在远离平衡条件下系统会出现一系列在平衡世界难以理解的行为，如热力学分支失稳，呈现非线性

---

① 湛垦华、沈小峰：《普利高峰与耗散结构理论》，陕西科学技术出版社，1982，第99页。

相干作用，分叉，多重解，形成长程关联，等等。在这种条件下，耗散结构的形成和维持就成为不可避免的了。

耗散结构论的主要结论之一，是存在能够显示两种行为的一类系统，在一种情况下它趋于最大无序态，在另一种情况下出现相干行为。有序的破坏总是发生在热力学平衡态附近，相干行为总是在远离平衡态的条件下发生，并具有特殊的非线性运动规律。这种二重行为清楚地体现出平衡与非平衡、有序与无序之间的辩证同一性，它们为同一系统所内秉，并在适当条件下相互转化。物理学把热平衡态作为最大无序态，是环境对系统施加零约束时出现的状态。只要外界施加非零约束，系统就会离开平衡态。非零约束较小时，系统处于近平衡定态，与平衡态相比没有定性性质的改变。随着约束增大，系统离开平衡态的距离相应增大，到达某个临界点，热力学分支（代表近平衡态）失去稳定性，通过分叉和选择，系统突变到某个远离平衡的定态，形成耗散结构。有序就这样从无序中产生出来。分叉意味着单一性转变为多样性。分叉不止一次。每一次新的分叉又产生出新的多样性，通过逐级分叉序列，系统的有序结构随着多样性的增加而逐步复杂起来。复杂性就这样从简单性中产生出来。在不断远离平衡态的漫长过程中，当复杂性增加到一定程度，在物理耗散结构的基础上突现出最初的生物耗散结构，就不难想象了。结论是：生命现象并非处于物理规律之外，生物学与物理学之间的冲突是可以消除的。

经典统计力学局限于研究平衡态，不能全面揭示涨落的性质、作用和变化。它把涨落当作破坏平衡稳定的干扰因素，力求用平均场方法加以消除。处于平衡态附近的系统有衰减作用，涨落不会被放大，可以用平均场方法来描述。普利高津在远离平衡状态下研究系统，发现这时的涨落将被放大，平均场方法不再适用。接近临界点时将出现巨涨落，导致热力学分支失稳，出现长程关联，即包含新的有序结构的"种子"，因而具有非常积极的作用。在分叉点上，只有涨落能推动系统去探索新结构，在不同的未来状态中做出选择，完成从近平衡结构向耗散结构的转变。事实上，耗散结构就是热力学系统在远离平衡条件时稳定下来的巨涨落。这就是普利高津的"涨落导致有序"原理。

耗散结构论大大丰富了人们对有序与无序之辩证关系的认识。但普利高津也看到，这个问题远未最后解决。他反复指出"有序与无序的思想的含糊性"①，强调"有序（或无序）的概念比所想到的还要复杂"②，把耗散结构有序原理作为进一步探索的起点。

6-4 把不可逆性引入动力学

普利高津学派认为，科学遗产中包含的另一个尚未得到答案的基本问题，是可逆性与不可逆性，即静止与演化的关系问题。从牛顿力学到量子力学和相对论力学，描述的都是轨道世界，一切过程都是可逆的，向未来看与向过去看没有区别。热力学描述的则是过程世界，过去与未来不对称，基本过程是不可逆的。人类生活在一个统一的世界中，但科学给出两种对立的描述，并且不能肯定一个而否定另一个。这就是动力学与热力学的冲突。这个冲突与其他几个冲突有内在联系。科学的进一步发展要求重新认识可逆性与不可逆性，找到适当的途径把两种描述统一起来。

首先是不可逆现象的客观性问题。尽管人类生活的周围环境充满不可逆过程，发明和使用热机的工程实践和热力学理论研究早已把不可逆现象作为不可回避的现实摆在物理学家面前；但直到20世纪中叶，大多数物理学家还坚持不可逆性的主观主义解释，认定不可逆是一种幻觉，产生于描述手段中的附加近似。玻恩的名言最有代表性，他说："不可逆性是把无知明显地引入到基础（动力学）定律中去的结果。"③ 在这些学者看来，随着科学手段的改进，不可逆性将被约化掉。只有玻尔兹曼、普朗克等少数学者坚持给不可逆性以客观的解释。普利高津坚定地站在后者一边，主张承认物理世界不可逆过程的客观性。他认为，物理世界既有可逆过程，如理想摆，也有不可逆过程，如热传导。"不可逆过程和可逆过程一样实在，不可逆过程同我们不得不加在时间可逆定律上的某些附加近似并不相当。"④ 这是他的"不可逆性理论"的基本观点之一。

不可逆过程不仅是客观的，而且是极为普遍的。生物界和社会领域的不可逆性早已是一种不争的事实。确认热传导、摩擦之类的物理不可逆过程，表明

---

① 普利高津、斯唐热著，曾庆宏、沈小峰译：《从混沌到有序》，上海译文出版社，1987，第302页。
② 同上书，第342页。
③ 普利高津著，曾庆宏等译：《从存在到演化》，上海科学技术出版社，1986，第186页。
④ 同上书，第3页。

宏观层次的一切领域普遍存在不可逆性。普利高津进一些指出，在微观和宇观层次上同样存在不可逆过程，从而论证了它在一切层次上都是普遍的。理想摆之类的可逆过程不过是一种理论模型，真实摆以及用可逆过程模型描述的一切真实过程，或多或少都有不可逆性。因此，不可逆过程是客观世界更普遍的存在方式，可逆过程倒是描述手段带来的某种近似。

传统观点偏爱可逆过程，把不可逆与能量耗损、能级降低等同起来，认为不可逆是一种耗散和失败，一种纯消极现象。普利高津否定了对耗散过程的片面认识，必然也要否定对不可逆性的片面认识；承认耗散对有序结构形成的建设性作用，必然也会承认"不可逆过程在物质世界中起着基本的建设性的作用"。[①] 不可逆性是一些重要的相干过程的基础，一切物理耗散结构的形成和维持都离不开这种相干过程。它在生物学水准上表现得尤其明显，一切生命活动都是这种相干过程。总之，不可逆性是相干的源泉、有序的源泉、组织的源泉，是沟通物理世界与生物世界的重要纽带。这是普利高津不可逆性理论的另一基本观点。

热力学第二定律表明，只有不可逆过程对熵产生有贡献。不可逆过程的展开意味着系统的熵增加。按照传统观点，熵增加意味着系统有序性的破坏。物理学基本描述之所以长期排除不可逆性，这是主要的认识根源。普利高津最先发现熵增加与有序破坏之间的关系并非如此简单，两者只有在平衡态附近才有必然联系。维持熵不变，只能实现联系两个平衡态的可逆过程，产生平衡结构。当系统处于远离平衡态时，熵产生将有完全不同的性质。一定的熵产生是系统出现耗散有序的必要代价，亦即系统进化的必要代价。自然演化中表明，复杂性的增加总伴随着熵产生的增加。在一定意义上讲，具有较高熵产生的结构优于有较低熵产生的结构，自然选择优待耗散能力高的系统。布鲁塞尔学派由此得出了"熵有建设性作用"的结论。

不可逆过程最根本的意义也许是只有它能使过去与未来发生对称破缺，赋予时间以方向。由于局限于研究可逆过程，时间在经典力学中只是一个外在的几何参数，没有优惠方向。热力学第一次把时间引入物理学。但经典热力学局限于平衡态，时间之矢单向地指着退化方向。这是造成物理学与生物学、自然科学与社会科学、科学文化与人文文化之间矛盾冲突的深层次根源。普利高津把毕生精力的很大一部分用以研究时间，试图通过把不可逆性引入动力学，把

---

① 普利高津著，曾庆宏等译：《从存在到演化》，上海科学技术出版社，1986，第3页。

热力学第二定律表述成一条动力学原理，来揭示时间的本质、根源、特性和意义。他深信"不可逆性深深扎根于动力学中"①，只要把不可逆性嵌入动力学，把动力学纳入更广泛的形式体系中，就可能从根本上解决上述矛盾。这是不可逆性理论的第三个基本观点。普利高津等人在这方面有深入的探讨，提出许多重大结论。但他们也承认，这方面的工作只是一个开始。

由于排除不可逆性，现在的动力学得出许多形而上学的结论。其中之一是割裂了初始条件和动力学规律的联系，把它们看作相互独立的要素。这导致把存在和演化完全割裂开来，因为存在对应着状态，演化对应状态变化的规律。把不可逆性引入动力学，初始条件与动力学规律不再相互独立，初态不能任意给定，而是系统先前变化的结果。状态与规律的这种相关性，意味着存在与演化之间有内在联系，可以相互转化。终态对初态的吸引性产生了演化的不可逆性。总之，在动力学中引入不可逆性，我们就可以用动力学语言解释系统的目的性、方向性、组织性、演化性等，建立科学的系统演化理论、自组织理论。

6-5 放弃"现实世界简单性"的信念

耗散结构论指出一个独特的视角，使人们能够重新审视复杂性问题，包括什么是复杂性、复杂性的来源、复杂性与简单性的关系、复杂性的进化等。清除传统观点中的形而上学，用新的观点回答这些问题，也是突破经典科学的局限、创立新型科学的必要准备。

普利高津学派认为，对复杂性与简单性之间关系的误解，是物理学和生物学相互冲突的根源之一。按照传统观点，复杂性属于生物以上层次的特征，物理世界只能是简单的。就是说，复杂性不能用物理学定律来说明。普利高津学派不接受这种观点，认为复杂性普遍存在。他们相信，以非平衡统计物理学和现代动力学为依据，运用耗散结构概念，可以阐明复杂性并未构成对物理规律的挑战，从而推断复杂性"似乎是这些规律的一个必然结果"②。

什么是复杂性？目前还难以给出确切的定义。"复杂性是这样一个概念，它

---

① 普利高津著，曾庆宏等译：《从存在到演化》，上海科学技术出版社，1986，第3页。
② 尼科里斯、普利高津著，罗久里、陈奎宁译：《探索复杂性》，四川教育出版社，1986，第10页。

的定义是它所提出的问题的总体。"① 从这个认识出发，普利高津绕过定义问题，直接依据经验的理解来确定复杂行为的成分和特征，建立关于简单性和复杂性的初步概念。物理世界被当作简单的，是由于传统观点把物质客体当作僵死的、没有协调一致行为的、非动态的；生物世界被视为复杂的，是由于生物体是活的、有协调一致行为的、动态的。从经典科学的观点看，这是一条难以跨越的鸿沟。但实际上，科学实验和观察已积累了大量材料，表明物理系统也可能出现最低限度的活性、协调一致的行为和动态特性，只是没有科学理论的说明而未被人们理解。耗散结构论第一次给出一种理论解释，表明物理世界广泛存在着许多过去认为只有生命现象才具有的复杂特征。

古希腊哲学家相信，存在一个基本的层次，那里的物质客体是确定而简单的，只要把问题追究到那个层次，就可以得到完满的解决。这是还原论的基本信念。经典科学坚持并极大地强化了这一信念，把复杂性当作简单性的面纱，只要方法对头总可以把它约化掉。这种观点甚至也体现在相对论和量子力学中。但现代粒子物理学的探索大出人们的意料，基本粒子越来越呈现出不稳定性和复杂性，表明"微观世界'简单性'的信念并不那样简单"②。现代宇宙学表明，宇观层次上同样存在着不稳定性、动态性、形态发生和转变等复杂行为的特征。因此，无论在哪个层次上，"物理学正处于结束'现实世界简单性'信念的阶段"③。

传统观点对简单性与复杂性相互关系的误解，同动力学与热力学的冲突密切相关。经典动力学本质上是关于可积系统的科学。"可积体系世界不可能是复杂性的发祥之地。"④ 按可积系统的形象建立起来的经典动力学，同本质上属于复杂性科学的热力学无法沟通。现代动力学证明，真实系统差不多都是不可积的，不可积性是复杂性的重要根源。非线性耗散系统的典型行为，如自组织、混沌等，都是复杂行为。非线性、耗散性也是复杂性的重要根源。非线性耗散系统存在吸引子，向吸引子的运动是不可逆过程。可见，对复杂性的探索也有

---

① 尼科里斯、普利高津著，罗久里、陈奎宁译：《探索复杂性》，四川教育出版社，1986，第34页。
② 庞元正、李建华编：《系统论、控制论、信息论经典文献选编》，第164页，求实出版社，1989。
③ 同上书，第155页。
④ 尼科里斯、普利高津著，罗久里、陈奎宁译：《探索复杂性》，四川教育出版社，1986，第101页。

助于沟通动力学和热力学两套描述体系。耗散结构论既承认复杂性的普遍性，又承认复杂性的差异性和多样性。生物界与物理界的差异不在于有无复杂性，而在于复杂性的差异。经典科学把简单性与复杂性的差异绝对化，掩盖了从前者到后者的进化，也就堵塞了从物理世界过渡到生物世界的可能性。耗散结构论则发现，"简单与复杂、无序和有序之间的距离远比人们通常想象的狭得多"①。热力学系统可以呈现简单行为（在平衡态附近），也可以呈现复杂行为（远离平衡态）。我们不能要求物理系统呈现出与生物系统同样的复杂性，但可以在物理世界找到"最低限度的复杂性"。简单性可以转化为复杂性，较低的复杂性可以发展为较高的复杂性。有了在简单行为基础上进化出来的具有最小复杂性的物理系统，再进化到具有生物复杂性的系统就是不可避免的。耗散结构论对此提供了初步的说明。

普利高津等人考察了复杂性的产生和演化，自信耗散结构论"使人们可以设想出复杂性如何在自然中出现"②。他们的结论是自组织过程导致复杂行为，复杂性是自组织的产物。耗散结构论给出一套"复杂性词汇"，其中关键要素是非平衡约束和非线性相干作用。一个热力学系统只要具有足够强的非线性，并且在足够强的外在约束下被推向远离平衡态，就会出现自组织，产生出平衡结构没有的但生物系统具有的某些复杂行为来。随着远离平衡态的距离不断加大，出现逐级分叉突变，逐步增加复杂性，就可以实现复杂性的进化。

按照"现实世界简单性"信念发展起来的经典科学，可以描述运动，却不能描述不同动态之间的转变，因而不能描述发展。"复杂过程的本质特征之一是能够实现不同动态之间的转变。"③ 复杂性出现在进化、还有"历史在观察到的过程中发挥重要作用"的系统中。从结束"现实世界简单性"开始的新兴科学，能够描述不同动态之间的转变，描述世界的发展，揭示客观世界固有的复杂性，提供处理复杂性的方法。因此，它就是复杂性科学。

---

① 尼科里斯、普利高津著，罗久里、陈奎宁译：《探索复杂性》，四川教育出版社，1986，第3页。
② 同上书，第1页。
③ 同上书，第34页。

6-6　阐述新的自然观

从经典科学向新兴科学的历史性转变，带来了科学世界图景全面而根本的改变。"我们对自然的看法正经历着一个根本性的转变，即转向多重性、暂时性和复杂性。"[1] 普利高津反复强调这一点，并依据耗散结构论从多个侧面阐述新的自然观。前几节已有论述，本节再做些补充。

经典科学把平衡态作为自然界的典型形态。耗散结构论指明它的谬误，断言非平衡态、远离平衡态才是自然界的典型形态。平衡世界和非平衡世界具有截然不同的科学图景。最突出的差别之一是，平衡世界呈现单一性，不论初始条件如何，系统唯一的前途是走向平衡态。平衡世界的物理规律是普适的。非平衡世界的系统呈现二重行为，既可能趋向平衡态，也可能趋向远离平衡的耗散有序态。远离平衡条件下的耗散有序态不是唯一的。不可逆的分叉序列使系统行为方式的选择与它的历史有关，观察物理世界的演化同样需要历史观点。随着分叉序列向前展开，系统行为的多样性将非线性地增加。在远离平衡的世界中，物理规律不再是普适的，系统演化有多种可能前途。

物理学与生物学的冲突，归结为两种物质观的冲突。经典物理学描述的是一个僵死的、被动的物质世界，生物学描述的是一个活性的、能动的物质世界。要把两种描述统一起来，必须揭示生物活性的物理基础，证明物理世界已存在具有最低限度活性的结构。耗散结构论在这方面有重大贡献。"耗散结构的一切基本性质，例如长程序，空间相干性，适应和调节，记忆和历史等，都符合我们对生物序所具有的直观概念。"[2] 耗散结构是一种新发现的物质力学态，它与系统所承受的来自环境的非平衡约束（压力）相适应，对于不同的临界约束，系统以不同的耗散结构做出响应。出现耗散结构是物质系统对环境适应能力进化的表现。有了物理化学系统这种"前生物的"适应机制，以此为基础通过进化而产生出生物的适应机制，是顺理成章的。活机体是包含物质相干态的宏观系统。在远离平衡条件下形成的耗散结构中，分子之间建立了长程关联。这种

---

[1] 普利高津、斯唐热著，曾庆宏、沈小峰译：《从混沌到有序》，上海译文出版社，1987，第26页。
[2] 尼科里斯、普利高津著，徐锡申等译：《非平衡系统的自组织》，中译本序，科学出版社，1986。

物质相干态是产生生物体的高度相干结构所必需的。分子间的长程关联意味着可以在系统整体的尺度上进行"通信"。这就给维纳等人关于动物体中通信和控制的思想提供了物理学依据,处于平衡态的物质是"瞎子",普利高津称之为"睡子",它对环境变化不敏感。但在远离平衡条件下,物质系统能以自己的机能去"感知"和"考察"外部世界的变化。对边界条件和环境变化具有敏感性是耗散结构的重要特征。这可以看作是从无感知能力的平衡结构到有高度感知能力的生物结构之间的中间过渡环节。生物的活性和能动性并非某种神秘的属性,它不过是一种高度发展了的系统自组织能力,我们在物理世界可以找到它的尚未充分发展了的、初级的表现形式,即物理耗散结构形成、维护和演化的能力。一句话,耗散结构论"导致了一种新的物质观,在其中,物质不再是机械论世界观中所描述的那种被动的实体,而是与自发的活性相联的"①。物质观的这种转变无疑具有深远意义。

在牛顿力学中,物质与时间、空间没有本质的联系,时间和空间只是被动的物质容器。普利高津把它称为"空时静止观"。相对论揭示出时间和空间是由物质产生的,用相对时空观否定了牛顿的绝对时空观,导致时空观的重大革命。但相对论和量子力学仍坚持静止的时空观。耗散结构论拉开物理学反对时空静止观的帷幕。普利高津把时间区分为三个层次。经典动力学描述与运动有关的时间,即没有方向的时间。经典热力学描述与熵(不可逆过程)有关的时间,这是获得优惠方向的时间,但唯一地指向退化。非线性热力学描述与耗散结构有关的时间,这是一种动力学系统的内部时间,是系统演化的一种度量。内部时间概念从根本上推翻了静止的时空观。经典物理学的时间是均匀的,空间是各向同性的。我们在平衡结构中看到的就是这种时间和空间。耗散结构的形成打破了时空均匀性,出现时间和空间的对称破缺。由于出现耗散结构,空间不再是独立于时间的维,空间得到一个时间维,导致"空间的时间选择"。这样一来,如普利高津所说:"我们远远离开了传统的空时静止观。"②

经典科学描述的是一个封闭的、给定的世界,一个没有时间维的世界。在这个世界中,自然规律不会随着时空而发生变化。科学的任务就是发现这种永

---

① 普利高津、斯唐热著,曾庆宏、沈小峰译:《从混沌到有序》,上海译文出版社,1987,第42页。

② 普利高津著,曾庆宏等译:《从存在到演化》,上海科学技术出版社,1986,中译本序。

恒的规律。耗散结构论确认"与时间有关的规律的存在"①。客观世界是一个开放的、不断变化的世界,一个处于时间维中的世界。在这个世界中,不存在与时间无关的永恒规律,自然规律同样是时间算符的运算对象。这是辩证规律观和发展观最明确的物理学表述。

---

① 普利高津著,曾庆宏等译:《从存在到演化》,上海科学技术出版社,1986,第213页。

第7章　协同学的辩证思想

> 而就协同学的自身体系来说，它也是由多个层次、多个侧面而构成的。……哲学方面：在这里所关心的是对于自然的解释和理解。很明显这里存在着许多对立统一的范畴：部分与整体的关系；用分析还是综合的办法去处理复杂系统；量与质的关系及其转变；组织或控制与自组织或自我调节之间的关系；我们所考虑的这些过程是决定性的过程，还是偶然性的过程，它们之间的相互作用如何；有序怎样从无序中产生，秩序的产生过程是由单向因果决定，还是由循环因果律决定？如此等等。①
>
> ——哈肯

协同学（Synergetics）是德国理论物理学家哈肯创立的一种系统自组织理论，也是非平衡统计物理学的一个重要学派。协同学的基本思想萌发于20世纪60年代末。1971年，哈肯和格雷姆合作发表本领域第一篇论文《协同学——协同作用的科学》。苏联学者克里蒙托维希在《没有公式的协同学》一书中认为，1973年是协同学诞生之年②，标志是这一年出版了第一次协同学国际会议（1972）的会议录。哈肯对此表示赞同。

在自组织理论的诸分支中，协同学是以系统而有效地使用数学描述为突出特点和优点的。但大量的数学语言并没有掩盖协同学丰富的辩证思想。系统自组织过程交织着各种关系和矛盾，如系统与环境、部分与整体、有序与无序、合作与竞争、支配与服从、稳定与不稳定、确定与不确定、必然与偶然、内因与外因、适应与选择、自组织与他组织、渐变与突变等。要形成一套关于系统

---

① 哈肯著，杨炳奕译：《协同学：理论与应用》，中国科学技术出版社，1990，第11页。
② 同上书，第256页。

演化的科学思想，建立新的概念框架，做出恰当的定量描述，必须克服许多理论困难。除了求助于辩证思维，即辩证地把握上述错综复杂的关系和矛盾，别无他途。现代西方流行的各种否定辩证法的分析哲学、科学哲学流派，在此都无济于事。尽管哈肯还说不上完全自觉地运用辩证法，但从他的著作中不难发现，黑格尔、马克思和恩格斯的这位同胞是善于在科学研究中辩证地思考和处理问题的。协同学的产生再次证明，辩证法对于现代科学具有不可替代的指导作用。

7-1 差异与同一

放眼于现实世界的方方面面，你就会惊奇地发现，从深邃难测的宇宙深处到伸手可及的周围环境，从无生命的物理化学系统到生命系统和生态系统，从自然系统到社会系统，从实体系统到符号系统和精神系统，大千世界处处可以见到结构和秩序。不同系统的结构和秩序千差万别，形态迥异，造化的神奇奥妙令人叹为观止。这些结构是如何自发产生的？每种个别结构的形成遵循完全特殊的法则，还是存在一般规律性？能否用科学方法对结构的形成演化做出统一的说明？这是关系到科学重新定向的大问题，直到20世纪中叶以前尚未被系统地探索过。系统演化理论，包括协同学，就是为解决这一问题而提出来的。在科学界习惯于按不同领域分门别类进行研究并获得极大成功的背景下，选择这样一个研究方向需要很大的理论勇气和科学洞察力，需要强有力的哲学信念的支持。一些才能卓著的学者因研究方向选择的错误而无所作为，这在科学史上屡见不鲜。自组织理论的开创者们在选择自己的研究方向时，不能不思虑再三。哈肯曾回忆说："从事这个新领域的研究，对我来说，是一项大胆的尝试，于此有可能丧失一个人的科学名声和荣誉。这时，主张存在普遍规律性，是一项大胆的探索。"[1] 哈肯的大胆抉择建立在他关于存在普遍规律性的坚强信念之上。既然都是系统，都是结构的形成演化现象，不论其组分的基质如何不同，必定存在共性，存在支配一切结构形成演化的普遍原理。在哲学上，这意味着承认同一性寓于差异性，差异性包含同一性，个性包含共性。

---

[1] 哈肯著，戴鸣钟译：《协同学——自然成功的奥秘》，中国科学技术出版社，1988，第214页。

为建立关于结构形成演化的一般原理,首先必须克服的一个理论困难,是如何沟通物理世界和生命世界。20世纪60年代以前,科学界在这个问题上处于一种两难困境:一方面,相信世界统一性的人坚持认为一切物质的东西必定符合物理学法则;另一方面,生物结构由简单到复杂的进化过程,物理世界由有序到无序的退化过程,二者互不相容。对于不能运用辩证思维的那些学者,借用哈肯的话来说,这是一种无法摆脱的恶性循环,一条科学研究的死胡同。他们无法把不同领域沟通起来,只能在两极对立中做非此即彼的选择,做出达尔文与克劳修斯必定有一个错了的结论。自组织理论的创立者们以各自的方式突破了这种思维模式的禁锢。哈肯向自己问道:达尔文主义是生命世界的一条普遍原则,为什么不能同时也适用于无生命世界?相变是热平衡系统的普遍现象,为什么不能同时也是远离平衡态系统的普遍现象?哈肯不相信这里有什么不可跨越的鸿沟。正是在对这些问题的思考中,哈肯找到沟通平衡系统与非平衡系统、非生命世界与生命世界的途径,创立了协同学。

差不多在同一时期,自组织理论的主要代表人物普利高津、哈肯和艾根等人,分别从自己的研究领域开始了克服上述两难困境的探索。哈肯的科学生涯开始于激光研究。为从理论上揭示产生激光的内部过程,哈肯从其他学科中引入涨落、合作、竞争、选择等概念,成功地解释了普通光与激光的区别,阐明从无序的普通光过渡到有序的激光的机理,建立了科学的激光理论。哈肯的思想并未停留在激光问题上,而是把激光的产生与超导相变、流体模式、化学反应、生物种群、经济过程等完全不同性质的系统演化行为进行类比,发现平衡系统与非平衡系统、生命系统与非生命系统之间在结构演化即相变方面有深刻的相似性。激光研究犹如一座沟通物理世界和生命世界的桥梁,对哈肯形成协同学思想产生了重大影响。他从方法论上加以总结,认为类比和模型系统是建立和发展协同学的重要方法。类比能使人从未知进入已知,发现全然不同的系统的行为存在惊人的相似性。类比方法的哲学根据是不同事物的同一性。对简单而典型的对象(模型系统)进行研究,获得经验和思想,再推广到复杂的对象,是一种行之有效的方法。哈肯把这种模型系统比作一般对象的模拟计算机,可以从中提炼并检验新理论的概念和原理,激光器是协同学最常用的模型系统。这种方法的哲学根据,就是关于特殊和一般的辩证观点,以及从特殊到一般再到特殊的认识路线。

协同学的中心课题是结构的自发形成和演化。控制参数的量变和系统结构的质变,两个临界点之间的渐变和临界点上的突变,无序和有序的相互转化,稳定与不稳定的彼此替代，等等，都是协同学讨论的基本问题。这些严格对立的现象之间的相互过渡和转化，在协同学中被视为十分自然的现象。毋庸置疑，这种认识的哲学依据是关于矛盾同一性的辩证原理。那些只能在两极绝对对立中思考的学者，无论如何也不会同意把对立现象的相互转化作为科学研究的合法课题。

我们从科学发展史中看到，当某个研究领域已经开辟出来之后，工作在那里的学者一般只要沿用业已建立的方法工具即可取得成果，他们大都不关心从哲学上思考问题。但对于一个尚未开拓的研究领域，那些致力于拓荒和创业的学者都有浓厚的哲学兴趣，努力从哲学上为自己的大胆探索寻找精神支持和方法论启示。他们特别感兴趣的是有关强调认识能动性和有助于克服两难困境的辩证思想。自组织理论是一个崭新而艰深的研究领域，它们的创始者都有浓厚的哲学兴趣，善于对科学问题做哲学思考，用以指导他们的具体研究工作。

7-2 部分与整体

从结构形成和演化的角度探索世界统一性原理，被哈肯归结为部分与整体的关系问题。他明确宣布："协同学阐明部分与整体之间的关系。"[①] 在很长的历史时期中，部分与整体的关系只是一个哲学思辨的问题，似乎无须也不可能作为科学问题加以处理。贝塔朗菲第一次把它作为一个具体科学问题，以最一般的形式提出来，试图建立一门关于整体性的科学。新兴系统科学的每个分支都对解决这个科学问题做出努力。其中，协同学的贡献是比较突出的。

这里要回答的问题首先是整体特性与部分特性的关系如何。伴随近代科学而发展起来的还原论断言，整体特性可以还原为部分特性，认识了部分特性再把它们累加起来，即可了解整体特性。经过贝塔朗菲等人的工作，这种观点的弊端已昭示于天下。协同学采用反还原论的系统论观点解决这个问题，断言部分之间相互作用形成整体，必定产生出不能还原为部分特性的整体效应。哈肯力主"超出系统的部分特性来理解、掌握系统"（同前），在分析性思维与整体性思维之间架设桥梁。

[①] 哈肯著，戴鸣钟译：《协同学——自然成功的奥秘》，中国科学技术出版社，1988，中文版序。

要对部分与整体的关系做实证科学的说明，特别是给出精确的定量描述，需要给部分与整体以确切的界定。协同学研究由数目极大的微观组分构成的巨系统，或称多组分系统。量的增加带来质的新特征。这类巨系统可以在严格科学意义上划分出微观与宏观两大层次，二者在空间尺度和物理特性上都有根本的差别。在协同学中，部分就是微观组分，如原子、细胞、个人等；整体就是宏观系统，如激光器、生命机体、社会等。部分与整体的关系主要归结为微观与宏观的关系。非还原性原理可表述为：由于数量巨大的各分系统之间的相互作用，使宏观层次产生了不能用微观分系统特性说明的整体新质。这种差别在数量关系上的反映，可以用一根被看作一维质点链的弦（两端固定）的振动来说明。原则上讲，我们可以精确描述每个质点的行为，发现它们在做周期运动，相邻质点的位置是彼此关联的。但是，由质点的微观特性不可能发现整个弦在做正弦运动，因为正弦波应由波长、振幅等宏观量来描述，这些量在微观层次上是完全不能了解的。协同学由此引出一个基本结论：宏观整体具有微观部分所没有的系统量，描述整体行为须用与微观量完全不同的新概念。这就是序参量概念。部分与整体的关系在协同学中被归结为描述分系统的微观量与描述整体的宏观序参量的关系。

序参量的特点是，系统处于无序状态时它为零，处于有序状态时它取非零值。序参量从零到非零的变化指示系统从无序向有序的转变，序参量的特性决定有序结构的类型（定性特性）。序参量是全部微观量贡献的产物，但它不能归结为微观量。这就提出了部分与整体关系的另一个问题：宏观结构的形成和演化在微观上是怎样进行的？如何实现从微观部分到宏观整体的过渡？

哈肯首先在激光研究中遇到并阐明了这个问题。当控制参量（激光器的输入功率）小于激光阈值时，激光器内活性材料中的每个原子做出自发偶然的受激发射，彼此无协调同步，激光器犹如一个普通灯管，光场呈无序态，场强为零。一旦控制参量越过激光阈值，一种全新的现象就会出现：仿佛有某个"精灵"或某种地位较高的组织力，统一指挥所有原子做同步振荡，微观部分的协同造成宏观有序光场，产生非零场强。精灵当然不存在，也没有外来的组织力，指挥原子做同步振荡的原来是激光器内由原子"创造"出来的光波，即序参量。

于是，哈肯在这里遇到一种互为因果的循环联系：一方面，原子以同一节奏振荡必须由光波来推动；另一方面，光波的产生必须通过电子的振荡。更一般地说，序参量是由系统的各个部分相互协同创建的；反过来，各个部分的协同动作又为序参量所支配。这是一个与"先有鸡，还是先有蛋？"的古老争论相类似的两难问题,哈肯称之为协同学的典型交互关系。对于拒斥辩证思维的人来说,这也是一个无法克服的理论困难,因为他们习惯于在两极绝对对立中思维,因就是因,果就是果,先就是先,后就是后,否则他们就认为是恶性循环,为科学思维所不容。但若从辩证观点看,这无非是因果之间的辩证转化问题,原本不难解决。哈肯就是这样处理的。他说:"不能说哪个在先,哪个在后。它们互相作为对方存在的前提条件。"① 基于这种理解,哈肯把握了多组分系统从无序到有序转化的微观机制,找到了描述自组织系统如何由微观过渡到宏观的方法,即协同学微观方法。

更一般地说,协同学要回答的是这样一个问题:在系统结构形成和演化过程中,先有部分,还是先有整体?我们熟悉的各种机器系统,都是先制成部分(元件、部件),再把它们组装成为整体(整机)。以机器为模型,传统观点做出先有部分后有整体的概括,产生了广泛的影响。对于一切可以装卸的系统,这一回答大体上是不错的(也不可绝对化)。但它完全不能解释生命系统。那种认为先有整体后有部分的观点,自然也站不住脚。这就涉及所谓整体性悖论,萨多夫斯基曾从描述性角度研究过。② 协同学拒绝在两种极端意见中选择自己的立足点,采用系统自组织的观点来解决这一两难问题。对于一切自发形成的有序结构,既不能说先有部分后有整体,也不能说先有整体后有部分,因为部分和整体是在相互作用中协同发展起来的。新结构的形成是一种自组织过程,各种规模的集体运动是沟通微观组分和宏观整体的中介。在旧结构的整体中,特别是当它接近于自己稳定存在的界限时,微观组分常常会随机地形成各种集团从事某种集体运动(即大的涨落),集体运动必然产生出个体不能摆脱的作用。在适当条件下,当系统趋近临界点时,不同集体运动相互作用逐步产生出决定整体结构的序参量。序参量不是一下子就出现在整个系统中,一般是先在某些局部形成,逐步把更多的部分吸引到自己的影响范围内,最后席卷整个系统。就是说,新旧结构转换的相变是一个由一系列部分质变发展为全部质变的过程,在这个过程中,部分和整体都在变化和发展。一旦相变完成,系统的整体与各部分(包括最小的部分原子、分子等)也就具有了与它们在旧结构中不同的特性和状态。

---

① 哈肯:《协同学讲座》,陕西科学技术出版社,1987,第22页。
② 瓦·尼·萨道夫斯基著,贾译林等译:《一般系统论原理》,陕西科学技术出版社,1984。

7-3 合作与竞争

　　液体从均匀无序的平流到出现有序的贝纳德花纹，激光器从发射普通灯光到发射激光，组成系统的微观成分并无增减替换，宏观结构却发生了质的改变。这必定有其内在根据或动因。要阐明部分和整体的关系，揭示结构产生和演化的一般规律，须深入探讨这种内在根据。按照协同学观点，多组分系统有两种可能的典型形态，即两种典型的大数现象。一种形态对应于微观组分之间没有协同一致的行动，另一种形态对应于微观组分被充分组织起来并协同动作。整体结构从无序到有序的转变表现在微观层次上，就是微观组分之间从没有协同转变为高度协同。着力于从组分之间的协同行动来阐述结构的产生和演化，是协同学胜于其他自组织理论的显著特点。这叫作"协同导致有序"。由于这一点，哈肯把协同学定义为关于系统各部分之间协同工作的学问。

　　在协同学中，"协同"这个词有不同的含义。狭义地讲，协同就是协调、合作、同步。广义地讲，协同既包含合作，也包含竞争。合作导致有序，这个道理易为人们所接受，各种系统中组分之间存在合作现象是明显的。把竞争视为竞争者之间的一种协同，即相互提供竞争对手以保证实现竞争，承认竞争也能推动系统有序化，这需要有一定的辩证思维能力。在经典科学中，竞争原是生物学的范畴。在社会科学中引入竞争概念，也已为人们普遍接受。但竞争概念能否推广应用于无生命系统，从而成为一切领域都适用的概念，是一个长期没有解决的问题。本书在第1章指出，贝塔朗菲曾试图把竞争作为一般系统的属性加以描述。但他关于竞争的普遍性的论述主要还停留在哲学思辨的水平上，没有具体证明物理化学系统存在竞争，更没有找到用实证科学的方法描述竞争现象的有效途径。诺伊曼的博弈论研究的是策略性竞争，只能用于某些社会现象。协同学的贡献在于，通过关于对流体模式、激光等现象的描述，揭示出无生命世界普遍存在竞争，并给出一种数学表达形式。哈肯提出"集体行为的竞争原则"[①]，把达尔文主义作为它的一个特例。竞争思想成为协同学沟通无生命世界与生命世界的两座桥梁之一。

[①] 哈肯著，戴鸣钟译：《协同学——自然成功的奥秘》，中国科学技术出版社，1988，第221页。

协同学通过合作与竞争的矛盾运动来阐述结构形成和演化的一般原理。首先，序参量的形成是合作与竞争的共同结果。只要多组分系统不处于严格的热平衡态，就会出现各种各样的微观组分集团或集体运动模式，如激光中的波模光束、化学反应中的新分子、生物种群中的新物种、科学研究中的新观点新学派、社会变革中的新思潮新党派。每一种集体模式是参与该模式的微观组分之间合作的产物，出现不同集体模式则是这些组分之间存在差异和竞争的表现。大量不同模式或集团之间也存在合作与竞争，相近的模式可能联合、合并或同化。为了在有限的"资源"条件下生存，不同模式之间将展开竞争。激光器中不同光波为争夺更多的受激原子加强自己而竞争，不同学术观点为争取更多的科学家的支持而竞争，不同党派为推行自己的纲领而竞争。通过竞争，有的模式得到加强，把更多的微观组分吸引到自己的影响下，从而发展壮大；有的模式被削弱，失掉原来的支持者，从而走向衰落。在复杂系统中，不同模式往往几起几落。一旦到达临界点，这种竞争、合作、强化、重组、选择、淘汰的过程，就像雪崩一样迅猛发生。最后，一个或少数几个模式战胜其他众多模式，取得支配地位，成为系统的序参量。

如果不同模式的竞争只产生一个序参量，系统便形成由该序参量决定的有序结构。如果同时出现几个序参量，它们之间也会出现合作与竞争，分别决定不同的有序结构。如流体系统，在一定温差下形成三种对流模式（序参量）的合作，导致六角形结构。当温差进一步加大到新的阈值，其中某个对流模式在竞争中取胜，单独主导系统演化，便形成卷筒式结构。这是序参量即宏观层次的合作与竞争。

在环境层次上也存在合作与竞争。每个系统都可能与周围的其他系统进行合作与竞争，或者既合作又竞争；或者是捕食与被捕食的关系，或者通过专门化而竞争，或者彼此互助而共生，等等。无穷多样性的系统通过无穷多种方式进行合作与竞争，无穷无尽地啮合在一起，构成现实世界这一无限复杂丰富的系统。通过对合作与竞争这对矛盾的描述，协同学从一个侧面描绘了物质世界普遍联系的科学图景。

协同学告诉我们，微观组分之间的合作与竞争，不同行为的集体运动模式的合作与竞争，宏观序参量之间的合作与竞争，环境层次上不同系统的合作与竞争，是推动系统演化的根本动因。协同学的这种描述还使我们看到，尽管结构演化在相变点上是一种突变，结构的形成仍是一个过程。一种新结构的产生是在原结构微观层次的矛盾运动中萌发的，通过中观的集体运动模式的矛盾运动,再发展为宏观层次的矛盾运动,最后采取迅速完成相变的形式获得解决。在系统宏观整体行为的尺度上被视为突变的现象,从微观组分个体行为的尺度上看,仍然是一个过程。在适当的尺度上看,一切变化都是作为过程而展开的。例如,被历史学家从历史大尺度上定为突发性的革命变革,如果从亲身经历那个过程的个人行为尺度上看,常常是一个不可忽略的长过程。

7-4　支配与服从

秩序与结构问题,即部分之间的关系问题,是贝塔朗菲早已说明了的。协同学引入支配概念,用序参量支配分系统和分系统服从序参量的关系,即协同学的序参量原理和支配原理,进一步阐明结构演化的规律,深化了有序和无序这对范畴。

系统的有序性不是从外部强加给它的,而是由系统内部固有的差异和不平衡发展起来的。任何系统内部都存在种种差异,系统是差异性和多样性的统一,因而具有建立秩序即结构的内在根据。当系统处于平衡态及其附近(均匀定态)时,这种差异受到压抑、束缚,宏观上显得各向同性、处处均匀,不会出现对称破缺,因而呈无序态。随着系统远离平衡态,这种差异就会逐步显示出来,发展起来,具备了建立某种秩序的必要性和可能性。但仅有发达的差异还不等于有序。差异而有致,方为有序。日常语言用"错落有致"来形容某种整体布局的和谐有序,说的就是这个意思。协同学系统包括数目极多的微观变量或集体运动模式,它们都出现在运动方程中,都对系统演化发生影响,但影响的性质和大小有差别。如果所有变量或模式不分伯仲,这个系统是无序的。系统建立秩序的过程是对称破缺的过程,归并自由度的过程,即由多到少的集约化过程。或者说,通过部分之间的协同动作产生出序参量这种支配因素,建立序参量支配分系统、分系统服从序参量的格局。总之,协同导致支配与服从关系的建立,从而导致有序。像中国这个有13亿人口的泱泱大国,只有在人民协同行动的基础上产生出法律、道德规范等"序参量",用来支配、规范个人的行为,才可能秩序井然,生机勃勃。一旦法制遭到破坏,道德规范被遗弃,就会迅速走向混乱,现代化大业必付之东流。

一个系统可能建立怎样的支配—服从关系?哪种运动模式能够生长为序参量?对于复杂系统,很难做出精确预测。但对于由少数几类微观组分构成的简单巨系统，如物理系统，协同学发展了一套可以精确预测的方法。在物理系统中，不同模式对应着不同的阻尼特性。但在平衡态或近平衡的定态，它们没有性质上的差别。当系统逐步远离平衡态而到达不稳定点时，不同模式的阻尼特性呈现出性质上的差异。大多数模式仍具有较大的阻尼特性，随时间展开而迅速衰减，称为快变量或稳定模。少数模式具有零阻尼，甚至变为增长的模式，称为慢变量或不稳定模。这时，一种必然规律性出现了：慢变量支配快变量，不稳定模支配稳定模，也就是序参量支配整个系统行为。这叫作支配原理。①

序参量与分系统，支配与服从，也是一种辩证矛盾，两者互为存在条件。载舟之水能覆舟。分系统的协同作用产生一定的序参量，协同方式的改变也能消除这种序参量。没有永恒的支配—服从关系，一切以条件为转移。也没有完全的支配与服从关系，每种有序结构中都有一些微观组分不服从序参量的支配。从各种协同学系统中都可以看到，在控制参量的整个变化中，这种支配与服从关系一再改变格局，形成一个结构有序演化的序列。如在激光器中，当控制参量达到第一个阈值时，出现一个频率的振荡；当控制参量达到第二个阈值时，出现两个频率的振荡；控制参量进一步变化达到新的阈值时，将出现混沌运动的紊光。早期的协同学只研究第一个阈值行为，后来推广到对整个演化系列进行研究。这是对整体观的一种深化和发展。

支配原理给协同学提供了一种简化描述的有效方法，即所谓绝热消去法，可以把维数极高的基本方程简化为低维方程。更重要的是，支配原理构成协同学的第一块理论基石。哈肯反复强调，协同学是"从序参量及支配的角度进行研究"②的科学。这是协同学有别于其他自组织理论的主要特点之一，也是它的独特贡献之一。协同学还有重要的哲学意义，它涉及不稳定性、时间、涨落的本质这类深奥问题，有待深入探讨。按照哈肯的理解，支配原理意味着运动模式占有时间的多寡，在同质元素组成的系统演化中起决定性作用。这就涉及时间的本质问题，与普利高津的内部时间概念有关。至于支配原理与矛盾学说的关系，我们将在第14章中讨论。

按照协同学微观方法，为建立序参量方程，先要对基本演化方程做线性稳定性分析，确定系统的线性失稳点。从这一点起，系统中出现了不稳定模。由

---

① 朱照宜认为，老子"静为躁君"的命题（第26章）已表述了支配原理的基本思想。
② 哈肯著，戴鸣钟译：《协同学——自然成功的奥秘》，中国科学技术出版社，1988，第8页。

于剩余非线性项的影响,在线性失稳点上整个系统可能继续保持稳定,不会出现相变。但线性失稳点毕竟是系统演化过程的重要关节点,因为从这一点开始,系统中出现了破坏原结构的力量,即增长的模式,它们是未来序参量的雏形。只要条件适宜,这种增长的模式将发展到足以克服剩余非线性项的影响,把系统推向临界点,完成相变。应当说,相变过程是从线性失稳点开始、在临界点上结束的,宏观上看是一种突发性现象的相变,其实是从线性失稳点到临界点的动态过程。研究社会变革尤其要注意这种动态过程。

7-5 偶然与必然

无论是把自组织视为一种完全确定的过程,还是把它视为一种纯粹偶然的过程,都会遇到不可克服的理论困难。这是因为,关于系统演化现象的实际考察和理论研究都表明,"存在着超越一切的必然性,导致新的结构和新的模式"[1]。实际考察和理论研究又表明,一切自组织过程都充满偶然性,不承认偶然性便无法理解结构的自发形成和演化。在偶然性与必然性的关系上,研究自组织的学者必须辩证地思考。我们从哈肯的著作中看到,他对自组织过程中"偶然和必然之间出现明显的相互作用"[2]有深入的理解,既坚信存在支配一切自组织现象的普遍规律,又重视"解决偶然性课题"[3],从而成功地建立起协同学的理论框架。

序参量的形成是一种偶然性与必然性相互作用的过程。只要多组分系统中出现不同的集体运动模式,就必然有不同模式之间的竞争。只要条件适宜,竞争必然导致选择和淘汰,形成序参量。只要出现序参量,系统必定建立起支配—服从关系,把为数众多的微观分系统组织起来,形成一定的有序结构。但首先要在系统中出现不同的运动模式,这一必然过程才能开始。在每一种具体情况下,模式的形成都是偶然事件。激光中不同波模的光束是由受激原子自发偶然地发射的,生物新物种是由偶然的基因突变产生的。其次,使竞争导致选择和淘汰的那些必要条件的出现也带有偶然性,何时何地以何种方式出现,无法

---

[1] 哈肯著,戴鸣钟译:《协同学——自然成功的奥秘》,中国科学技术出版社,1988,《前言》。

[2] 同上书,第78页。

[3] 同上,第199页。

预料。分叉点上的选择必定带有偶然成分,有时对称破缺选择主要取决于偶然因素。在协同学中,"经常会出现需要随机事件来引出新解的情况"①。这些事实表明,自组织这种"与不可抗拒的竞争原则联系在一起"②的必然过程,是通过种种偶然性为自己开辟道路的。或者说,必然性是在种种表面的偶然性中实现的。

激光中的波模光束,化学反应中的浓度变化,生物种群的基因突变,科学研究中的新观点,政治生活中的风波与冲突,这类偶发性现象在系统理论中统称为涨落。涨落是多组分系统中局部范围内形成的偏离既定宏观态的微观组分的各种集体运动,特点是形态无常,大小不一,随机生灭,因而属于偶然性。既然实际的物理系统都在绝对零度以上,就不可避免存在涨落。即是说,虽然个别涨落是纯粹偶然事件,但物理系统中存在涨落这种偶然事件乃是一种必然现象。一切系统中存在偶然性这一点具有必然性。每个涨落都有一定的内部结构,代表某种宏观结构的胚芽,只要与给定的边界条件符合,就可能被放大;一旦到达临界点,将成为新结构的模骨架。必然的宏观时空结构原来以胚芽形式存在于偶然的模式涨落之中。可见,偶然性中有必然性,必然性中也有偶然性。用恩格斯的话来说:"被断定为必然的东西,是由纯粹的偶然性构成的,而所谓偶然的东西,是一种有必然性隐藏在里面的形式。"③

辩证法教导人们,偶然性与必然性的对立是相对的。哈肯在研究协同学时发现:"在偶然事件以及严格规定的事件之间的差别,开始看来是模糊不清的。"④ 研究自组织现象需要摒弃非此即彼的思维方式,采纳亦此亦彼的观点。上面的分析表明,偶然性可以产生或转化为必然性。"自组织系统中令人惊奇的事情在于:尽管以完全随机的方式供给系统能量,但系统却能形成十分确定的宏观模式。"⑤ 自组织的一个奇异特性就是能够将偶然性转化为必然性,自组织过程就是这种转化过程。必然性也可以产生出偶然性来。用严格规定的机械运动模仿偶然事件,在计算机上基于确定性过程产生伪随机数去模拟客观的随机

---

① 哈肯著,徐锡申等译:《协同学》,原子能出版社,1984,第20页。
② 哈肯著,戴鸣钟译:《协同学——自然成功的奥秘》,中国科学技术出版社,1988,第54页。
③ 《马克思恩格斯选集》(第4卷),人民出版社,2012,第240页。
④ 哈肯著,戴鸣钟译:《协同学——自然成功的奥秘》,中国科学技术出版社,1988,第108页。
⑤ 哈肯著,徐锡申等译:《协同学》,原子能出版社,1984,第18页。

过程，都早已成为事实。混沌学更以系统的理论描述了这一点（见第9章）。自组织理论为哲学家探讨偶然性与必然性的辩证关系提供了丰富的科学材料。

统计物理学和量子力学引入概率描述，从物理学层次上否定了经典科学描绘的完全确定论的自然图景。一些学者误解了这一重大进步，据此断言自然界是完全偶然的，概率规律是最根本的规律。哈肯等自组织理论家不同意这种极端化观点，试图把确定论描述（动力学描述）与概率论描述统一起来。从技术上看，哈肯的处理更成功些。他用统计方法研究巨系统，打通从微观到宏观的道路，建立协同学系统的基本演化方程，再用动力学方法和概率论方法研究系统如何从无序产生出有序，或从一种结构向另一种结构转变。这种处理方法的哲学依据，是承认自然界为确定性与随机性的统一。哈肯指出："不能够用纯决定论性的理论决定（除非允许存在不对称性）。实际上，系统的发展过程同时由决定论性的和随机的因素（'力'）决定。"① 协同学实现这种统一的具体方案是：当系统处于两个临界点之间时，确定性规律起决定作用，随机性只作为不影响系统定性性质的干扰而存在；当系统处于临界点时，偶然性将起决定作用。一个动力学系统按确定性规律演化到临界点时，原状态失稳，具备了过渡到新状态的可能性，但若没有涨落的驱动，系统将维持在原状态。在这种关节点上，涨落力即偶然性将起决定性作用。从全过程看，系统演化是由确定性和随机性共同决定的。普利高津也持这种观点。当然，这一方案还不能最终解决确定性与随机性的关系问题，但显然是一种运用辩证法解决问题的重要尝试。

7-6 自组织与他组织

从结构产生的方式和动因看，可以把系统划分为自组织和他组织两种类型。在没有特定外部作用参与的情况下，系统能够自己获得和改变它的结构，叫作自组织。依靠特定外部作用参与才能获得和改变其结构的系统，叫作他组织（哈肯称为组织，有的学者称为被组织）。协同学主要研究自组织。由于矛盾双方总是相互规定的，探讨自组织原理时，不可避免要涉及他组织问题。

在自组织过程中，关于如何把各部分组织起来的指令信息和"组织力"，是在系统内部各组分相互作用中产生出来的。生命机体是最典型的自组织系统。

---

① 哈肯著，徐锡申等译：《协同学》，原子能出版社，1984，第20页。

如果关于如何把各部分组织起来的指令信息和"组织力"由外部输入，便是他组织系统。控制工程广泛使用的随动系统，由外部控制量规定系统运行方式，受控量随控制量的变动而变动，是典型的他组织系统。

协同学用数学语言精确地区分了两类组织。在他组织过程中，原因（输入激励）和动作（输出响应）之间界限分明，表示行为结果的量遵从系统的运动方程，表示行为原因的量只是一种外加作用项，不受系统运行规律的影响。原因与动作之间有确定的因果关系，运动方程为完全因果性的。自组织系统则不同，引起组织过程的作用量和表征系统行为的响应量互为因果，彼此无严格界限，共同遵守系统的运动方程。在系统的演化过程中，这些量相互协同，从内部产生出非零活动量，发展为支配系统的序参量。

但是，自组织与他组织的上述区别是相对的，两者有同一性。前述定义中的"特定作用"是比较含糊的用语。一种外部干预是否算作特定作用，并非是截然分明的。哈肯说："在自组织系统与人造装置之间并不存在不可逾越的鸿沟。人们在各种装置中设置了某种边界条件，从而使器件能够产生自组织的功能，而生物系统中引起并支配自组织过程的则是一系列自复制条件。"① 自组织中存在他组织因素，他组织中存在自组织因素。作为一对矛盾，自组织与他组织相互渗透。在典型的自组织与典型的他组织之间有各种中介形态，它们同时具有两类组织的特性。激光器就被哈肯视为一种处于边缘状态的系统。激光由受激原子自发同步辐射而产生，是一种自组织行为。但这种行为只有在由人工输入的能量达到一定的阈值时才可能发生，又是一种他组织行为。社会系统一般都是由自组织和他组织共同形成的复合形态。

在一定条件下，他组织系统可以转化为自组织系统来处理，自组织系统也可以转化为他组织系统来处理。协同学用精确的科学方法描述了实现这种转化的可能途径。考虑一种最简单的动力学系统：

$$dx/dt = -rx + F(t) \quad (7-1)$$

x 为状态变量，r 为阻尼系数（系统的控制参量），F 为特定的外部作用。在演化过程中，x 在 F 作用下变化，即 x 受 F 的支配，但 F 不受 x 影响，不遵循系统的动力学规律。这是一个完全因果性的方程，描述的是典型的他组织系统，即控制系统。但在现实世界中，变量 F 一般也受 x 的影响。在一定范围内，相对于 F 对 x 的影响来说，可以忽略 x 对 F 的影响，得到运动方程（7-1）。如果在更大

---

① 哈肯著，郭治安译：《高等协同学·前言》，科学出版社，1989年。

范围研究系统，有时需要把 x 对 F 的影响也考虑进去，这时的 F 成为系统的状态变量，遵循系统的动力学方程。以 y 记 F，建立 x 与 y 互为因果的动力学方程，哈肯得到

$$dx/dt = -ax + by^2$$
$$dy/dt = -cy - kxy \tag{7-2}$$

这是一个典型的自组织系统。用绝热消去法处理，发现 x 是快变量，y 是慢变量，y 支配 x。在控制系统中，控制量起支配作用；在自组织系统中，序参量起支配作用。两者是对应的。若把一个控制系统作为自组织系统来处理，原来的控制量就变为序参量。若把一个自组织系统中其他参量对序参量的影响忽然掉，就得到一个他组织系统，原来的序参量变为控制量，仍然对系统行为起支配作用。

在处理自组织与他组织的关系问题时，哈肯运用辩证思维是自觉的。他明确援引"黑格尔的哲学语言"来阐述问题，一方面承认自组织与他组织是"两种对立的情形"，另一方面强调两者可以"合作"，力求用科学方法"在这二者之间找到一个合成"。[1] 协同学目前主要研究自组织。但哈肯已经认识到，协同学的进一步发展，需要把自组织与他组织结合起来，创立新的控制论，以便用一种更全面的方式支配和推动复杂系统。

---

[1] 哈肯：《协同学讲座》，陕西科学技术出版社，1987，第 137 页。

<<< 分 论

第8章 超循环论的辩证思想

> 超循环的形成就使得动态系统能够在组织性逐级上升的层次上出现。……进化不用围着 x 层次上的最优复杂性漫无边际地转悠了，因为超循环的形成允许两个或两个以上的系统联合起来创造出一个 y 层次上的上层系统，那里新结构的可能性又为进一步进化开创了新天地。[①]
>
> ——拉兹洛

德国生物化学家艾根在从事快速化学反应动力学的研究中，接触到生物机体中的快速化学反应，产生了探索核酸和蛋白质起源及其相互关系的兴趣，并由此转向探索生命起源这个重大科学课题。他以生物学观测资料、实验数据和计算机模拟结果为依据，吸收达尔文进化论、分子生物学、非线性热力学以及拓扑学、信息论、博弈论、现代动力学的成果，把生命起源作为一种自组织过程，建立起超循环（hypercycle）理论。艾根这方面的著作很少明确提出哲学问题，几乎未做专门的哲学议论，但透过生物学和数学的专业术语可以发现，其中蕴含着丰富的辩证思想。由于他集中讨论的是生命起源这种高级自组织现象，对自组织运动的辩证法有许多独到的阐述，某些方面要比耗散结构论、协同学更深刻，具有特殊的理论价值。

8-1 寻找从化学进化到生物进化的过渡环节

在生命起源和生物进化问题上，辩证法坚持连续与间断、渐变与突变相统

[①] E·拉兹洛：《进化——广义综合理论》，社会科学文献出版社，1988，第41页。

一的观点。形而上学割裂这种统一性，要么归结为纯粹连续的、渐变的过程，否定间断性和突变性；要么归结为纯粹间断性、突变性现象，否定连续性和渐变性。在这两种极端观点中，更突出因而危害更大的是把生命起源和生物进化视为单纯突变现象，否定它的过程性。其结果，或者走向神学的上帝创造生命说，或者归结为某种神秘的偶然事件。一些科学家就持后一种观点。但这种观点的实质是用偶然性"上帝"取代神学上帝，同样把生命起源问题排除于人类认识能力的界限之外，是反科学的。

达尔文第一次给生物进化问题做出系统的科学回答，揭示出它的过程性，同时也提供了关于生命起源过程性的重要启示。恩格斯在对达尔文学说做哲学概括时指出："绝对分明的和固定不变的界限是和进化论不相容的"，"一切差异都在中间阶段融合，一切对立都经过中间环节而互相过渡"。① 这是辩证法的一个重要思想，对研究生命起源问题有很大指导意义。事实上，恩格斯生前研究过生命起源问题，表现出明确的过程性观点。

在生命起源和生物进化问题上，艾根所持观点与恩格斯基本相同。他坚持达尔文用变异解释生物进化的主张，抛弃了达尔文关于生物不经过飞跃而进化的看法，指出"进化不必是一个完全单调的过程，而可以包括一些不连续性即总观不稳定性"②。在艾根的理论中，突变是一个不可或缺的重要概念。但艾根明白，达尔文否定突变的主要用意在于摧毁神学的特创说，连续性观点有助于克服生命起源的偶然事件说。他强调"进化的连续性"，认为"进化是保守的，因此除了偶然的惊人变化以外，几乎表现为连续过程"③，坚信生命起源和生物进化都不能描述为一次性的创造活动。这种认识是引导他创立超循环论的基本信念，又是他研究生命起源所得出的原则性结论。

把生命起源看作一种"多步进化过程"的观点④，使艾根对科学界研究这一问题的成果和局限性做出独到的评价。达尔文学说成功地解释了从原始单细胞生物开始的进化历程，其前提是世界上已有了细胞。但第一个活细胞来自何方？达尔文学说不能回答这个问题。20世纪的"许多生物学家只是把所有的前细胞进化事件合在一起，并将其看作'生命的起源'"，实质上是把细胞产生当

---

① 《马克思恩格斯选集》（第3卷），人民出版社，2012，第535页。
② 艾根、舒斯特尔著，曾国屏、沈小峰译：《超循环论》，上海译文出版社，1990，第427页。
③ 同上书，第202页。
④ 同上书，第10页。

作"一次巨大的创世行动"①。艾根反对这种观点,认为它全然违背了关于细胞分子精细结构的科学知识,他深信,第一个活细胞必定是长期进化过程的产物。

恩格斯曾预言:"生命的起源必然是通过化学的途径实现的。"② 20 世纪 20 年代以来,奥巴林等学者把生命起源作为化学进化来研究,取得重要进展,很好地解释了如何从化学过程中产生出核苷酸、氨基酸等化学分子,进而对生物大分子核酸和蛋白质的起源做出了一些有价值的说明。但艾根发现,奥巴林学说仍未解决细胞起源问题,与达尔文学说之间还有很大距离,无法将二者连接起来。从多步进化的观点看,在这两个阶段之间应有另一个独立的阶段,一个从化学进化到生物进化的过渡阶段。艾根写道:"在达尔文物种进化的前面,还有一个类似的分子进化的渐进过程。"③ 就是说,应当把时间上并非完全割裂的进化全过程逻辑地划分为三个阶段,最先是前生物的化学进化阶段,接着是前生物的分子进化阶段,即"复制"个体的自组织阶段,最后是生物的物种进化阶段。奥巴林学说解释了第一阶段,属于化学进化论。达尔文学说解释了第三阶段,属于生物进化论。它们都不能解释第二阶段。这里需要创立一种新的进化论,阐明从化学进化阶段产生的化学物质出发,如何进化出第一个生命细胞。艾根把它称为分子进化论,并决心创立这一学说。

艾根把进化的过程性观点进一步应用于每个阶段,特别是他着力研究的分子进化阶段。他认为,从单个大分子到活细胞这一步,肯定没有从单细胞到具有自我意识的人类的过程那样惊人。但这一步同样是一个渐进的过程,包含各种各样的步骤。生命起源过程没有留下"现场情景",不可奢望从理论上昭示由化学进化的终点如何逐步走向生物进化的起点这一历史过程的真实情况。但这一过程必定留下某些遗迹可供思索。运用历史与逻辑相结合的方法,考察这些遗迹,分析比较各种理论模型,充分发挥逻辑思维首尾一贯性的力量,就可对从非生命到生命转变的基本步骤做出估计。如曾国屏、沈小峰所说,艾根正是这样做的。④ 他探索了每一步赖以开始的前体,又为下一步提供了怎样的前体。按照渐变与突变辩证统一的观点,艾根把分子进化设想为一种反复出现并反复

---

① 艾根、舒斯特尔著,曾国屏、沈小峰译:《超循环论》,上海译文出版社,1990,第10页。
② 《马克思恩格斯选集》(第3卷),人民出版社,2012,第112页。
③ 艾根、舒斯特尔著,曾国屏、沈小峰译:《超循环论》,上海译文出版社,1990,第11页。
④ 沈小峰:《混沌初开》,北京师范大学出版社,1993,第80页。

克服危机的过程，在每一进化水平上都将遇到某种危机，如组织危机、复杂性危机、适应性危机、信息危机、能量危机等。每当克服一种危机，就把进化推进到一个新的水平，直到出现生命细胞。① 出现超循环则是克服信息危机的关键。

8-2　用"循环系统的理论"描述分子进化

分子进化阶段的起点是化学进化阶段产生的无生命化学物质，终点是活细胞这种有生命的多分子系统。把描述这一过程的科学理论称为分子进化论是恰当的。但生命的标准是什么？这是一个古老的难题。艾根采用奥巴林的判据，把新陈代谢、自我复制和可突变性作为生命的基本特性，从而把分子进化论的基本课题规定为：阐明在化学分子的基础上，如何产生出同时具有代谢、复制和突变能力的复杂多分子系统。在解决这一课题时，艾根运用和发展了下述观点。

自组织观点　艾根是一个坚定的自然科学唯物主义者。在拒斥了上帝或偶然性创造生命的谬见之后，他不可避免地转向从物质"自己运动"的辩证法原理去寻求答案。"我们必须意识到，生命有许多层次——它最终可归结到物理学家关于'自然'的概念。"② 20 世纪中叶兴起的自组织理论提供了把握物质如何"自己运动"的科学范式，引导他把生命起源理解为物质自组织的结果。艾根以自组织观点重新解释达尔文学说，判明自然选择原理是"一个物质自组织原理"③。在一定外部条件下，自然选择是活机体基本性质的结果，由有限的普通物质组成的自复制系统不可避免要呈现选择行为，能够在不存在"外部选择者"时有选择地组织自己，是典型的自组织行为。但"活着的"并非选择和进化行为的必要前提，化学进化产生的多分子结构也可以具备这种行为，甚至哈肯的激光模也显示了自然选择行为。问题的关键是弄清选择和进化的分子基础，给达尔文原理以物理学解释。自组织的发生需要物质的什么性质？在什么环境下能够出现自组织？艾根利用耗散结构论来回答这两个问题。导致生命出现的

---

① 魏宏森、宋永华：《开创复杂性研究的新学科》，四川教育出版社，1991，第 402 页。
② 艾根、舒斯特尔著，曾国屏、沈小峰译：《超循环论》，第 377 页。
③ 魏宏森、宋永华：《开创复杂性研究的新学科》，四川教育出版社，1991，第 3 页。

自组织并非"正好显然"是某些物质属性,物质系统为适合于有选择的自组织,必须具备一些可以产生代谢和复制的物理性质。但是,在平衡或近平衡的环境系统中,即使其中存在适当的物质,选择和进化也不可能发生。导致生命的达尔文行为只能在远离平衡的环境中出现。但艾根看到,对于回答生命起源问题,达尔文原理和普利高津原理都不是充分的,需要引入新概念,建立新的物质自组织原理。

系统观点 自组织是一种系统行为。揭示从化学分子到生命细胞的进化机制,主要的理论工具不能到分析科学中寻找,必须求助于系统科学。最重要的是系统论的整体涌现性原理,即承认若干事物一旦相互联系起来形成系统,就会产生出这些事物及其总和所没有的新性质。艾根曾以他建立分子进化论为例对此原理做了很好的说明:有关超循环的著作中的许多思想并不新奇,但形成理论体系之后,就有了"整体比一个个思想的总和所代表的东西要多"的结果。[①] 把这一原理运用于生命起源问题,艾根断定生命必定是在物质进化过程的特定阶段上涌现出来的系统整体新质。要揭示这种整体涌现机制,必须坚持系统观点和方法,建立一套适当的概念框架。我们看到,系统论的基本概念都出现在艾根的著作中,信息论方法、博弈论方法、稳定性分析、不动点技术等系统研究的一般方法,都被艾根引入分子进化论。更为关键的是"分子进化理论发展了一些新的概念"[②],其中最为艾根强调的是拟种(quasi-species)和超循环。拟种指的是"通过选择而出现的、有确定概率分布的物种(分子种——引者)的有组织的组合"[③]。超循环指的是"在自复制元素中的一个有组织的全体"(中文版序)。有组织的组合,或有组织的全体,就是系统。拟种和超循环都是艾根为系统研究贡献的新概念。引入这些概念,把分子进化表述为一种服从达尔文原理的群体行为,便于应用动力学和概率论方法来描述,从而使分子进化论成为一门典型的现代系统理论。对于这一点,不仅艾根本人完全自觉,也得到著名系统理论家普利高津、哈肯、拉兹洛和钱学森的一致肯定。

循环观点 系统是由组成部分按一定方式联结或耦合而成的整体。耦合方式不同,系统的性质和行为也不同。要在以化学物质为组分的系统中进化出生

[①] 艾根、舒斯特尔著,曾国屏、沈小峰译:《超循环论》,上海译文出版社,1990,第372页。

[②] 艾根、舒斯特尔著,曾国屏、沈小峰译:《超循环论》,上海译文出版社,1990,中文版序。

[③] 同上书,第29页。

命，什么样的耦合方式是必需的或具有决定作用的？这是分子进化论着力探讨的主题。艾根讨论了两种基本的耦合方式，一种是开式的或非循环的，另一种是闭式的或循环的。开式耦合又分链式和分支式两种。链式耦合的特点是把所有的优势都传给序列中的最后成员，极不利于系统整体优化，严重阻碍系统形成足够的规模。分支结构的稳定性差，某个分支被选择，意味着其他分支将消失，同样限制系统的规模。两种非循环系统都不能产生组分之间的相干作用，不利于系统自我增强和生长，不是向活细胞进化的关键组织模式。"这一事实强烈地暗示了对这个问题的一个可能解，即耦合应该形成一个封闭的环。"[1] 在循环联结的系统中，每个组分的优势都被其他组分加以利用，相互促进，导致整体不断自我增强。凭借这种"自我增进的循环本性"[2]，循环系统获得了生命运动所必需的动力学特性和系统特性，因而对从化学分子进化到活细胞至关紧要。

等级层次观点 从化学分子到生命细胞是一个多步进化的过程，需要有等级层次的系统机制，特别是多层次循环耦合机制来保证。"任何系统的进化意义，取决于它所能产生的进入下一个较高层次的能力。"[3] 生命的出现不是在化学进化的基础上发生一次整体涌现的产物，而是一系列整体涌现的总结果。每一次涌现都表示向生命细胞前进了一步，每一次前进都需要相应的等级层次机制来支持。系统的循环结构有一个由低级向高级的进化过程。在化学进化阶段上已出现了最简单的循环结构，即反应循环。这是一种至少要求三元循环的系统，整体上相当于一个催化剂，具有极初步的代谢功能。进一步出现了催化循环，即由多个反应循环（催化剂）通过循环联结形成的化学反应系统，其中每个催化剂代表一类信息载体，能指导自身复制，相当于一个自催化剂。但只有这两个等级的循环耦合还不足以进化到活细胞。需要一种更高等级层次的组织模式，把已出现的自复制单元进一步循环联结起来。这种循环的循环，叫作超循环。最简单的是基本超循环。把不同的基本超循环再循环联结起来，可形成各种复合超循环。艾根设想，凭借这种等级层次的循环组织和运作机制，就可以实现从化学分子到活细胞的多步进化过程。尽管等级层次观点不是艾根首创的，但他给出一种特色鲜明的等级层次结构模式，是对系统理论的重要贡献。

把自组织观点、系统观点、循环观点和等级层次观点综合起来，并用数学、

---

[1] 艾根、舒斯特尔著，曾国屏、沈小峰译：《超循环论》，上海译文出版社，1990，第67页。

[2] 同上书，第59页。

[3] 同上书，第419页。

物理学和生物学语言加以表述，艾根创立了他的分子进化论。同其他系统演化理论相比，艾根理论的突出特点是强调循环结构、循环机制，因而称为"循环系统的理论"①。鉴于其中心概念是超循环，又称为"超循环进化原理"②。它有一个十分重要的结论："动力系统中环的闭合导致了此种系统作为一个整体具有全新的性质。"③ 在艾根看来，生命就是化学动力学系统中环的闭合所导致的系统整体新质。

8-3　超循环：解决因果难题的必要工具

在艾根有关超循环的著述中，唯一明确提出来加以讨论的哲学问题是因果关系，因为他深知"有关生命起源的问题通常表现为'因果'问题"④。先有鸡，还是先有蛋？这个古已有之的有关生命起源的因果难题，在现代生物学中获得新的含义。核酸和蛋白质都是生命的物质基础，二者在活细胞中存在着不可分离的相互作用。活细胞通过蛋白质来表达功能，又通过核酸进行信息编码。如果没有信息的存在，功能就不可能以有组织的方式出现，并进化到目前已知的复杂程度。反过来，如果没有受之编码的功能存在，信息就不可能获得其全部意义。在分子层次上回答生命起源的问题，关键在于回答"先有核酸，还是先有蛋白质"。用更抽象的系统学语言讲，在于回答"先有信息，还是先有功能"。如果把核酸称为分子鸡，把蛋白质称为分子蛋，这仍然是老问题：先有鸡，还是先有蛋？

生物学告诉我们，在所有生命物体中，甚至在最原始的生命物体中，核酸与蛋白质都联结在由一些反馈环路组成的复杂分子网络中。在这里，因果关系的开端就像任何闭合环路的开端一样无法确定。只要我们把鸡与蛋之争中的"先"局限于因果意义，试图回答"鸡是蛋的因，抑或蛋是鸡的因"，就成为一个在分子层次上无法解开的闭环，一个困扰现代科学的两难问题。但若从演化的、自组织的观点看，把活细胞中核酸与蛋白质互为因果的循环看作从无到有

---

① 艾根、舒斯特尔著，曾国屏、沈小峰译：《超循环论》，上海译文出版社，1990，第325页。
② 同上书，第176页。
③ 同上书，第97页。
④ 同上书，第209页。

的进化产物，这种时间上的"先"便是有意义的。问题不在于确定活细胞中核酸与蛋白质哪个在先，而在于揭示从不存在这种因果循环的前细胞进化阶段如何过渡到存在这种循环的原始细胞。艾根认为："要解决这种因果相互作用难题，需要一种自组织理论。"① 超循环论就是为此而提出的一种自然的自组织原理。

现代科学成果使我们有理由相信，在漫长的化学进化阶段结束时，在当时的地球环境中，必定已产生出生物大分子的各种基本建筑材料，经过逐步积累而达到一定丰富程度，并具备了可以凝聚为能够显示简单功能的大分子物体的条件。超循环论应以这样一个假定为前提：在前生物条件下，核酸和蛋白质或它们的前体已经相互独立地产生出来。为论证这一假定的合理性，艾根除引用以普通的化学制备为基础的实验结果，还做了大量理论分析。他从进化原理的唯象公式出发，通过对具体的反应模型做选择动力学分析，说明在没有蛋白质催化帮助下，自然界为什么能够出现核酸这种"基于互补识别的自组织"②；讨论了无须借助核酸密码的指令作用，自然界何以能够出现蛋白质这种"通过循环催化的自组织"③。尽管这些讨论带有假说性质，却是言之成理的。这些工作是分子进化论的必要组成部分。

核酸提供了内在的自组织前提，即互补指令。但如果没有催化帮助，它不可能积累起大量的且可复制的信息。蛋白质恰好具有巨大的功能的及识别的多样性和专一性，能够积累起非常大的信息量。但它所缺少的内在的自我指令或互补指令，正是进化的基本前提。生命结构既不可能由核酸单独构成，也不可能由蛋白质单独构成，而应由两者共同构成。"如果一个系统不仅含有蛋白质而且含有核酸，那么可以利用两者的功能方面的优点得到了一种稳定的选择。"④只有这种系统才可能表现出生命的本质特征。

这就是说，在分子进化阶段上，需要找到一种把核酸和蛋白质耦合起来的适当方式，以便把为自组织系统集结所必需的一切性质集结起来，获得向生命细胞继续进化的能力。线性耦合无疑是最容易产生的耦合方式，在分子进化的早期必定大量出现过。但线性耦合无法把为自组织系统集结所必需的一切性质

---

① 艾根、舒斯特尔著，曾国屏、沈小峰译：《超循环论》，上海译文出版社，1990，第210页。
② 同上书，第281页。
③ 同上书，第304页。
④ 同上书，第371页。

都集结起来。艾根认为，只有超循环能够当此重任。

在无生命结构的化学分子"汤"中分别出现核酸和蛋白质之后，这两种大分子发生碰撞尽管是随机的，却是不可避免的。一旦出现相互作用，由于它们天然的互补特性，必定形成某种因果循环。不论这种互为因果的联系在开始时多么微弱，只要出现闭合环路，起点与终点、原因与结果的区分就失去本来的严格意义。超循环也有一个进化过程。可以设想，假若我们能够目睹那个时期的现场情景，起点与终点、原因与结果的区分很可能仍有端倪可察。但开始耦合起来的核酸与蛋白质借助自我增强的循环本性逐步进化，逐步摆脱起源时的必要前提，耦合前的遗迹不断淡化，起点与终点、原因与结果的区分越来越无足轻重，直到最终完全逃避开起源时的特定条件。一旦具有高复制精度的酶机构建立起来，将整合系统个体化为活细胞形式，"超循环就消失了"①。当几十亿年后的现代人类研究活细胞中的核酸与蛋白质相互作用时，只能看到解不开的因果循环，陷入无法判明哪个在先的困境。老子说得好：有生于无。现存的核酸与蛋白质的因果循环，起源于没有这种循环作用的原始核酸和原始蛋白质，这就是超循环论的结论。人类智力活动中发现的各种两难困境，原则上都可以运用类似的自组织原理加以说明。

8-4 超循环：克服信息危机的系统机制

现代生物学引入信息概念，破译了遗传密码，在理解生命的本质方面取得重大突破。这使艾根认识到，从非生命到生命过程的关键问题是生物信息的起源。他关于超循环的讨论都是围绕着这一问题而展开的，1972年那篇著名论文《生物信息的起源》更以鲜明的方式指明了这一点。

首先，艾根运用信息论原理重新解释达尔文学说，指出自然选择原理"描述了有关产生信息的唯一为人们所理解的手段"②。物种（包括分子种和个体种）为选择而竞争，在竞争中接受选择。选择就是在多样性中寻找特殊性，使不确定性变为确定性。物种通过自然选择消除了不确定性，增加了确定性，或

---

① 艾根、舒斯特尔著，曾国屏、沈小峰译：《超循环论》，上海译文出版社，1990，第141页。

② 同上书，第3页。

者从多样性中找到特殊性，意味着获得信息。因此，"信息源于选择，或由选择获得信息"①。在艾根看来，这一陈述暗示了一条基本的生物学原理，即自然选择原理。尽管达尔文并未使用信息这个术语，当他把自然选择作为生命物体的一种特殊属性时，实际上已经触及生物信息的起源问题。

  自复制是物种积累和保持信息的必要前提，只有那些能够稳定自复制的种才能接受选择而进化。在分子进化阶段的早期，在相继克服了组织危机、复杂性危机、适应性危机之后，自然界出现了类 tRNA 分子或其前体。这种达尔文系统可能是最古老的自复制体。它们开始积累信息，并被选作拟种，即具有相同基本结构的变异体。分子层次上接受选择的正是这类拟种。但是，达尔文系统的固有性质决定了它们的复制精度很低，不可能积累大量信息。最初的自复制体只能是相对短的核酸链，所包含的核苷酸被限制在 $r_{max} < 100$ 的小范围内。类似地，在没有借助核酸密码而产生的类蛋白质或其前体中，非精确的复制指令被限制于相对短的序列中。在这个阶段上，进化被限制在由最大信息量阈值所确定的某一复杂性水平上，以至于最原始的翻译机构也不可能产生出来。因为任何一个可复制的翻译机构所必需的信息量，至少要比自复制单链中可以得到的信息量大一个数量级。因此，在类 tRNA 分子结构层次上，核酸的进化存在某种信息障碍，或自复制难题。

  艾根进一步指出，隐藏在因果循环（蛋、鸡之争）背后的主要难题，是生物复杂性问题。分子尺度上的复杂性是用微观状态数来标征的。开始具有复制功能的最初分子 tRNA 前体，由于核苷酸数限制于 $r < 100$，其复杂性约为从 10^{60} 种可能序列中做出选择。储存于高级生命系统染色体的 DNA 链中的总信息量为 10^{10} 比特，复杂性约为从 $10^{3 \cdot 10^9}$ 种可能的大分子序列中做出选择。在物质世界的进化中，如此巨大的复杂性鸿沟（从 10^{60} 到 $10^{3 \cdot 10^9}$）是如何跨越的？这着实令人费解。考虑到宇宙中化学上的有关状态仅仅存在了 10^{17} 秒，要从全部可能序列中选择某一序列的实现概率几乎为零，生物复杂性的来源就更加难以想象了。

  这就是所谓信息危机。"要跨越这一步是极其困难的。进化必定几乎停止了。"② 这里需要自然界的某种巨大的自创生，自然界也的确实现了这种自创生。从系统学意义上讲，就是要创造一种全新的组织方式，把相对短的大分子

---

  ① 艾根、舒斯特尔著，曾国屏、沈小峰译：《超循环论》，上海译文出版社，1990，第218页。

  ② 同上书，第5页。

链整合起来，创造一种全新的运作机制，能够进一步扩大信息量，从而使翻译机构开始产生并不断进化，一直进化到活细胞水平。从哲学意义上讲，就是要创造一种全新的综合模式，使复制与变异、渐变与突变、分解与合成、耦合与隔离、协同与竞争、立法与实施、发散与收敛、稳定与不稳定、个体化与统一化等矛盾方面辩证地统一起来。艾根在其著作中用科学语言从多方面反复讨论了这些问题，尤其对下述三对矛盾做了深入的阐述。

复制与变异 物种为了生存延续，必须忠实地复制自己。复制精度越高，积累和保存信息的能力越强。但真实物种的复制必定存在干扰、涨落，错误是不可避免的。复制错误并非纯消极因素。"复制误差是新信息的主要来源。"① 只有存在复制错误，物种才能进化。忠实复制与复制错误、精确性与动态可变性是一对矛盾，只有达成适当的平衡才能渡过信息难关。最初的自复制分子的信息量太小，根源在于它们不能解决这对矛盾，复制精度太低。这里存在某种阈值关系。既要使误差不超过阈值，保证积累起来的信息不丢失，又要使误差尽量逼近阈值，最大限度地获取新信息，保证以最快的速度进化。只有这样，才能渡过信息难关。

协同与竞争 竞争性、选择性是达尔文系统的基本行为特性，推动物种进化的动力。但只讲竞争不讲协同，又是造成这类系统信息整合能力低的主要原因。跨越信息难关要求把协同与竞争统一起来。新的整合方式既要允许系统各组分（自复制单元）与其错误拷贝进行有利的竞争，以保持信息量，又要求切断耦合起来的各组分之间的竞争，保证它们协同动作、相干进化，还要求这种整合起来的系统能够与其他系统进行竞争。这是艾根提出来的克服信息危机的新组织必须满足的三条信息整合标准，其中最关键的是自复制体的协同行动、相干进化。

稳定与不稳定 分子拟种作为动力学系统，必然包含某种临界不稳定性。出现有组织的结构，从独立竞争者转变为由协同的核酸和蛋白质构成的功能单元，必定伴随剧烈的变化。选择的基础是优势突变体的出现带来的不稳定性，这种突变体打破了先前的稳定分布。另一方面，进化的前提是最适应自复制体的稳定复制，新系统必须稳定地整合各个组分，稳定地积累信息，稳定地选择，才能取代其前体，向更高组织水平进化。克服信息危机必须处理好稳定性与不

---

① 艾根、舒斯特尔著，曾国屏、沈小峰译：《超循环论》，上海译文出版社，1990，第23页。

稳定性的关系。

分子层次上的普通达尔文系统在进化过程中遇到自己无法克服的信息危机，正是超循环这种高级达尔文系统登台的地方。作为一种更高级的组织模式，超循环具有内在的信息整合能力，既具备减少复制误差的机制，又具备接受新信息的机制，能同时满足信息整合的三条标准。任何其他类型的组织，包括催化循环那种复杂性较低的组织，都不配作整合信息的系统。超循环是克服信息危机所必需的复杂程度最低的动力学结构。用艾根的话来说："分子进化中的突破必定是由几种自复制单元整合成协同系统所带来的"，"能够进行这种整合的机制只能由超循环这类机制提供"。[1] 因此，超循环的出现"可能被看作是前细胞进化中的最决定性的步骤"[2]。

8-5　超循环："一旦一永存"机制的创造者

偶然性与必然性或随机性与确定性的相互关系，是阐述分子自组织过程即生命起源过程无法回避的基本问题。肯定必然性而排除偶然性，或肯定偶然性而排除必然性，或坚持必然性与偶然性的辩证统一，代表三种基本的哲学观点。科学家从各自的哲学信念出发，提出关于生命起源的三种不同假说。艾根通过深入分析这三种假说，有力地批判了形而上学，表现出深刻的辩证思想。

第一种是完全确定论的假说。按照这种假说，生命实体的出现不过是支配拷贝选择的物理力相互作用的表现形式，物理事件唯一地确定了前细胞进化的历史途径。因此，不论是在地球或其他星球上，还是在试管里，生命都会独立地出现，并导致一致的结构。但这是难以令人相信的。实际上，前细胞进化是一个强烈地依赖于偶然性的过程。在分子进化阶段的开端，地球上存在的是没有生命功能的化学物种，一种分子混沌的"汤"。由于微观物质的量子特性，与生命起源相联系的物质自组织必定始于随机事件。各种独立产生出来的化学分子为了继续进化必须进一步耦合起来，最初的耦合行为只能从随机碰撞开始。进化的前提是存在突变种。突变的发生只能是随机事件。进化是对物种自然选

---

[1] 艾根、舒斯特尔著，曾国屏、沈小峰译：《超循环论》，上海译文出版社，1990，第58页。

[2] 同上书，第20页。

择的结果。出现选择的前提是存在不确定性，没有不确定性就没有选择的必要和可能。特别是由于开始拷贝选择的巨大多重性，这种选择的随机性尤其强烈。因此，从化学分子中出现拟种，从拟种中出现超循环，超循环的继续进化，每一步都有很强的偶然性、随机性。完全确定论的假说与现代科学相对立，必然导致不可克服的理论困难。

第二种是"绝对偶然性"假说。按照这种假说，导致生命出现的选择行为是一种纯粹的巧合，一个概率为零的随机事件。实际的情形并非如此。在前细胞进化阶段，在随机性起作用的每个地方，科学都发现了必然性的存在。开端处既然是分子混沌，出现分子碰撞是不可避免的。混沌"汤"愈稠，碰撞的可能性愈大。分子进化过程中没有指令功能的随机事件相互作用，随机地，但不可避免地会对其起源产生反馈，反馈一经产生，就会使系统自我放大。每个具体的突变是随机的，但自复制存在错误、错误导致突变是必然的。因此，在分子进化阶段出现拟种是必然的。选择的目的是减少不确定性，选择的结果是增加了系统的确定性。给定某个拟种，一旦发展了组分之间的相互作用，不论多么微弱，超循环从中崛起是不可避免的。超循环一旦产生，也将不可避免地通过突变的方式向更高的复杂性生长。绝对偶然性假说从另一极端违背了现代科学，并且实际上取消了对生命起源进行科学探索的必要性和可能性，同样是不可取的。

艾根拒斥上述"两种极端中的任何一个假说"，支持和倡导所谓"中间型假说"。① 这种假说既承认生命起源中充满随机性，又承认物理规律的普遍有效性，把分子进化看作有规律可循的过程。起初的拷贝选择虽属偶然，但期望值是非零的。特定拷贝出现的概率小得可以忽略，但总有某些拷贝出现这种事件的概率是充分大的。因此，无论在什么地方，只要条件具备，就应该出现生命。艾根认为，中间型假说不仅在理论上自洽且有吸引力，而且目前已获得的带有随机结构的实验证据也有利于它。

艾根把这种假说概括表述为"一旦建立则永存下去的选择"②。"一旦一永存"选择机制是超循环组织的结果。超循环是一种全新的非线性反应网络，非线性系统的奇异性、创造性是产生这种选择机制的内在根据。非线性系统在随

---

① 艾根、舒斯特尔著，曾国屏、沈小峰译：《超循环论》，上海译文出版社，1990，第386页。
② 同上书，第11页。

机行走中可能存在某种"不可返回点",突变体一旦到达这种临界点,就不可能返回,只能沿着已选择的方向继续走下去。打个比方,飞行跑道上就有这种点,一旦通过了这一点,就必须起飞。艾根认为,超循环的出现就把分子进化推进到这样的不可返回点。

艾根的著作并未对偶然性与必然性的关系做专题讨论,但他的科学论述清楚地表现出他的哲学倾向。对"偶然性只能归结为偶然性"观点的反驳[1],表明他承认偶然性可以归结为必然性,必然性寓于偶然性。把进化过程描述为"从比较随机的状态向比较有组织的状态的发展"[2],表明他承认随机性可以转化为确定性。把选择和进化看作"非决定"但"不可避免"的行为[3],表明他承认决定论与非决定论的统一。至于讲"进化就其进步特征而论是一种决定论的过程……就突变体出现的时间顺序而论,以及就由无关的中性突变体引起的基因漂移而论,进化不是决定论的"[4]或者讲"每一个通过进化或者选择所获得的系统,其个体的构造是不确定的,其进化的发生过程是必然的"[5],这些表述已经是在自觉地运用辩证法。

进化中的统一性与多样性矛盾,也是困扰科学理性的难题。超循环的"一旦一永存"机制对生物的统一性提供了有价值的解释。在选择约束下,不同超循环为选择而竞争。为了能复制它的功能特征,超循环系统必须选择一定的密码和翻译机构。选择是非常明确地排他的,只能有一种系统被选择。被选择的系统不容许其他独立竞争者集结,因此特定的选择行为将导致对于特定密码和手性的普遍利用。密码和手性在起源上可能不是唯一的,不同构型被选择的机会均等。由于涨落,其中某一个碰巧在集结过程中出现而被选择,强烈的非线性放大作用使它唯一地受到偏爱而大大加强,成为竞争的唯一获胜者。这种选择一旦建立起来,就唯一地永存下去。有理由设想,如果其他星球具备条件,也会出现类似的选择过程而导致生命出现,但密码和手性很可能是与地球人类不同的另一种构型了。

---

[1] 艾根、舒斯特尔著,曾国屏、沈小峰译:《超循环论》,上海译文出版社,1990,第10页。
[2] 同上书,第87页。
[3] 同上书,第363页。
[4] 同上书,第38页。
[5] 同上书,第372页。

8-6 探求统一世界观的新视角

寻找化学进化与生物进化之间的过渡环节，也是为了沟通物理学与生物学，建立统一的科学世界图景。与普利高津等人相同，艾根相信物质世界的统一性，宣称"我们希望填平物理学和生物学之间的鸿沟"[1]。与普利高津等人不同，艾根是从生物学一端出发架桥的。他相信生物起源过程受物理规律支配，达尔文原理也适用于前生物进化，对分子进化尤为必要。因此，最终必须找到可用量子力学理论描述并为精确的分子术语描述的"选择"的意义，建立达尔文行为的分子基础，从物理知识导出自然选择原理。

达尔文由于未能对自然选择的物理学起源做出说明，他的"适者生存"原理长期被指责为"生存者生存"的同义反复。艾根发掘出"深藏于自然选择原理中"的价值概念，找到它的客观物理基础。选择依据物种的价值而进行，价值的确定需要对评价的性质进行详细的说明和判定。评价指引系统进化的方向，自我评价引导系统自我优化地进化。自组织系统必须具备一套自我评价机制，评价机制愈完善，进化水平愈高。物种的自我评价机制是一种动力学特性，是在进化过程中通过系统内部以及系统与环境相互作用逐步形成的。超循环的组织模式为物质系统向生命进化提供了一种有效的自我评价机制。

艾根接受了薛定谔和维纳的观点，把信息当作一个新的物理量，用以对选择机制做出物理学评价。但申农给出的是关于给定消息集合的信息定义，属于语法信息，适用于静态系统，用于进化问题有很大局限性。艾根指出，进化产生的信息是分子的动力学特性，属于语义信息，即"有价值的"信息。信息的获得来自对各种突变体序列按其意义进行的选择评价。通过引入连续变化的价值参数，使系统的任何特殊状态都能代表信息，可以发展一种包括信息起源或自组织的一般理论。艾根相信，把达尔文原理和信息论统一起来是可能的。

把价值和选择联系起来，艾根提出选择价值概念。这是超循环论的另一重要概念。作为一种分子动力学特性，选择价值被定义为结构稳定性和精确复制率的某种最优组合。这是一个能作定量描述的概念，可以作为标征系统进化的

---

[1] 艾根、舒斯特尔著，曾国屏、沈小峰译：《超循环论》，上海译文出版社，1990，第218页。

参量。参与竞争的物种具有不同的选择价值，形成不同的选择优势。进化意味着提高选择价值和扩大利用信息的能力，进化过程中的适者是选择价值最高、能够更经济地利用信息的种，而不是碰上好运气的幸存者。"适者生存"不再是"幸存者的幸存"的同义反复。进化是一种寻找极值、趋达最优状态的物理过程，可以用物理学原理描述。超循环则是一种特有的组织形式，能赋予系统以必要的自我评价能力，去最有效地利用选择优势。超循环提供了一种优势，使系统不仅沿着同一层次向复杂化方向前进，而且能使系统沿着由低层次向高层次的方向进化。

价值、选择价值、选择优势、选择约束、品质因子等概念，选择动力学方程、选择动力学过程的确定论分析和随机分析，等等，构成了所谓选择理论。这是艾根对自组织理论的又一重要贡献。鉴于这些概念有很强的社会科学意义，有些概念（如价值、评价等）本身来自社会科学，超循环论对于沟通自然科学与社会科学也是颇有意义的。

<<< 分 论

第9章　混沌学的辩证思想

> 虽然与通常的意见相反，但在"确定性地随机的"这一说法中绝对没有矛盾。确实，可以非常合理地建议，混沌的最一般定义应该写作：混沌意味着确定论地随机。①
>
> ——福特

在参数空间的一定范围内，确定性非线性系统表现出长期行为对初值的敏感依赖性，初值的微小误差被指数式放大，造成轨道的显著偏离，以致系统行为与随机运动原则上无法区分。这种现象称为混沌（更确切地说是确定性混沌）。② 混沌不是数学家案头上的有趣玩物，而是客观世界的通有现象。款款流淌的河水突然变得湍急汹涌，平稳运行的股市一夜之间暴跌，安详宁静的心绪骤然转为躁动不安、思如潮涌，这类司空见惯的现象都可以用混沌的产生来解释。研究混沌运动规律性的科学，称为混沌学。它不仅是非线性系统理论最热门的前沿课题之一，在哲学上也颇为引人入胜。我们在专著《浑沌学纵横论》中已有较为详细的阐述。本章只是一个概要的讨论，并做一些必要的补充。

---

① 木水共（刘华杰、潘涛、刘洪）编：《走向混沌》，上海新学科研究会，1995，第55页。
② 我们在《浑沌学纵横论》一书中把 chaos 译为"浑沌"。据钱学森先生讲，我国科学名词已决定用"混沌"，他对我们的用法提出批评。这个失误源于我们孤陋寡闻，本书予以改正。不过，我们觉得在哲学社会科学著作中用"浑沌"更雅些，似有"混沌"不能包含的特殊韵味。混字常与乱、杂、蛋等联结组词，粗俗，不宜用作学科名称。

9–1　混沌哲学研究述评

科学哲学家库思说过:"特别在公认的危机时期,科学家们必须转向哲学分析,作为解开他们的领域中的谜的工具。"① 这一观点符合混沌学的发展和创立过程。最早对混沌进行哲学考察的人不是哲学家。这不仅由于混沌研究大量使用现代自然科学和数学的艰深概念和方法,哲学家一时难以掌握它们,而且由于混沌研究的发轫期必须深入清算形而上学,从哲学上理顺思路。19世纪末,彭加勒超前于时代约70年发现了混沌。为把握混沌的实质,他从科学哲学的角度探索偶然性与必然性、随机性与确定性的关系,对敏感依赖性这一混沌本质特征获得深刻认识。20世纪60—70年代,混沌学创立时期的代表人物,如洛伦兹、茹勒、福特、费根鲍姆等,都力图从哲学上阐明混沌的奇异特性,以求解开创立新学科过程中的种种谜团。

在中国,首先对混沌现象作哲学思考的也是混沌学家。郝柏林,中国混沌研究的学术带头人,在向国内读者介绍混沌学的同时,撰写了《自然界中的有序和混沌》一文(1984)。这是国内刊物上第一篇有关混沌哲学的论文。在郝柏林的其他论著中,我们也可以读到一些富有哲学思想的论述。钱学森的讲演和文章中多次谈到混沌,提出许多颇富辩证思想的哲学观点。朱照宣在这方面也有所贡献。他们的工作为后来国内哲学界的混沌研究起了很好的引路作用。

20世纪80年代中期以来,对混沌问题的哲学研究逐渐兴旺起来。西方学者发表了许多论文,重要的如福特的《投掷硬币有多随机?》(1983)、《混沌:预见不可预见的,求解不可求解的》(1986)、《经典混沌的方向》(1987)、斯通的《混沌、预见与拉普拉斯决定论》(1989)、布多的《混沌哲学》(1991)等。混沌哲学的专著也陆续问世。布里格斯和皮特合著的《湍鉴》(1989)一书结构独特,论述别致,对还原论与整体论、秩序与混沌的关系有许多精到的评述。斯图尔特的《上帝掷骰子吗?》(1990)一书,以数学哲学家的眼光看混沌,提出不少辩证看法。凯勒特的《随着混沌之后》(1993)是按西方科学哲学家的观点写的。这些论著涉及哲学本体论、认识论、方法论、科学观、美学等方面,

---

① T. 库恩著,李宝恒、纪树立译:《科学革命的结构》,上海科学技术出版社,1980,第73页。

对决定论、可预见性以及科学知识的意义、理解、解释等问题，都有较深入的讨论。有些科学哲学家还就混沌是否代表科学革命等问题与混沌学家争论。需要指出，西方科学哲学家由于深受分析哲学传统的束缚，对于作为整体性科学的混沌理论理解不深。真正对混沌哲学做出深刻阐述的，主要还是混沌学家。

大体在同一时期，国内哲学界（至今仍限于自然辩证法界）也开展了混沌哲学问题的研究。迄今已发表几十篇论文。其中影响较大的有陈忠的《混沌运动的哲学启示》（1987），沈小峰等人的《关于混沌的哲学问题》（1988）。混沌哲学的专著有苗东升与刘华杰合著的《混沌学纵横论》（1993）。这是一本从科学史、科学学、方法论、认识论、本体论、辩证法以及美学等不同角度考察混沌及混沌学的著作，与西方学者的同类著作风格迥异。作者坚持以辩证唯物主义为指导来考察混沌问题。据我们了解，还有一些专著正在撰写之中。总之，不论西方或东方，混沌正呼唤哲学界有更多的投入，哲学界的混沌探索方兴未艾，相信会有更多的成果出现。

9-2 混沌的魅力

混沌现象特有的新颖性、奇异性和辩证性，使它在科学、技术、哲学等不同知识层次上都显示出极大的魅力。混沌研究不仅产生了一个前景广阔的新学科，而且是一次意义深远的革命，对人类知识的各个领域都产生了巨大的影响。

混沌在科学上的魅力在于它向经典科学的基本假设提出挑战，带来科学思想的重大改变。经典科学的旗帜是牛顿理论。尽管相对论和量子力学分别从宇观和微观两个层次上对它做出重大修正，但在人类生活的宏观层次上，我们仍然相信牛顿的世界是完全确定的、有序的、规则的，一切系统的运动要么趋达并保持某个平衡态，要么趋达并保持某个周期态。相空间中互不相交、几乎处处光滑的轨道，刻画了牛顿世界的几何形象。积300多年研究的成果，人们深信已充分理解了这个世界。但混沌研究从根本上推翻了这一信念，证明平衡态和周期态只是可积或近可积系统的典型状态，对于宏观世界通有的不可积系统来说，混沌态才是典型的。就是说，300多年的科学发展仅仅使我们认识了牛顿世界的一小部分，对于它的主要部分我们还是陌生的。轨道世界是对少数非混沌系统的科学描述。对于通有的混沌系统，研究单个轨道没有意义，需要的是描述轨道集合。混沌的发现使牛顿世界的科学图景从根本上改变了。这是科学史上又一次惊世骇俗的发现，极大地震动了国际科学界。难怪著名力学家莱菲尔要以广大力学家全球集团的名义表示道歉，请求人们原谅力学教育长期以来对牛顿世界所做的错误描述。

混沌研究在科学上的魅力也在于它提供了一套新的解释框架，大大扩展了我们对现实世界的理解力。科学史告诉我们，在科学革命时期，学者们用熟悉的工具在他们以前观察过的地方看见新的和不同的东西。混沌探索再次产生了这种效应。凡是涉及动力学过程的研究领域，用今天的观点去审视，都会发现混沌，都需要应用混沌动力学的成果。物理摆就是一个典型。经过近400年的研究，物理学家深信已经彻底认识了摆的特性，现在却惊异地发现物理摆可以出现混沌运动。只要越出线性区，混沌就成为摆的典型行为。这绝非仅有的一例。在力学、天文学、物理学、化学、生物学、生理学、生态学等领域，一些早已熟悉的系统中都可能有混沌运动。甚至在古老的数论中也发现了混沌。社会科学领域，特别是经济学中，混沌现象也引起注意。可以毫不夸张地说，在经典科学已经很好处理过的大多数领域，如果引入混沌观点重新考察，就会发现新现象，提出新问题，找到新视角，做出新解释，建立新理论。难怪学者们纷纷断言：混沌"正在悄悄地接近每一科学学科"，"正在改变着整个科学建筑的结构"，"正在促使整个现代知识成为新科学"。

混沌研究的魅力还在于它带来科学方法论的深刻变革，从方法论方面促进科学向辩证思维复归。混沌是系统的一种整体行为，本质上不能还原为部分的特性，必须用整体的、系统的观点和方法去描述。混沌学的开创者们都是较好地克服了还原论和分析思维束缚的学者，善于从整体上把握动力学现象，并制定相应的数学方法和实验手段。有些人还从哲学上思考问题，自觉地实行从还原论向整体论的转变。经典科学本质上属于线性科学，习惯于把非线性问题线性化，形成一套线性科学观和方法论。混沌是一种强非线性现象，不可能出现在线性系统中。混沌要求把非线性当作非线性来处理。这就要求超越线性化这种传统方法，制定一套非线性科学方法。混沌探索促进了从线性观向非线性观的转变，锻造出或正在锻造一批能够处理非线性问题的锐利武器。经典科学尊崇定量方法，贬低定性方法，尊崇解析方法，蔑视非解析方法。混沌运动的复杂性迫使科学家对这种方法论进行反思。从混沌现象的早期研究者彭加勒，到混沌学的创立者洛伦兹、费根鲍姆等人，都重视并善于使用定性方法、非解析方法，他们率先破除对定量化、精确化方法的盲目崇拜，宣传定性方法、非解析方法的必要性和科学性，促进了从只崇尚解析方法到同时也重视非解析方法的转变。牛顿理论建立了确定论描述框架，统计物理、量子力学等现代科学发展了概率论描述框架。这是两套基本精神截然不同的描述体系。统一的客观世界用两套对立的体系来描述，而且长期无法把它们沟通起来，使科学方法论陷入困境中。混沌研究给人们带来希望，看到把两种对立的描述体系沟通起来的可能性。混沌研究使人们领悟到，两种描述体系有一个共同的前提，就是必须借助于某种无穷过程，承认这种过程是可实现的。但实际过程都是有限的。只要回到实际过程，确定性与概率性之间就不再有绝对的界限，彼此可以转化。郝柏林猜想，只要把有限性作为认识自然的出发点，就可以从确定论和概率论根深蒂固的对立中解脱出来。果如此，将是辩证法在方法论领域对形而上学的最大胜利之一。

从隐喻的意义上说，混沌的解释力尤其引人入胜。现在的世界是由过去的世界演化而来的。非混沌是少见的现象，混沌是现实世界的通有行为。这表明大自然偏爱混沌。如何理解这一点呢？斯图尔特有个猜想：混沌能给容纳它的事物以优势。[①] 同非混沌事物相比，混沌系统具有多方面的优势。其一，混沌具有敏感依赖性，使它可以对环境的激励做出灵敏、快速、准确的反应。其二，混沌具有遍历性，极为有利于容纳它的事物抓住机遇，更有效地利用环境资源。其三，混沌的无规则性使系统易于摆脱敌对势力的侵袭，善于保存自己；内部固有的指数式放大机制，使系统易于走出困境，利于自我放大。其四，混沌使动力学系统获得充分的自由去随机地搜索它的每一种可能性。在一个多变的、充满偶然性的环境世界中，确定性搜索很少有希望达到目的，随机的、混沌的搜索才是具有最大成功可能性的方式。这些议论具有浓厚的思辨特点，离科学的论证尚远，但启示我们，进化问题上长期存在的理论难点和悖论，或许能从混沌学中找到出路。

混沌有什么用？能转化为新技术吗？一些学者心存疑问，甚至持否定态度。法国学者 A. 布多是一个典型。他对混沌在理论上的解释力极其推崇，却看不到混沌在技术应用上的魅力，声称混沌研究原则上不能导致对实际事物发生有效应用，丝毫无助于或不大有助于扩展我们在世界上的能力。这种把理论和应用割裂开来的观点，显然是形而上学的。同其他事物一样，混沌学的应用不外乎两方面，限制或消除有害的混沌，利用或产生有利的混沌。原则上讲，两方面都是技术上可以实现的，根据需要有计划地产生某种混沌运动的技术是可以开

---

① I. 斯图尔特：《混沌主宰着宇宙吗？》，载《科技日报》，1993 年 3 月 6 日。

发出来的。

事实上，混沌在技术应用上的前景早已引起注意。国外学者已提出混沌工程、混沌技术、混沌控制等概念，主张建立混沌工程学，开发混沌技术。日本科学界相当积极。《触发器》1992年七月号载文介绍高技术语汇，混沌和分形名列前茅。众所周知，在美国学者提出模糊理论之后不久，日本科技界率先把它应用于工程实践，发明了模糊技术，取得巨大商业效益，把模糊理论发源地美国抛在后面。当20世纪80年代混沌研究在世界范围内形成高潮后，日本科技界又率先做出"模糊之后是混沌"的预测，力争再次走在世界前面。目前，开发混沌技术已不是纸面上的设想，而是未来高技术争夺战的又一制高点。

混沌技术也包括两类。在软技术方面，目前已把混沌应用于预测。在硬技术方面，混沌目前最诱人的应用前景可能是制造高性能的神经计算机。作为生物体的信息处理机构的脑神经组织，是一种混沌系统，一种由多种"混沌器件"组成的网络。人脑很可能是按照能够产生混沌运动的功能要求来构造神经系统的。混沌运动所具有的敏感依赖性、遍历性、混合性，使它特别有利于存储、检索、处理复杂而巨量的信息。基于这种认识，科技工作者提出"混沌计算机"的概念，试图把混沌技术、神经网络技术、模糊技术等结合起来，以期在研制智能计算机中有所突破。虽然处于设想阶段，却已显示出混沌的技术魅力。

9-3 混沌揭示了简单性与复杂性的辩证关系

混沌的哲学魅力，在于它蕴含着极为丰富的辩证思想。混沌是系统理论，尤其是动力学所涉及的各种矛盾的汇聚点，要求人们辩证地认识和处理它们。善于这样做的学者能够抓住混沌，在创立混沌学中做出贡献。形而上学太多的学者，虽面对混沌而不能识别它、抓住它。拙著《浑沌学纵横论》已从多方面讨论了这一点，但对简单性与复杂性、可预见性与不可预见性、周期性与非周期性等辩证关系的正面论述很少，需要做点弥补。

传统观点认为，简单的原因只能产生简单的结果，复杂的结果必定来自复杂的原因。简单性与复杂性的差别被绝对化了。混沌研究使我们认识到情形并非如此。即使像逻辑斯蒂映射这样简单的系统，也可以产生出混沌这种最复杂的动力学行为来。现已查明，大量混沌运动可以用低维系统作模型加以描述。这些事实令人信服地表明，简单性中包含着复杂性，简单性可以产生复杂性。

混沌理论家完全接受了这种辩证观点,自觉地使用辩证哲学的语言表述混沌学命题,宣称"混沌是单纯中的复杂性",或者"混沌是复杂中的单纯性",等等。

传统观点认为,运动状态的复杂性并非系统固有的,而是从外部加给系统的。混沌是一类公认的复杂性,但它产生于确定性系统本身,与外部作用无关,从而证伪了这种观点。混沌运动复杂性的根源在于确定性系统内部的非线性相互作用。用简单的迭代方程,可以在相空间中直观地看到这种复杂性如何从简单性中产生出来。以逻辑斯蒂映射为例。非线性相互作用在几何上意味着对轨道作伸缩变换(在一个方向上拉伸,在另一个方向上压缩),相空间的有限性(在 0 到 1 之间)要求对相轨道作折叠变换(一种强烈的非线性作用)。每一步迭代都十分简单明确,但不断地伸缩和折叠,势必导致相轨道穿插包抄、盘旋缠绕,形成极其复杂的空间结构,最终造成轨道对初值的敏感依赖性。可见,混沌的复杂性产生于动力学系统自身的拓扑结构,而不是某种隐蔽作用力的结果。如果进一步考虑多个混沌系统的相互作用,所谓外随机性的成因也不难解释。混沌至少是外随机性的可能来源之一。

在传统观点看来,即使承认简单性可以转化为复杂性,复杂性也必定是通过简单性的逐步积累、无限叠加而实现的。著名的朗道湍流理论就包含这种思想。湍流可以看作具有无穷多个频率耦合而成的振动现象。朗道等人设想,在转变过程中逐步激发出无穷多个不同的频率成分并叠加起来,才能产生湍流(混沌)这种复杂性。混沌研究却证明,准周期运动失稳就可以形成无穷多个频率成分的耦合,产生混沌。由此可以引出一个一般性结论:在系统演化的某些关节点上,通过非线性相互作用造成的突变,就可能由简单性产生出复杂性来,用不着某种无限过程。

传统观点还认为,动力学系统的复杂性只存在于暂态(过渡态)中,系统的定态必定是简单的,可用相空间的不动点、极限环和环面等简单而规则的几何对象来描述。混沌研究表明,动力学系统的复杂性不仅存在于暂态行为中,定态行为也可能具有复杂性,混沌就是动力学系统的一种复杂的定态行为,必须用分形这种复杂而不规则的几何对象即奇怪吸引子来描述。

混沌研究带来的这些新观点具有重要的方法论意义。我们说过,现代科学要求把复杂性当作复杂性来处理。[①] 这是复杂性科学的方法论原则。任何科学

[①] 苗东升:《系统科学原理》,中国人民大学出版社,1990,第 666 页。

部门，包括系统科学、复杂性科学，都要求把问题简化，压缩一切可以忽略不计的信息。所谓模型都是对原型进行简化处理的结果，不简化就不成其为模型。问题是如何简化。存在两种不同的简化原则或路线，即还原论的简化与系统论的简化。混沌这种复杂性，可以按消除非周期性的思路进行简化，用周期运动作为模型。这是传统还原论的简化方法（也可以说是简单性科学的简化方法）。其结果是把对象固有的混沌复杂性简化掉。例如，传统的经济学按这种原则处理复杂的经济运动，把混沌性简化掉，建立了所谓均衡模型。复杂性科学则要求在保留对象混沌性、复杂性的前提下进行简化，即把混沌性当作混沌性来处理。但描述混沌现象仍然要做简化。洛伦兹把沙尔兹曼等人研究过的7阶微分方程简化为3阶方程，但保留了系统的非线性，忽略掉原方程的流体力学含义，从而发现了大气系统存在混沌。埃农把洛伦兹模型离散化，显然是进一步的简化处理。但他仍保留了系统的非线性，得到一个二维离散模型，对混沌研究做出重要贡献。这些工作都是把复杂性当作复杂性来处理的成功范例，富有启发性。

混沌的发现给科学家提供了一个强有力的工具，去理解许多过去无法理解的现象。在流体、气象、天文、电子、化学、生态、生理、流行病、金融等极不相同的领域，大量杂乱无规的现象因无法描述而被当作随机噪声。今天从混沌学的观点去重新审视，发现可以用低维非线性系统奇怪吸引子上的动力学过程做出满意的解释，无须再诉诸外部因素或偶然性。混沌学揭示了用简单性把握复杂性的新思路，扩大了我们对复杂性的理解力，开创了复杂性研究的重要领域。

9-4　混沌排除了机械决定论的可预见性狂想

长期行为的不可预见性，是混沌系统的基本特征之一。这一发现纠正了传统观点中许多形而上学谬误。

传统观点认为，确定性与可预见性之间有必然联系，确定性系统的行为必定是可预见的，不可预见的行为只能属于随机系统。拉普拉斯把确定性可预见性的信念推向极致，宣称只要有了基本运动方程并给定初始条件，未来世界的一切（包括每个原子、分子的位置）都可以精确预见。混沌研究则证明，确定性与可预见性之间并无必然联系，不可预见性也不是随机系统独有的特性。给定一个确定性系统,当它处于周期区内时,确定性必然带来可预见性。一旦进入混沌区,这种必然性就不复存在,出现了长期行为对初始条件的敏感依赖性。这时确定性联系着不可预见性,轨道进入奇怪吸引子的位置稍有差别,便会在其后的运动中被指数式放大,轨道变得飘忽不定,与随机运动原则上不可区分。

传统观点认为,动力学系统的短期行为与长期行为在可预见性问题上是一致的。确定性系统的短期行为显然可预见,由此推断它的长期行为也可以预见,这被认为是理所当然的。(随机系统长期行为不可预见,短期行为同样不可预见,乃熟知的事实。)这种观点植根于还原论,把长期行为视为短期行为的简单相加,只要知道各个短期行为的特性,加和起来即可把握长期行为的特性。对于处在周期区的确定性系统,加和观点是适用的。把随机系统的长期行为划分为短期行为之和,也不会改变其不可预见性。然而,处于混沌区的确定性系统不再具有加和性,长期行为与短期行为在可预见性问题上不再是一致的了。混沌具有无限的信息自创生能力,在由短期行为累积而形成长期行为的过程中,不可避免要"突现"出不可预见性这种非还原性质。如果我们把长期行为还原为短期行为之和,这种非还原性质便不复存在。深受还原论熏陶的学者很难理解这个道理。相反,彭加勒、洛伦兹等人由于较好地克服了还原论观点,扫清了发现混沌的思想障碍。当洛伦兹在计算机实验中发现确定性大气系统的长期行为与短期行为在可预见性方面有不同特征时,他的同事们坚持按还原论进行解释,把洛伦兹的发现归结为计算机误差或模型不准确。洛伦兹未被这种意见所迷惑,坚持承认这是一些新发现的事实,承认长期行为与短期行为可以有不同的特征,努力探寻新的科学原理加以解释,终于发现了混沌。

混沌系统长期行为不可预见性的发现,暴露了人类是一种有局限性的存在物,推翻了拉普拉斯决定论的可预见性"狂想"(福特语)。一种长期流行的盲目性被排除,乃是人类理性的一大进步。福特就这个问题做了多方面的分析论证,得出许多极富智慧的论断,表现出明显的辩证思想,令人赞赏。但他认为:"拉普拉斯、爱因斯坦甚至薛定谔的世界惊人地复杂,可是它似乎仍然充分有序,处于人类知性的范围之内。然而,由哥德尔和蔡汀描述的混沌世界却远远超出了人类理解力的任何希望。"[1] 这是我们难以苟同的。混沌不可能,事实上也没有超出人类理解力的可能范围。否则,福特参与创立的混沌学便无从谈起。在可预见性与不可预见性的相互关系上,福特显然离开了辩证法。混沌有不可

---

[1] 木水共(刘华杰、潘涛、刘洪)编:《走向混沌》,上海新学科研究会,1995,第49页。

预见的一面，也有可预见的一面，并且首先是可预见的。混沌是确定性非线性系统的通有行为，能用确定性方程描述，这就规定了它的某种可预见性。参数空间内混沌区的位置是确定的。相空间中奇怪吸引子的位置也是确定的，只要有了动力学方程，原则上可以确定参数空间的周期区和混沌区，确定相空间奇怪吸引子的位置。即使没有这种方程，许多情况下可以根据实验数据把它重新构造出来。泰肯斯已从数学上论证了这种重构的理论基础。从吸引域任一点出发的轨道都要进入吸引子，这是确定无疑的。混沌系统的短期行为仍然可以预见。尽管奇怪吸引子上每条轨道的长期行为不可预见，但它服从某种统计规律，可以用概率方法描述。所有这些都构成可预见性的客观依据。何况对于复杂系统的长期行为，人们并不关心其细节，只要了解其总的趋势，大体就可以满足要求了。毛泽东有诗云："一万年太久，只争朝夕。"这位辩证法大师凭借过人的洞察力，从他那无比丰富的社会实践中悟出的这一重要的认识和实践原则，在混沌理论中找到科学依据。既然混沌是现实世界的普遍现象，混沌的长期行为不可预见，我们就不必追求对长远的未来事物有过细的了解，重要的是把当前的事办好，对长远未来只要把握其总趋势就可以了。

应当承认，发现混沌系统长期行为的不可预见性，意味着人类预见力的有效范围比以往设想的要缩小了。但事情还有另一方面：混沌也扩大了人们的预见范围。现实世界存在大量被视为杂乱无章、不可预测的复杂事物。有了混沌理论，人们明白了这些事物可能是混沌系统，可以用一个低维确定性动力学系统作模型，用奇怪吸引子上的混沌运动来描述，因而具有一定的可预测性。这一认识已被应用于预测技术。日本、美国、欧洲等发达国家正竞相开发这种技术，用来对股票市场之类长期被视为无法预测的现象进行预测。有报道说，其成功率已达到50%~70%。以确定性系统的长期行为不可预测性这种特点震惊了世界的混沌，又成为新的预测手段，能预测现有技术无法预测的事件，有力地显示了辩证法的"魔力"。混沌研究告诉我们，可预见性与不可预见性也是一对矛盾，它们相互包含、相互贯通，又在一定条件下相互转化。

9-5 用矛盾观点把握混沌的实质

作为新近发现的一类复杂而奇异的动力学现象，混沌超出了经典动力学理论框架的解释范围。坚持传统观点的人无法把握其本质。就是混沌学的创立者们在最初遇到混沌时也颇感迷惑。他们常用"奇迹""不敢想象""不知所措""仿佛像一场梦"之类的词语来形容自己当时的感受和反应。物理学家戴森曾说,他第一次听到发现混沌的消息时,那种感受如同"一次电击"。这绝非耸人听闻,而是混沌现象特有的非平庸性、深刻性、复杂性的表现,只有运用辩证思维才能把握其本质。

有序与无序是物理学,特别是系统理论的一对重要范畴,一对矛盾对立面。在经典科学中,有序被理解为空间排列上的规整性和时间延续中的周期性,无序被理解为空间分布上的无规则堆砌和时间延续中的随机变化,二者截然相反。但混沌既非这种意义上的有序,也非这种意义上的无序,而是有序与无序都很强烈时形成的动力学定态。只有这样认识才能把握混沌的实质。事实迫使混沌学家懂得了这个道理。所以,他们喜欢说:"混沌是打扮成无序的有序"或"混沌是嵌在无序中的有序"。混沌研究深化了人们对秩序的认识,明白了经典科学讲的是一种简单有序,混沌是一种复杂的高级的有序,即所谓混沌序。其实,井然有序与混乱无序原本是一对辩证矛盾。恰如史蒂文斯所说:"A 猛烈的秩序是混乱,与 B 巨大的混乱是一种秩序。这两者是一回事。"[①]

稳定性与不稳定性是构成动力学过程的一对基本矛盾。在经典动力学中,一个系统(至少一条轨道)要么是稳定的,要么是不稳定的,不可能同时既稳定又不稳定。自组织理论前进了一步,在下述意义上承认稳定性与不稳定性的辩证统一:在两个临界点之间,系统是稳定的;在临界点上,原结构失稳,取而代之的是稳定的新结构;系统远离平衡态的过程,是稳定性与不稳定性相互转化的过程。但前进的步伐不够大,按照这种观点,混沌仍是无法理解的。简单地讲"混沌是稳定的"或"混沌是不稳定的",都有片面性。作为动力学系统的一种定态行为,混沌既有稳定的一面,又有不稳定的一面,且两方面都很明显,都不能忽略不计。一方面,奇怪吸引子对吸引域内其他状态有吸引力,一切在吸引子之外的运动只有进入吸引子,系统才肯罢休。这是一种强烈的稳定性因素。奇怪吸引子整体上是稳定的,轨道一旦进入吸引子就再也出不来了。另一方面,奇怪吸引子上的轨道相互排斥,导致轨道的指数式分离。这是一种强烈的不稳定因素。这两种对立的因素不相上下,造成一种整体稳定而局部不稳定的运动机制,就是混沌。形象地说,混沌的特点是:对外吸引,对内排斥,

---

[①] 木水共(刘华杰、潘涛、刘洪)编:《走向混沌》,上海新学科研究会,1995,第100页。

既出不去，又安定不下来。

　　稳定性与不稳定性两种对立倾向势均力敌时形成的统一体，在简单有序系统中也可能出现。这就是鞍点。鞍点（双曲点）是相空间的一种奇点，由一对稳定轨道和一对不稳定轨道相交汇而成。沿着稳定轨道，该点表现出吸引性；沿着不稳定轨道，该点表现出排斥性。而同一条轨道对于鞍点 A 是稳定的，对于鞍点 B 必是不稳定的；反之亦然。吸引与排斥、稳定与不稳定不可分割地统一于同一点或同一轨道，这种奇异的矛盾形态，使鞍点在自组织系统中扮演极为关键的角色。但鞍点的两种矛盾倾向完全对等，没有任何对称破缺，不存在对不稳定轨道整体上的限制，因而不可能成为吸引子，不代表系统的稳定定态。在某种程度上讲，混沌系统的奇怪吸引子是无限膨胀起来的鞍点，须用相空间的一个分形点集来刻画，每一点都既有吸引性，又有排斥性，两者都很强烈。对混沌系统而言，吸引与排斥、稳定与不稳定之间出现了某种对称破缺，整体上前者更强些，因而相互排斥的不稳定运动只限于奇怪吸引子范围内，能够代表一种稳定定态，与鞍点有性质上的不同。

　　混沌的复杂性来源于它包含多种多样的对立统一，而且都呈现对立双方不相上下的态势。可以从不同角度对混沌的这种特点做矛盾分析。郝柏林在讨论强迫布鲁塞尔振子的混沌运动时，从该系统的动力学方程出发，用耦合振子的语言对混沌运动的矛盾结构做了精彩的分析。这个系统包含线性振子和非线性振子两种相互竞争的因素。令 α 代表耦合强度。当 α 很小时，外周期力不足以影响线性振子。郝柏林写道："一方面（α 小时）非线性振子力图表现自己，另一方面（α 大时）线性振子要取得支配地位，两者不相上下时出现混沌。"他的结论是："混沌是两种倾向妥协的产物。"[①] 原则上讲，对一切混沌现象都可以做类似的辩证分析论证。

9−6　用辩证逻辑刻画混沌概念

　　科学理论是用概念构筑起来的逻辑体系。客观世界的对立统一反映于思维中，形成矛盾的概念。经典科学的理论体系本质上是按形式逻辑建立起来的。

---

　　① 郝柏林：《分岔、混沌、奇怪吸引子，湍流及其它》，载《物理学进展》，1983 年第 3 期，第 374 页。

形式逻辑强调概念的确定性、固定性，把矛盾概念之间的对立两极化、绝对化，把每个概念自身的同一性也绝对化。辩证逻辑强调概念的流动性，反对把两极对立和自身同一绝对化，认为矛盾概念相互渗透、相互包含。要描述混沌运动，形式逻辑显然不够用，必须使用辩证逻辑。前节的分析已有所说明，这里再讨论两对矛盾，以及由它们规定的混沌定义的矛盾结构。

确定性和不确定性（这里只讲随机性）也是动力学过程的一对基本矛盾。经典科学把对象划分为确定性系统与随机性系统两类，二者在性质上不同。不确定性系统的随机性来自外部，表现为动力学方程中的随机作用项和随机系数，以及随机初值。确定性系统的动力学方程中没有随机作用项和随机系数，初值亦无随机性。描述确定性系统用动力学方法，描述随机系统用概率论方法，二者界限分明。但是，两种描述体系具有共同的哲学基础，就是否认确定性与随机性具有矛盾同一性。因此，若完全按照形式逻辑来处理，混沌是无法理解的现象，必然引向神秘主义。如果承认辩证逻辑，即承认确定性与随机性相互包含、渗透和贯通，确定性可以转化为不确定性，混沌同样是可以理解的客观现象。

混沌学家正是这样理解混沌的。他们公然声称混沌是确定性系统的"内在随机性"或"自发随机性"，承认随机性不一定都来自外部，它完全可以是确定性系统自身固有的东西，在适当条件下就会以必然的形式从这种系统内部产生出来。黑格尔说过，必然性自己规定自己为偶然性。科学家往往把这种说法视作违背逻辑的怪论，不屑理睬。但混沌迫使他们改变观点，不能不承认确定性自己规定自己为不确定性、混沌性。

混沌学家坚持按这种观点来定义混沌。他们说：混沌是确定性方程的无规运动（哈肯），是确定性系统的内在随机性（郝柏林），或干脆讲混沌是确定性的随机性（福特）。从经典科学看，把两种对立的规定性放在同一定义中，形成一种矛盾结构，是逻辑上不允许的。但混沌学文献经常出现这种描述，混沌学家并不认为不合逻辑。在这方面，福特表现得最突出。他极力为这种具有矛盾结构的定义辩护，声称这样定义是"自然"的、"合理"的、"没有矛盾"的。逻辑是为满足理性思维的需要而制定的。当现代科学进入混沌之类奇异复杂的对象领域之后，为建立适当的理论描述，科学家便自动地突破形式逻辑的局限，采用辩证逻辑了。

周期性与非周期性是动力学系统的又一对重要矛盾。混沌研究多方面揭示出这对范畴的辩证性质，清算了许多形而上学观点。传统观点偏爱周期性，以为有序就是周期性，非周期性必定是无序的，因而力求避免非周期性。混沌研究查明，周期性与非周期性都是客观过程的动力学特性，有序不等于周期性，非周期性也不等于无序，周期性只代表一类有序，即简单有序，非周期性可能是复杂的有序。在自然界中，非周期有序要比周期有序更普遍。我们无法完全避开非周期性，也无须使一切运动周期化，非周期运动并非注定是消极因素。

传统观点把周期性与非周期性的差异绝对化，不承认二者可以相互转化。混沌理论纠正了这一错误。事实上，混沌研究是以这种转化为前提的。所谓通向混沌的各种道路，乃是如何由周期运动转化为非周期的混沌运动的不同道路。著名的倍周期分叉道路，讲的是系统通过周期逐步加倍，1点周期转化为2点周期，2点周期转化为4点周期，4点周期转化为8点周期，等等，最后转化为无穷点周期即非周期的混沌运动。所谓茹勒—泰肯斯道路，讲的是由平衡态转化为周期态，再转化为准周期态，最后通过准周期态失稳而转化为混沌态。所谓阵发混沌道路，讲的是系统逼近分叉点时，通过时而混沌时而周期的阵发方式，最后完全转化为混沌。就最简单的逻辑斯蒂映射看，混沌区内嵌着大量周期窗口，在窗口的左端点要考察的是如何由混沌性转化为周期性，在右端点要考察的是如何由周期性转化为混沌性。这些事实表明，在一定意义上讲，混沌理论研究的是周期性与混沌性的相互转化问题。

从混沌探索的历史看，有些学者早于他人碰到混沌而未抓住它，重要原因之一，在于他们对周期性与非周期性的辩证关系缺乏理解。能够辩证地理解周期性与非周期性的相互关系，是混沌理论家的一种思维优势。上田皖亮和洛伦兹的故事颇有典型意义。1960年，日本年轻学子上田皖亮在研究杜芬方程时，发现了奇怪吸引子上的非周期运动，提出"非周期定态"的概念。由于他的导师们形而上学地理解周期性与非周期性，不承认非周期运动也可能是系统的定态行为，拒绝了上田的发现，并讥讽为"孤芳自赏的非周期定态"。美国学者洛伦兹的同类发现要比上田晚几年，他的同事也不接受非周期定态的概念，以为是计算误差造成的假象。洛伦兹经过认真研究排除了计算误差等因素，勇敢地推翻了传统观点，承认非周期运动也可能是定态，提出"确定性非周期流"的新概念，成为举世公认的发现耗散系统混沌运动的学者。

令逻辑学家惊喜的还在于，混沌的数学定义开始使用辩证逻辑。区间I到自身的映射$f(x)$代表一类一维动力学系统，在一定参数范围内可能出现混沌。混沌必定是非周期运动。但数学家在给这种混沌下定义时，总有一个义项是关于 f(x) 存在周期运动的规定（参看混沌的李—约克定义）。在同一个数学定义中，一部分义项刻画系统的非周期性、混沌性，另一部分义项刻画系统的周期性。这就是矛盾结构，只能用辩证逻辑来理解。这并非单纯思维的需要。f(x)出现混沌的必要前提是具有无穷多个周期轨道，并在混沌区内全部失稳。这些失稳的周期轨道把相空间分割挖空，形成特定的分形结构，从而导致混沌运动。非周期运动需要周期运动的失稳来创造条件，这就是辩证法。

第10章 分形学的辩证法

正如曼德勃罗所指出的,大自然给数学家们开了一个大玩笑。19世纪数学家未曾想到的自然界并非不存在。数学家们为砸烂19世纪自然主义的桎梏而费尽心机创造出来的那些病态结构,原来正是他们周围熟视无睹的东西。[1]

——戴森

飘浮翻滚的云团,凸凸凹凹的地表,枝繁叶茂的大树,密布周身的血管,这些司空见惯的事物所具有的那种极不规则、支离破碎的形状,现在统称为分形。这些历来为几何学不屑一顾的东西,今天已成为极富魅力的研究对象。研究分形的数学分支,称为分形几何(也有人称为破碎几何或无序几何)。1975年曼德勃罗的专著《分形:形、机遇和维数》的出版,是这一分支科学诞生的标志。把分形几何的原理和方法应用于其他领域,又出现了分形物理学、分形生理学等。所有这一切,构成当代科学前沿的一个范围广阔、硕果累累、前景诱人的热门研究领域,不妨称为分形学。分形学还涉及本体论、认识论、美学、数学哲学、方法论、科学哲学等诸多哲学问题,引起哲学界的兴趣。

10-1 分形学的孕育和产生

分形几何是曼德勃罗首创的一门新的数学分支。但它之所以能够产生并获得迅速发展,是由于它满足了现代科学技术的需要,并由数学、自然科学的发

---

[1] 李后强、黄立基:《分形漫谈》,载《科学》(沪),42卷,2期。

展做好了前期性知识准备。

现代数学从它的妊娠期（19世纪关于数学基础的严密化运动）起，就开始为分形研究进行前期性知识准备。曼德勃罗指出："分形几何并不是20世纪数学的直接应用，它是艰难地诞生于数学危机之中的一个新分支。"[1] 为否定有关函数连续性与可微性关系的某些猜想，维尔斯特拉斯于1875年设计出一种处处连续但处处不可微的函数。同年，康托设计出具有某些奇异性质的三分集。1890年，皮亚诺构造了一种能够填充空间区域的曲线。1915年，谢尔宾斯基构造出现在以他的名字命名的垫子、地毯、海绵等复杂图形。1918—1919年，朱利叶和法图研究了复平面上的解析映射，发现许多奇异点集。另一方面，1919年豪斯道夫推广了维数概念，30年代又经贝塞考维奇等人的发展，初步形成非整数的维数概念。在很长的一段时间内，科学界未能理解这些工作的真实价值，把它们视为"病态曲线"或"妖魔游廊"，扔进科学的垃圾桶。但毕竟发现了一大批新奇的数学事实，积累了许多有关分形的知识，掌握了它们的产生规则，为今日的分形研究做了准备。一旦探索复杂性成为科学的主攻方向，这些纯粹的数学创造物同大自然的分形物体之间的联系就迅速为科学界所理解。一片未开垦的荒原沃土便展现在科学家面前，已积累的知识立即成为分形几何学标准的组成部分。

分形几何是适应现代理论自然科学发展的需要而产生的。从19世纪末到20世纪50年代，理论自然科学在探索大尺度的宇观现象（相对论）和小尺度的微观现象（量子力学、分子生物学）两个方面，突破经典力学的局限，创造了辉煌业绩。以规整形状为对象的传统几何学是其不可或缺的武器之一。20世纪50年代以后，理论自然科学发展的内在逻辑要求把注意力的重心转向中等尺度的对象，在宏观层次的描述中彻底清除机械论的影响，建立可以同相对论、量子力学并驾齐驱的理论，即宏观复杂性科学。再度辉煌的实现有赖于许多因素，创立描述极不规则的复杂事物几何特性的新数学分支便是其中之一。理论自然科学在呼唤着分形几何的诞生。仅举两个事实。其一，连续相变研究在深入到临界态时，发现这里的几何图像是一种没有特征尺度的自相似结构，此起彼伏的涨落花斑中还有更小的花斑，各种尺度的花斑层层嵌套，用不同放大倍数的放大镜去观察，看到的是同一图像。威尔逊等人引入重整化群方法处理临界现象，取得重大突破，却无法描述其几何图像。分形几何为解决这一难题创造了

---

[1] 李后强、黄立基：《分形漫谈》，载《科学》（沪），42卷，2期。

武器。其二，现代动力学研究发现了非线性动力学系统前所未见的复杂动力学图像。从彭加勒在三体运动双曲点附近看到的栅栏结构，到伯克霍夫的奇异曲线和斯梅尔马蹄中不变吸引集的奇异结构，再到20世纪60—70年代发现的一批奇怪吸引子（洛伦兹、上田皖亮、埃农、若斯勒等），逻辑斯蒂映射的分叉—混沌图，保守系统KAM环面破坏后形成的混沌海洋与周期小岛层层相套的图像，都是现有几何学无法描述的。研究表明，这类复杂运动图像在非线性动力系统中是普遍的、基本的，规则运动图像倒是少见的、平凡情形。因此，当20世纪70年代掀起混沌研究高潮后，分形几何的建立立即成为不可避免的；而分形几何一经产生，又立即成为混沌研究的基本工具之一，以至被人称为混沌几何学。不久，分形几何又在生长现象、布朗粒子运动等理论课题中找到用处，并在描述宇宙星体分布等大尺度现象和大分子结构特征等小尺度现象中派上用场。

　　分形几何也是适应现代技术科学发展的需要而产生和发展的。自然界和社会生活中的不规则几何特性随处可见，早已引起人们的注意。英国人理查逊在20世纪20年代曾研究过大气湍流、海岸线等现象中的分形几何特性。日本的寺田寅彦观察过金属和玻璃裂隙中的分形特性。这类文字记载各国都有。在地貌考察、石油开采、金属加工等工程实践中，人们也早已同分形打过交道。曼德勃罗本人长期研究一些复杂的实际问题，如语言现象、工程问题、经济活动等，长期观察和思考其中的复杂几何特性，获得大量实际知识，逐步理解了数学分形的客观意义和实际价值，最后获得分形概念。分形几何诞生后，迅速在地质、石油、地震、材料等应用科学和影视风光片制作中获得广泛应用，成为推动它们发展的重要力量。

　　分形学的产生还得力于计算机的发展。分形支离破碎、极端复杂的特点，使它无法用传统的工具绘制出来。面对双曲点附近的栅栏结构，彭加勒当年曾感叹道：这种图形"复杂得我甚至不想把它画出来"。实际上他也无法画出来。由于同样的原因，朱利叶和法图只能凭借思维力去想象复映射的奇异图形，无法把它们画出来以便研究。这是他们未能成为分形几何创立者的重要原因。就连靠计算机数值实验率先发现混沌的洛伦兹，由于不具备计算机绘画和示像技术，也未能画出他所发现的奇怪吸引子。但20世纪70年代的情形已大不相同，数值实验作为现代科学的基本方法之一开始被确认，计算机绘画与视像技术渐趋成熟，大批漂亮的分形图像被陆续用计算机绘制出来。如同传统几何借助直尺、圆规作图而方便地研究规则图形那样，现代数学终于有了计算机这种绘制分形图形的方便工具。

分形学诞生于20世纪70年代并非孤立现象。我们曾经指出，20世纪60年代前后很像是现代科学自身演化的一个相变时期。[①] 一大批新兴科学集中在这一时期中产生出来，它们都以宏观层次为主要研究对象，着重处理系统性、非线性、复杂性问题，导致科学思想和方法论的深刻变革，代表科学发展的重要潮流。分形学是其中晚近产生的一支，它从这一历史潮流中获得推动力，摄取时代精神，又从提供处理复杂性的几何工具的角度给这一潮流以有力的推动。

曼德勃罗能够成为分形几何的创立者，与其个人特点和经历有关。他出身于波兰，受教育于法国，功成于美国。青年时期的曼德勃罗已显示出擅长形象思维。不管给出什么解析问题，他几乎总是可以用脑海中的形状来思考。曼氏具有超越传统的勇气，不受机械论科学框架的束缚，不为那些容易做出成绩的常规课题所吸引，醉心于探索被学术界鄙视的"古怪问题"。这些特点使他较容易地摆脱布尔巴基学派排斥直观、崇尚形式化风格的强大影响，坚持对周围世界的奇形怪状做几何学思考。欧洲是分形思想的发源地，前述早期分形研究均出自欧洲学者之手。20世纪40年代，曼德勃曼曾师从朱利叶。这些条件使他能够更多地接受这批珍贵的理论遗产。曼氏长期游离于科学工作的主流之外，在不同研究领域之间流浪（他戏称自己是"挑选出来的流浪汉"），并且在这些领域中他都幸运地接触到后来被确认为分形的客观现象。最后落脚于IBM公司，又为他提供了掌握计算机这一分形研究有效武器的良机。必然性总是通过偶然性来为自己开辟道路的，而偶然性中必定包含着某种必然性。像曼德勃罗这种既熟悉数学分形的理论遗产，又大量接触过现实世界的分形对象，同时还掌握了计算机技术的人，在当时几乎是绝无仅有的。曼德勃罗拥有同代其他人所没有的特殊优势。当创立分形几何的客观必要性和可能性同时具备之后，历史选择了曼德勃罗来完成这一任务就不是纯粹偶然事件了。当然，这里同样有一个发展过程。50年代，曼氏研究过语言分布。60年代，为报效收留他的IBM公司，研究过通信中的噪声分布，发现类似康托集的奇异结构。以后还考察过河流数据、棉花价格分布等问题。在1967年发表的《英国海岸线有多长?》的论文中，首次阐明他的分形思想，1973年提出分形几何概念。1975年创造fractal（分形）这个词，出版了那本为分形几何奠基的专著。在80年代，又推出《大自然的分形几何》等著作，给这一学科的发展以持续的推动。

[①] 苗东升：《系统科学原理》，中国人民大学出版社，1993，第663页。

10-2 从整形到分形

描述事物的几何形状，是认识客观世界的一项重要内容。从欧氏几何、仿射几何、黎曼几何、微分几何到现在的流形理论，研究的都是规则形状，即由至少是分段光滑的线段或圆弧、平面或曲面组合而成的对象，可以统称为整形。传统几何就是整形几何。它首先为描述人造物提供了强有力的工具，建构屋宇，制造机器，架桥筑堤，广泛应用整形几何知识。在描述自然界的几何形状时，大到星球运行轨道，小到原子模型、DNA结构，整形几何也颇为奏效。然而，在描述自然界中等尺度的对象（即我们所生活的这个宇宙层次上的物体）的形状时，整形几何往往无能为力。山是什么形状？若用整形几何回答这个极平常的问题，最逼近的模型应是锥体。但是，如果我们用一个或一组锥体去描述黄山，那么，黄山的奇峰、险壑、怪石所产生的特殊观赏价值和地质地貌考察的科学价值便荡然无存了。曼德勃罗喜欢说，山不是圆锥，云彩不是球面，闪电不是沿直线行进。曼氏的意思是说，整形几何不是描述此类形状的适当工具，这里需要一门崭新的几何学，即分形几何。

现实世界的几何对象既具有整形特征，又具有分形特征，是二者的辩证统一。整形与分形相比较而存在。数学家定义的整形和分形，"是对客观物体的形状从两个相反的方向进行抽象的结果，现实世界中的物体形状介于这两个极端之间"①。有些真实形状的光滑性、规则性占主要地位，但同时具有某些不光滑、不规则的成分。忽略这些次要特征，加以规则化处理，就得到数学上的整形。有些真实形状的非光滑性、不规则性是主要方面，同时也具有某种程度的光滑性、规则性。如果对它们也做规则化处理，抽象为整形图像，实质是对真实形状的歪曲，分形才是它们的正确数学模型。这里讲的主要和次要的划分是有条件的。在日常经验中，我们总是不自觉地按照人自身的尺度观察物体，区别整形与分形。这造成一种错觉，似乎光滑与不光滑、规则与不规则的界限是完全确定的。实则不然。给定一个几何对象，要问它是整形还是分形，不能抽象地回答，要看你观察它的尺度如何。地球表面是什么形状？从太阳系之外来看（大尺度），它是一个椭球面，典型的整形。如果从民航飞机上看，地表凸上

---

① 施德样、王建国：《分数维几何学简介》，载《自然》，8卷，11期。

有凹、凹中有凸，是典型的分形曲面。一条柏油马路在行人眼里是一条相当光滑的曲面带，但对于正在路面上爬行的微生物来说，恰如宋代旅行家杨万里所描述的，"正入万山圈子里，一山放出一山拦"，是典型的分形。一般地说，对同一物体的形状的判断是整形或分形，常因处理问题的参照系不同而不同。

整形与分形的辩证关系还在于可以相互转化。各种数学分形，如康托集、科赫曲线、谢尔宾斯基地毯等，都是从通常的整形（直线段、多边形、多面体）出发，通过确定而规则的变换得来的。它表明，整形与分形具有矛盾同一性，整形可以产生出分形。正因为存在这种同一性，整形几何内在地孕育了分形几何，只有整形几何获得充分发展，才能为分形几何的产生创造必要的知识准备。整形与分形，更一般地说，一切矛盾双方都是相互规定的。在认识分形之前，人们从未意识到三角形、椭圆、四面体等为整形，只有在认识了一类图形的分形特性的同时，才理解了另一类研究了数千年的图形具有整形特性。这并非仅有的一例。正数与负数，有理数与无理数，都是相互规定的，在不认识$\sqrt{2}$的无理性之前，也不可能认识$\frac{2}{3}$的有理性。

由于结构复杂和研究历史的短暂，至今没有给出分形概念的普遍接受的严格定义。曼德勃罗一再修改他的分形定义正说明这一点。按照他的通俗说法，分形是部分与整体有某种相似性的形状。这个定义颇不严格，容易引起误解，导致概念混乱。部分与整体有某种相似，这只是分形的必要条件，不是充分条件。有些整形也可能具有这种特性。用49块大小一样的方砖铺成一片地面，形成一个四层嵌套的平面图形，整体与它的各部分严格相似。但这是一个标准的整形，没有分形的要素。曼德勃罗常讲分形的特点是"粗糙而自相似"的。具有粗糙性也是分形的重要且必要的特征。所谓粗糙性，就是不规则性。分形学家常强调他们的研究对象"处处无规则可言"，"在各种尺度上都有同样的不规则性"。显然，这是一切整形所不具备而一切分形都具备的特征。

还需说一说分形的普遍性问题。分形学文献中经常出现分形普遍存在的说法，指的是分形广泛存在，而不是说一切皆分形。这种说法不够准确，尽管在分形学文献中不会引起混乱，但要在哲学上做出分形普遍存在的结论，值得商榷。如果断言"宇宙中任一有限的物质都是自相似的分形系统，其中都包含着宇宙发展的全部信息"①，就是错误的了。我们赞同陈忠的说法：分形既是普遍的，又并不普遍②。说它普遍，是指从无生命界到生命世界，从自然界到社会，从物质领域到精神领域，从微观到宏观再到宇观的不同层次上，广泛存在分形。说它并不普遍，是指分形并非一切事物的本质特征，不论在哪个对象领域，也不论在哪个层次上，在任一给定尺度下观察，都会发现不属于分形的对象。也就是说，在各种情况下，都有些对象需用整形几何来描述。一个例外是哲学上的矛盾分形，只有它才是无条件普遍存在的。总之，不应把分形泛化，到处套用这个概念；不要从曼德勃罗关于"分形是大自然的几何学"的命题中，引申出整形在大自然中只是罕见的例外这种结论，不能用分形的普遍性命题否定整形几何的广泛应用。

10–3 分形概念的辩证法

作为一个描述复杂性的科学概念，分形包含诸多矛盾，如整形与分形、光滑与非光滑、规则与不规则、有序与无序、确定与不确定、有限与无限、离散与连续、整体与局部、简单与复杂、形态与运动、数与形等。前节讨论了整形与分形的辩证关系，本节再讨论几对矛盾。

规则与不规则 分形对象给人的第一印象是破碎杂乱、毫无规则。但分形绝不是简单的无规则性，而是规则性与无规则性的奇妙统一。曼德勃罗指出："数学家发现那些至今为止认为异常的（分形）集在某种意义上说应该是规则，被认为是病态的结构应该自然而然地从非常具体的问题中演化出来。"③ 分形在不同尺度、不同层次上表现出同样的不规则性，这本身就是一种规则性，即自相似性。分形对象在极不规则的表观下呈现出精细的结构，代表一类复杂的规则性、高级的有序性，不妨称为"分形序"。像科赫曲线、谢尔宾斯基海绵之类的数学分形，都是从规则的光滑的源图出发，经过简单的规则的变换，最终变为极不规则、处处不光滑的图形。这些事实表明，规则性中包含不规则性，光

---

① 纪丰民：《分形自然观和分形方法》，载《内蒙古大学学报》（哲社版），1991年第1期。

② 陈忠：《分形研究中的几个问题与猜想》，载《分形理论及其应用》，四川大学出版社，1989。

③ 李后强、张国祺、汪富泉：《分形的哲学发轫》，四川大学出版社，1993，第57页。

滑性中包含不光滑性，并在一定条件下发生转化。

有限与无限 从规则性中产生不规则性，从光滑性中产生不光滑性，从整形中产生分形，实现这种转化的机制在于所施变换是无限递归的，它使分形对象中出现有限与无限的奇妙统一。这在整形对象中是看不到的。我们知道，在整形几何中，面积有限的区域必定是由长度有限的周边曲线围成的，体积有限的空间区域必定是由面积有限的周边曲面围成的。这似乎已成为不证自明的结论。但分形违反这种常规。面积有限的科赫岛的周边曲线之长度为无穷大。体积有限的分形立体对象的周边曲面之面积为无穷大。在从源图出发利用反复分划、挖空（打洞）的办法构造出来的分形图形中，有限与无限的统一另具特色。从立方体出发构造出来的谢尔宾斯基海绵，表面积无穷大而体积为零。由正方形出发构造出来的谢尔宾斯基地毯中，周边曲线长度为无穷大而面积为零。以直线段为源图构造出来的康托三分集，长度为零，但含有不可数无穷多点，虽非处处稠密，却是完全的。但正是这些怪异的特性，使分形具有异乎寻常的功效，可用来解释混沌、自组织等复杂现象的发生机制。

离散与连续 这是数学中又一对广泛存在的矛盾，分形研究揭示出它的新内涵。传统的维数只可取整数，点是0维的，线是1维的，面是2维的，体是3维的，抽象的高维空间的维数可以是任意正整数。但不允许维数取分数值，维数不能连续改变。分维的发现改变了这一观点，表明维数原则上可取任何正实数，因而可以连续变化。就现实世界的整体而言，维数既是离散的，又是连续的。在整形几何研究的范围内，它是离散的；在分形几何研究的范围内，它是连续的。更一般地说，就数学对象的整体看，有些对象的连续性居支配地位，数学研究首先认识了连续性，随着研究的深入和拓展，后来发现它还有离散的一面；另一些对象的离散性居支配地位，数学研究首先认识的是离散性，随着研究的深入和拓展，后来发现它还有连续的一面。不论哪种情形，都反映了科学认识由片面到全面的辩证运动，都标志着科学事业的进步乃至飞跃。从整数维到分数维的发现，不过是这种飞跃序列中最新的一次。

数与形 数量关系和空间形式是数学研究的两类对象。数与形既有质的区别，又有内在的矛盾同一性，可以相互转化。自笛卡尔发明解析几何以来，数学已创造了许多实现这种转化的科学方法，但都限于整形几何范围。一个图形对应着一个公式或函数，反之亦然。分形几何开创了把数与形沟通起来的全新途径，即用递归算法借助计算机产生分形图像。"分形不是采用原始形状而是采用算法和数学程序集来表示。这些算法借助于一台计算机而被转换成一些几何形态"①。科赫雪花曲线之类的数学分形、各种奇怪吸引子,都可用适当的算法借助计算机绘制出来。客观现象的几何特性不一定都是外在可直观的,系统在相空间的几何特性就不可能在现实空间中看到。但可视性与不可视性也可以相互转化。利用整形几何知识,可以把动力学系统的规则运动体制转化为相空间的可视几何特性,极大地方便了对它们的研究。分形几何在这方面开辟了更广阔的前景。前面提到的河流、棉花价格、国民收入等数据中的分形,原本都是不可视的。但利用分形学原理和计算机技术,都可以转化为可视图像,把事物固有的极其复杂的内在几何特性直观地显示出来,极大地方便了许多领域的研究工作。

分形与矛盾 辩证法认为,自然界、社会和精神领域的一切现象和过程都包含相互矛盾的趋势。用分形学的语言讲,整个宇宙和它的组成部分(具体事物)在具有对立面的统一这种矛盾结构上是自相似的,这种自相似性没有尺度大小和时空的限制。就是说,矛盾学说是一种哲学分形观。刘和平提出矛盾分形元、矛盾分形体、矛盾分形学等概念,试图用分形学方法研究矛盾变化的基本形式②。具体的提法有待进一步研究,但这一动向值得哲学界注意。

在矛盾学说中,同一性的含义包括矛盾双方相互渗透、相互贯通。这个观点一向只能用哲学语言来表述,与科学语言无缘。科学表述要求在A与非A之间划出明确的界限,不承认也不允许A与非A相互贯通。分形研究正在改变这种情形。一个简单而典型的例子是牛顿方程 $X^3+1=0$。令A、B、C记它的3个根,代表解题过程(可以看作一种动力学系统)的3个吸引子,它们把复平面划分为3个扇形区域(即3个吸引域),在每个区域内任一点进行迭代,最后将收敛于该区域内的那个根。数学家历来相信,每个吸引域的边界都是规则曲线,彼此界限分明。但近来的研究表明,3条分界线都是分形曲线,异常复杂。在一定尺度下观察而断定完全属于A(B或C)的某个边界小区域,若放大尺度看,将发现其中仍包含属于B(A或C)吸引域的点。理论上可以证明,两个吸引域在边界处的相互嵌套的结构有无穷多层次,不论在什么尺度下看,都是你中有我,我中有你,无法划分清楚。分形研究提供了用科学语言表述对立面相互渗透、相互贯通的实例,这在科学和哲学上都是极有意义的。

---

① 李后强、张国祺、汪富泉:《分形的哲学发轫》,四川大学出版社,1993,第45页。
② 同上书。

10-4 分形、迭代与系统演化

曼德勃罗指出："分形几何扮演了两种角色。它既是决定论混沌的几何学，又是描述山峦、云团和星系的几何学。"[1] 后一角色已有所论述，现在讨论前一角色的哲学启示，并拓展到几何学与动力学的一般关系问题。

状态随时间变化的系统，称为动力学系统。动力学特性是系统在时间维中表现出来的性质。所以，斯梅尔把动力学理论理解为"时间的数学"。几何特性则是系统在空间维中表现出来的分布特性、结构特性。通常认为，空间维与时间维是相互独立的。但在动力学中引入相空间描述后，我们看到时间特性可以转化为空间特性，用相空间中轨道的分布（结构）特性可以有效地描述系统的动力学特性。研究简单有序演化的自组织理论和研究复杂有序演化的混沌理论都建立在这一认识之上。这里也包含静与动的辩证关系。

迭代运算是一种以数学形式表示的动力学过程。借助于计算机绘图技术把这个过程表示于相空间，可以直观地看到时间特性与空间特性、动态特性与静态特性的转化。区间 I 到自身的映射 $f(x)$ 被用来描述自组织、混沌和分形，表明三者之间有内在联系，迭代运算是揭示这种联系简单而有效的手段。其机制值得研究。

从哲学上看，迭代是事物自己运动的一种数学表现形式，其中既包括自我肯定，又包括自我否定。按照辩证法，事物能够存在，是由于它本身具有自我肯定性；事物会变化并最后走向灭亡，是由于它本身具有自我否定性。现代系统理论为此提供了某种科学支持。从系统学看，迭代表现的是系统的自反馈，即把已有的行为和输出又作为动因或输入引入系统。输入代表原因，输出代表结果，迭代表现的是因与果的相互转化。这就克服了经典科学把原因与结果的区别绝对化的观点，承认它们的关系是辩证的。这是描述自组织、混沌、分形的必要认识前提。反馈有正负之分。有正反馈作用的迭代对系统行为有激励、放大的作用，代表系统的自增长机制。有负反馈作用的迭代对系统行为有减小、弱化的作用，代表系统的自我抑制机制。两者都可能是系统的自我肯定因素或自我否定因素。代表新结构、新行为的因素必须靠正反馈加以激励放大，才能

---

[1] 李后强、张国祺、汪富泉：《分形的哲学发轫》，四川大学出版社，1993，第3页。

发展起来以取代旧结构，这时的正反馈迭代是系统的肯定因素。但无节制的激化和放大必然在某个时候转变为破坏结构的否定因素。负反馈迭代作用在新结构的孕育过程中是否定因素，但对维持原结构是肯定因素，当新结构已经成熟、需要稳定下来的时候，负反馈也是肯定因素。两者的不同结合，使迭代运算的结果可能使系统逐步走向消亡，或者保持某个稳态，或者过渡到新的稳态，或者否定了旧稳态，但未找到新稳态，同样走向灭亡。

迭代有线性与非线性之分。一个线性迭代的反馈要么是正的，涨落不断放大，没有抑制机制；要么是负的，没有放大机制，涨落不断减弱。故线性迭代不会出现自组织或混沌，也不会产生分形。非线性迭代有本质的不同。它可以既有正反馈效应，又有负反馈效应。对于刚萌发的新结构因素，通过正反馈而不断放大，使系统自我增长；当新结构已经发育成熟，则通过负反馈抑制涨落，使它稳定下来。迭代的规则是确定的，每一步的结果也是确定的。这是微观的确定性。如果系统具有非线性相干机制，就会使这种微观确定性在迭代过程足够久（原则上应是无限长）之后转化为宏观整体上的不确定性。在自组织的情况下，表现为分支点上的多解不确定性，迫使系统进行选择。在混沌运动的情况下，不确定性表现为系统的内在随机性，在奇怪吸引子上做无规运动。非线性迭代是沟通确定性与不确定性的桥梁。

从空间维看，迭代产生分形。正是通过反复的迭代，在相空间不断地拉伸、压缩、挖空，实现了从光滑转化为不光滑、从规则转化为不规则、从整形转化为分形。奇怪吸引子都是分形结构，具有自相似性。在大气湍流、心脏颤动之类动力学混沌运动中，我们看到不同时间标度上表现出相似的分形模式。这种一致性表明它们之间深刻的联系。分形学与混沌学都承认这一点。这有助于我们加深对时空本质的理解。

奇怪吸引子是相空间的分形，山峦、云团是真实空间的分形，二者有性质上的区别，但又有联系。在计算机上进行数值迭代而做出足以乱真的分形图像，利用有限扩散凝聚模型（DLA）模拟现实世界的肮脏系统，这类事实启发我们，大自然的演化过程一定包含各种迭代操作，依靠这种简单而颇具神奇效应的操作，演化出千姿百态、变换无穷的自然分形。迭代运算作为具有辩证性质的简单过程，必有许多深刻的东西有待人们去发现。

10-5 分形学对科学思想和方法论的贡献

按照沃斯的说法，伽利略关于西方科学基本信条的著名论断，可以概括为三点：①要理解和模拟大自然，必须通晓它的语言；②大自然的语言是数学的，其中几何是描述、仿制、模拟形状的特殊语言；③大自然的几何语言是由三角形、圆以及其他规则图形构成的。沃斯认为，前两条是正确的，第三条不正确，大自然所偏爱的语支（dialect）不是欧氏几何而是分形几何。分形研究提供了描述自然界不规则形状的语言的基本结构，有助于重建数学与自然科学及计算机之间的联系，其概念正在成为大多数自然科学的重要工具，在用计算机表现和模拟自然现象中扮演主角。① 这一评论大体反映了西方学者对于分形学方法论意义的看法。

现代数学是在欧氏几何和微积分基础上发展起来的，微积分是分析数学的最大武器。在任何一本微积分著作中，关于不考虑可微性的连续函数的内容只占极少一部分，而且是为讨论可微函数做准备的。几乎处处不光滑的函数不属于数学的合法研究对象。而分形学恰恰取消了可微性概念，对数学思想和方法论的冲击之巨可想而知。高安秀树指出："否定微分，这在历史上恐怕也是划时代的。"② 分形几何代表的是从数学大树根部发生的一次分叉，是一门与现有数学性质上不同的新数学的生长点。现代物理学的大部分内容建立在微积分基础上，否定微分对物理学的影响也将是巨大而深远的。

19世纪创立的罗氏几何和黎曼几何否定了欧氏几何的平直性，建立了非欧几何，导致几何学革命，并为物理学革命锻造了重要数学工具。但它们研究的仍然是几乎处处光滑的几何对象。分形几何否定了光滑性、规则性，是另一种意义上的非欧几何，引起空间概念的又一次深刻变革。时空四维空间概念刻画的只是现实世界空间特性的一个方面，可能是它较简单的一面。具有分数维的分形空间概念刻画的是另一方面，有可能是现实世界空间特性较复杂且更普遍的一面。格莱克认为："曼德勃罗的工作提出了对世界的另一种主张，这主张乃

---

① R. F. Voss：Fractal in nature：From characterization to simulation, in *The Science of Fractal Image*, SpringerVerlag. World Publishing Corp, 1990. p22.
② 高安秀树著，沈步明、常子文译：《分数维》，地震出版社，1989，第5页。

是奇形怪状具有意义。凹凸和缠绕比瑕疵更严重地歪曲了欧几里得几何学中的经典形状。它们常常是理解事物本质的关键。"① 空间概念的这一变革将会在自然科学乃至社会科学中引出哪些新奇的甚至惊世骇俗的结论，尚难逆料。据著名科学哲学家科恩统计，历史上共有16位学者明确宣布自己的理论创造是革命性的，或引起革命的，或是革命的一部分。其中包括达尔文、爱因斯坦这些公认的科学革命的导师，也有放了空炮的 J. P. 马拉，曼德勃罗是最后一位。我们相信，曼德勃罗不是马拉，他的贡献是近30年来兴起的这场以探索系统性、非线性、复杂性为旗帜的伟大科学革命的重要组成部分。

维数概念在数学和物理学中都有基本的重要性。按照传统的理解，维数是确定系统状态的独立变量数。从豪斯道夫以来，数学家发现维数还有另外的意义，即刻画几何对象（点集）填充或占有空间的能力。作为填充空间能力的测度，维数很自然地可以取任何实数。整数维0、1、2等代表几何对象占有空间能力连续变化过程中各个部分质变的关节点，分数维代表不同关节点之间的中介过渡。在整形几何中，点与线、线与面、面与体是性质全然不同的几何对象。分形几何否定了这种绝对分明的界限，揭示了在点与线之间存在康托集这类非点非线、亦点亦线的中介现象，在线与面之间存在埃农吸引子、谢尔宾斯基地毯这类非线非面、亦线亦面的中介现象，在面与体之间存在洛伦兹吸引子、谢尔宾斯基海绵这类非面非体、亦面亦体的中介现象。这对以往的几何学是不可想象的事。恩格斯指出："高等数学的主要基础之一是这样一个矛盾：在一定条件下直线和曲线应当是一回事。……高等数学利用这些和其他一些更加尖锐的矛盾获得了不仅是正确的、而且是初等数学所完全不能达到的成果。"② 我们也可以说，分形几何的主要基础之一是这样一个矛盾：在一定条件下点和线或线和面或面和体应当是一回事。分形学利用这类矛盾能够取得现有科学无法取得的哪些成果，让我们拭目以待。

把分形论与系统论作为对立的两极③，这种观点值得商榷。系统论的对立面是还原论。还原论的一个思想前提，是相信复杂事物的整体特性经过适当分解可以转化为比较简单的部分来研究。分形原则上不能这么处理。若不按分形元来划分对象，分形的基本特征自相似性就被破坏，那样划分出来的部分对了

---

① 格莱克著，张淑誉译：《混沌：开创新学科》，上海译文出版社，1990，第101页。
② 恩格斯：《反杜林论》，第118－119页。
③ 李后强、张国祺、汪富泉：《分形的哲学发轫》，四川大学出版社，1993，第119页。

解整体没有价值。若按分形元来划分对象,则部分与整体一样复杂,完全起不到简化作用,分析方法失去存在价值。研究分形需要系统观点和方法,研究复杂系统需要分形作为工具。分形学的产生属于清算还原论、倡导系统论这种科学发展总趋势的一部分。应当从这一角度来评价分形学的方法论意义。当然,系统方法有不同层次、类型和水平的区别,拿控制论、运筹学中行之有效的方法来研究分形是不行的,需要提出更有效更深刻的系统思想和方法。

分形为复杂性研究提供了思想和方法。首先,分形概念能刻画大自然的几何复杂性。分形还与复杂性的其他形式有内在联系。曼德勃罗认为,一个分形集由形、机遇(随机性)和维数来决定。自然界中分形的形成都与某种随机过程分不开,自相似性具有统计意义。在分形曲线或曲面上进行的运动,必定具有随机性。打个比方说,一群旅客到某个具有明显分形特征的地方旅游,没有地图,没有导游,也不向他人打听,那么,每个人的行走路线必定是一条类似布朗粒子运动的随机路径,全体游客的行走路径必定构成一个统计系统。混沌研究表明,分形是产生混沌即内随机性的根源。10-3节关于相互渗透的分析表明,分形还是产生模糊性的根源之一:相空间吸引域边界的分形特征,产生出不同运动体制之间界限的不清晰性。总之,分形是产生多种复杂性的几何根源,分形研究是复杂性研究的一个方面,分形学是近30年来提出的处理复杂性的理论方案之一。

分形也为研究自组织提供了思路和方法。发现临界现象中的自相似花斑结构,按分形理论成功地模拟某些生长过程(如DLA模型),这一类事实表明分形与自组织过程有内在联系。像人体这种复杂巨系统,数量多得惊人的细胞能够组成一个有机体协同运行,一个必要条件是人体的物能输运系统(血液循环等)和信息传输系统(神经、经络等)遍布周身,从大动脉不断分叉到微循环,从中枢神经分叉到神经末梢,与每个细胞都有联系又只占有很小的体积。具有极大的表面积和极小的体积,是人体输运系统和信息系统必备的特征。它的数学模型就是三维空间中具有无穷大表面积但体积为零的分形。尽管这方面目前尚无深入而具体的研究,但分形代表一种自组织机制,这是肯定的。

就认识论而言,分形也有深刻的启迪。科赫曲线之类的分形是纯粹数学思维的产物,数学家为此而庆幸过自己的创造力高于大自然。但大自然不是轻易就可以打败的。大自然的"想象力"并不亚于数学家。本章开头引用的戴森的言论,表达了现代科学家的新认识。分形研究揭示了数学与现实世界更深刻的联系。在大自然进化中产生出来的人脑,归根结底是按照大自然的法则进行思维的。一切真正合乎逻辑的数学创造，即使在很长时期内找不到实际应用，也不是思维绝对自由的创造物。它们要么是尚未认识的某些客观对象的模型，迟早有一天会发现它在客观世界的对应物；要么将会在某些新的人造物中找到用处，表明它是客观世界有可能存在的事物的数学模型。

总之，在上述各种系统理论的创立和发展过程中，正是辩证法为系统理论家理解现实世界发生的演化过程，为他们把握现实世界在结构产生和演化方面的普遍联系，实现从微观到宏观、从无生命到生命、从自然界到社会的过渡提供类比，并从而提供说明方法。分析哲学、证伪主义、操作主义之类的哲学流派，尽管在具体的方法论上有各自的价值，但都无助于系统理论家解决他们面临的理论困难。系统理论的发展极有力地说明辩证法是富有生命力的。

10-6　分形学对科学世界图景的变革

分形研究重新提出一个古老的问题：客观世界是否具有自相似性？在这个涉及科学世界图景的重大问题上，人类认识经历了一个否定之否定的过程。

现实世界的许多事物具有明显的自相似性，部分呈现出与整体相同或近似的结构。在缺乏科学论证的条件下，古人靠直观把握这类现象，猜测到自相似结构普遍存在，并把它作为一种由已知进入未知的推理想事方式：由小世界推论大世界或者相反，由快事件推论慢事件或者相反。古人尚无明确的特征尺度概念，未掌握处理标度特性的普遍方法，不得不以自相似这个尚未经过科学论证的概念为基础，描绘世界图景。从东方到西方，古代文明社会都提出以自相似为特征的世界观。

以这种自相似为基本特征的世界图景，既缺乏严密的逻辑论证，又同大量显而易见的事实不符，当然是非科学的。随着近代科学的兴起，自相似世界观不可挽回地衰落了。从研究力学系统起步的近代科学，以及相伴随的以制造和使用机器为主体的近代技术，到处遇到的是具有特征尺度的现象。要认识和处理这种现象，基于自相似性的推理想事模式无济于事，关键是要回答这样一些问题：在空间广延方面它有多大？在时间延伸方面它有多久？变化有多快？在努力解决这些问题的探索中，人们建立起关于特征尺度的一般概念，掌握了处理标度特性的普适方法。应用分析方法，现代科学向越来越小的空间尺度探索，发现分子具有宏观物体没有的特性，原子具有分子没有的特性，基本粒子具有原子没有的特性。生命现象同样要考虑特征尺度，不同尺度的动物显然具有不同的形态和特性，不同层次的生命运动有质的区别。在社会领域，中小系统与巨系统的行为大不相同，用不同时间尺度看历史也有不同的结论。科学在不同领域和不同层次都发现具有不同尺度的对象普遍存在，事物的性质因特征尺度的改变而改变，不同尺度的对象领域有不同的规律。于是，人们在否定自相似性的前提下描绘科学世界图景。在这个世界中，理解事物的关键是抓准特征尺度（特征时间、特征长度、特征容量等），正确地描述（不论定性的还是定量的）事物以正确选择特征尺度为前提。特征尺度不对头，用斗量海水，用大炮打苍蝇，都不能正确认识和处理事物。这已成为现代社会人们推理想事的常规模式。

人们满意地看到科学技术的现代发展使这种世界图景日臻完善，却未曾料到它同时也在悄悄地准备着向这种世界图景发起挑战。以处理标度特性为轴心的科学技术自身发现和创造了许多不具备特征尺度的事物和现象，再一次把自相似性问题摆在人们面前。分析数学是科学理论刻画标度特性十分有效的工具，但它的基础——实数连续统具有绝对的自相似性，实轴上任一开区间与整个实轴一一对应。标度性科学的基础中存在无标度的自相似结构，发人深思。如果有人说这只是自相似的一个平庸例子，可以不去管它，那么，全息照相技术、物理学的临界态理论所展示的则是远非平庸的自相似性，不容科学界视而不见了。特别是混沌学和分形几何以标准的现代科学方法和精确的数学语言把无标度特性系统地揭示出来，使自相似性上升为科学概念。

分形学家喜欢说，分形几何研究的是一些孩子们提的问题：树是什么形状？云彩为什么这般模样？山是球体还是锥形？孩子们天真而又难以回答的问题，往往涉及描绘世界图景的根本问题。分形几何探索的恰好就是这类问题。现已知道，从神秘的木星大红斑到宇宙深处的星球分布都呈现出分形特征，描述宇观尺度的科学世界图景不能撇开自相似性。分形学正在向微观科学渗透，布朗运动的轨迹是典型的分形曲线，蛋白质的分子链和表面呈现分形特性，表明描述微观尺度的科学世界图景也不能撇开自相似性。在我们的周围分形更是司空见惯的现象，一切复杂系统都具有分形特性，描述宏观尺度的科学世界图景更不能忽略自相似性。人体结构和机能多方面呈现分形特性，表明科学的人体观应包含自相似性。现代社会的交通网、通信网以及其他运输、调控系统的结构越来越具有分形特性，分形应是发达的信息社会的自组织原理之一。建立科学的社会观同样不能不考虑自相似性。一言以蔽之，被经典科学否定了的自相似性，今天重新为科学所接纳，并颇受青睐。

但是，如何利用这些新成果来重绘科学世界图景，存在不同的主张。一些哲学家全盘抛弃从牛顿到爱因斯坦的世界图景，完全抹杀标度特性，代之以一种用现代术语重新装扮起来的古代自相似世界观。典型之一叫作"宇宙全息统一论"，它的基本命题为"部分包含着整体的全部信息"。据说，只要学会宇宙全息统一论，就可以掌握认识世界的捷径，能够从任一部分了解整体的全部结构、行为、特性。例如，从一块石头或一片树叶足以认识宇宙的一切，从一个中国人可以了解所有中国人的所有信息。分形与混沌被用来作为论证这种观点的科学依据。但我们不敢苟同。

基于标度特性的科学世界图景并非完全错了，而是有片面性，因为它完全排除无标度特性。但若走向另一极端，完全排除标度特性，就大错特错了，因为它否定了科学技术几百年的成就。辩证地看，现实世界不是单色彩的，它既有整形，又有分形，既有标度特性，又有无标度特性。现实世界是这些矛盾的对立统一，是标度变换下的可变性与不变性的统一，自相似性与非自相似性的统一。在不同条件下，这种对立统一的具体格局千差万别，形态各异，造成客观世界的无限多样性和复杂性。自相似世界观和非自相似世界观，两者都有合理性，又都有片面性。新的科学世界图景需要把两种模式融会贯通，既要善于区分不同尺度，应用标度性概念推理想事，又要善于跨越一切尺度，应用无标度性概念推理想事。

标度性与无标度性，自相似性与非自相似性，它们的存在是有条件的、相对的。临界现象没有特征尺度，意味着要考虑各种特征尺度。自然界的分形在大小两端都存在着特征尺度限制，表明实际的无标度性是以存在标度限制为前提的；超过这个限制，无标度的对象就转化为有标度的对象了。非自相似结构中存在某种自相似性，任何事物的组成部分中必定包含整体的某些信息，但部分中包含多少有关整体的信息，不同事物并不一样，甚至同一事物的不同部分也有差别。普通照相技术就没有全息性。即使在自相似结构中，部分原则上也不可能包含整体的全部信息，总有某些非自相似性。一切自然分形都是不完全的自相似性。基于此，曼德勃罗在给分形下定义时，只要求部分与整体有某种程度的自相似性。即使数学分形也有两重性，自相似性中包含非自相似性。统计分形只具有统计意义下的自相似性，承认有小概率的非自相似性。这种小概率的非自相似性有时具有不可忽略的重要作用。自仿射分形在不同方向上有不同的伸缩比，造成一定的非自相似性。奇怪吸引子很少有严格意义上的自相似性，说它们具有自相似结构，主要指在某一尺度上看是一个层次，若放大观察又会发现其中包含许多层次，形成层次嵌套结构，其层次划分在数学上是无穷多的。洛伦兹吸引子就具有这种自相似性。但洛伦兹吸引子整体上由相联的两片组成，看去有点像一双蝴蝶翅膀。若取出一部分放大看，不再具有这种整体形象，只是发现还有许多新的层次，这里就有非自相似性。即使严格的线性数学分析，也不是绝对没有非自相似性因素。例如，以一个正三角形为源图做成的科赫曲线是封闭的，但其任一部分不具有封闭性。总之，分形与混沌不可能成为宇宙全息统一论的科学依据。

03
总 论

第 11 章 从"非系统理论"看系统理论

> 百花齐放、百家争鸣的方针,是促进艺术发展和科学进步的方针,是促进我国的社会主义文化繁荣的方针。[①]
>
> ——毛泽东

在逐章对十种系统理论的辩证思想做了考察之后,总觉得有些问题尚须做点综合的讨论。20世纪80年代我国哲学界出现的"非系统理论",为我们提供了一个适当的论题来实现这一点。

11–1 问题的提出

"非系统理论"的出现,是哲学界对20世纪80年代那股系统热进行质疑和反思的结果之一。它的创导者陈志良博士对这一理论观点产生的背景和契机做过颇富哲学家思辨智慧的说明:从一般系统论的提出并向四周扩散,到耗散结构论、协同学等理论相继问世并取得不断胜利,形成一股系统热。当这股系统热发散到顶点的时候,思维似乎发现少了点什么。人们循着逆向思维、侧向思维的方式开始寻找那失去了的东西,惊奇地发现以前未曾看到的东西——非系统,到处露出自己的痕迹。系统理论给我们描述的是一个"单一的、片面的、抽象的、没有发展余地的"世界。人们不应当沿着这条路一直"走到黑"。需要另辟蹊径,创立一种不同的理论去描述那个多样的、全面的、具体的、有无限发展余地的真实世界。于是,非系统理论便应运而生了。

[①] 《毛泽东著作选读》,人民出版社,1986,第783页。

参考文献［11］~［13］对两种理论的对象领域做了如下划分：

系统理论研究	非系统理论研究
系统性	非系统性
必然性	偶然性
确定性	不确定性
有序性	无序性
稳定性	不稳定性
完全性	不完全性
单一性	多样性
计划性	非计划性
渐变性	突变性
上向性	下向性

从这一"势力范围"的划分中，人们看到的是一幅关于系统理论的残缺不全、干瘪苍白的肖像。如果这幅肖像是逼真的，我们就不得不承认非系统现象是更普遍的现象，非系统规律是更根本的规律，非系统理论是更重要的理论，现有的系统理论实在是太贫乏了。

但我们必须坦率地指出，这幅肖像过分失真了。它的错误来自两个方面。从科学上看，它的论断建立在对系统理论的严重误解上。从哲学上看，它违背了辩证法的对立统一观点。既然矛盾双方是相比较而存在、相对立而发展的，科学理论就不可能完全撇开一方而单纯描述另一方。我们不能完全撇开不确定性去描述确定性，完全撇开无序性去描述有序性，完全撇开不稳定性去描述稳定性，等等。如果存在这样的系统理论，那必定是地道的形而上学货色，需要的不是建立非系统理论去与它互补，而是彻底抛弃它。所幸的是，系统理论并非这副尊容。

不过，陈志良的工作还是有意义的。第一，激发了学术界对非系统问题的思考，深化了对非系统概念的理解。第二，哲学家以自己独特的眼光审视系统理论的历史和发展现状，看到系统科学家不易觉察的某些问题，提出一些有启发性的见解。第三，即使那些对系统理论的误解，也有助于人们更好地把握系统原理。在我们看来，哲学家对科学工作的评论和批评能起到这种作用，就是有价值的。在我国，这种工作不是多了，而是太少了。由于害怕被科学家反批评为"误解了科学"，便与科学保持距离，采取不参与态度，是消极的做法，不足取。这大概也是传统文化消极面的一种表现。误解是科学与哲学相互碰撞中不可避免的现象。误解常常可以引出新思想的生长点,对科学和哲学都有好处。哲学家只写哲学家才看的书,这种局面必须改变。

11–2 系统与非系统

系统理论各分支都以系统为根本概念,但也承认非系统概念。我们先考察系统理论如何理解这对矛盾概念。

系统理论的不同分支由于研究范围和重点的不同,提出不同的系统定义,但都可以包容于一般系统的定义中。给一般系统下定义有两种基本方法。贝塔朗菲采用描述性方法,把系统定义为相互联系的诸元素的复合体。麦萨诺维奇以集合论为工具,给出一般系统的形式化定义。综合两者的要点,我们给出以下定义。

定义1 一个事物 S 如果同时具有以下两个性质:

(1) S 至少包含两个(在实体上或逻辑上)可以区分的组成部分或因素。

(2) 不同部分或因素之间存在特定的相互关联。

则称 S 为一个系统,称它的组成部分或因素为该系统的元素,或组分。

定义2 一个事物 N 如果具有以下两个性质之一:

(1) N 不能(在实体上或逻辑上)分解为至少两个不同的部分或因素。

(2) N 的不同部分或因素之间没有关联。

则称 N 为一个非系统。

需要说明的是,各种系统理论并不要求把系统都分解为实体性组成部分去研究,在许多情形下,更关心的是把对象分解为若干因素、方面、变量等来考察。牛顿力学中的质点被假定为没有大小和组分(更细微的实体)的对象,但具有质量、位置、速度等要素,被称为质点系统。系统理论通行的办法是把对象看作由若干状态变量描述的整体,用这些变量之间的某种数学关系来描述系统静态的或动态的结构、行为和功能。既不能在实体上分解为更小的组分,又不能分解为不同的要素、方面、变量等,这样的事物才是非系统。我们把这种完全不能分析或分解的囫囵整体称为第一类非系统。

系统不同于集合。一般意义上的集合没有规定元素之间的关系。除空集和单元集可视为典型的非系统外,没有规定关系的多元集合或群体也是非系统,我们称为第二类非系统。一个至少包含两个事物的群体（集合），只要规定了一定的关系（包括变换、运算等数学关系），就构成一个系统。

系统理论在两层意义上承认非系统。其一，逻辑需要。现实世界没有空集，但为了定义和描述集合，集合论逻辑上需要空集概念。类似地，为了定义和描述系统，系统理论逻辑上需要非系统概念。其二，在相对的意义上讲非系统。事物之间的联系在紧密程度上千差万别。在一定的研究范围内，某些对象的组分之间的联系微弱到可以忽略的程度，为简化描述而忽略这些联系，把对象看作非系统，不仅是许可的，而且是必要的。在一定情况下，可以而且需要把对象看作是不可划分的单元，它们也是非系统。但两类非系统都是相对的。一旦条件变化，就可能并且需要把它们作为系统来处理。在一般意义上讲，系统是绝对的，非系统是相对的，这是系统理论的一个基本信念。

参考文献［11］－［13］提出许多所谓"非系统事物"的典型例子。我们仅就下述几个做些分析，以便说明如何误解了系统理论。

其一，热平衡态。非系统理论认为，热平衡态"没有系统的任何特点"，如果承认热平衡态是系统，就会导致"有一种系统它本身不是系统"的逻辑悖论。结论是：热平衡态是典型的非系统。果真如此吗？非也。不应忘记，所谓热平衡态，指的是热力学系统的一种特定状态。处于热平衡态的系统毕竟还是系统。经典科学研究的主要就是这种系统。可见犯了"有一种系统它本身不是系统"这种逻辑错误的，正是非系统理论自己。我们知道，晶体、磁铁等通常都处于热平衡态，没有人认为它们是非系统。就是处于热平衡态的气体，也不是非系统。封闭在一定界面内的气体是由巨量元素组成的整体，分子间存在热运动产生的碰撞，也存在由电磁力引起的相互作用，边界把这个整体与环境分隔开来，这就是一种系统。作为系统，它具有组分所没有的整体特性，如温度、压力、密度等，这些都是系统整体特有的非加和性。不论这种系统处于平衡态或非平衡态，都具有作为系统的基本特征。

其二，振荡。非系统理论认为，振荡"无非表现为两个系统或多种系统交往过程中的混乱"。这种说法不正确。首先，振荡不一定是混乱，大量的振荡现象是一种有规律的运动。物理摆、化学钟、生物钟等周期性变化，都是极有规律的现象。非周期振荡也不一定是混乱。振荡不是非系统的存在方式，而是系统的一种运动体制。振荡是多个对象、因素、倾向相互作用而产生的动态现象，一种系统行为。没有离开一定系统而单独存在的振荡，化学钟离不开化学反应系统，生物钟离不开生命机体系统，周期性经济危机离不开社会经济系统。一切振荡都是系统的振荡。所以，振荡并非来自系统之外的否定因素，而是系统内部相互作用或系统与环境相互作用而形成的特定系统现象，一种表现系统存在的肯定因素。

其三，混沌。理论界有一种观点把无序程度最大的热平衡态称为原始混沌，普利高津称之为热平衡混沌，尚有不同看法。即使承认热平衡态是一种混沌，它也不是非系统，前面已有论述。严格意义上的混沌是确定性非线性系统的一种貌似无规的运动方式，不是离开系统单独存在的非系统。如果把混沌当作非系统，混沌学家怎能用动力学系统理论对它进行研究呢？

其四，机遇。非系统理论把日常生活讲的"机缘"或科学界讲的"机遇"当作否定系统普遍性的有力论据。但我们要说，机缘或机遇也不是纯粹的非系统。按照佛家的解释，"机"指受教者的根基，"缘"指施教者的因缘。"机缘凑合，方成教化"，说的正是一种特殊的系统现象。所谓特殊，指的是机与缘偶然地整合（即"凑"）在一起而成为系统的。现实的系统，特别是活系统，都离不开这样那样的机缘凑合，完全的决定论规律并不存在。自组织理论包含这种思想。系统具有适当的非线性动力学特性，是它产生自组织的"根基"。但仅有这种根基还不够，必须被推向远离平衡态才能把这种被掩盖的根基充分暴露出来。但这仍然不够，即使到达分叉突变点，具备了自组织的可能性，还须有临界涨落这种偶然性"机缘"，才能事实上出现自组织运动，把可能变为现实。

其五，非系统理论把非理性、非逻辑、心理、感情、爱等也当作非系统。我们不准备一一剖析论证，只需引用一位自认为"更加赞赏、更加倾向于"非系统理论的作者的一段话就足够了。他说："我认为，'非系统'不是任何一种可以指实或者说可以明确指称出来的东西，任何可以指实的东西（不管它是否混沌、是否非逻辑）都有可能组成系统或本身成为系统。特别是像心理、情感、爱等早已被人们分别作为系统来看待、来研究，当我们现在谈到'心理系统'、'情感系统'时是不会使人感到奇怪的。"[①]

11-3 确定性与不确定性

非系统理论的倡导者认为，系统理论只描述现实世界的必然性、清晰性、

---

① 郑宇建：《从"非系统理论"想到的》，载《青年哲学论坛》，1986年第3期。

确定性一面，没有也不可能描述偶然性、模糊性、随机性以及其他类型的不确定性，并称此为系统理论的"认识空洞"，断言只有用非系统理论才能填充这个空洞。这个论断与事实不符。系统理论既研究确定性，又研究不确定性。有的分支着重处理这种不确定性，有的分支着重处理那种不确定性，有的分支同时处理几种不确定性，但没有一个分支完全不涉及任何不确定性。事实表明，确定性与不确定性不能截然分开，没有不确定性就没有系统，没有处理不确定性的概念和方法就没有系统科学。我们曾撰文分别就不同系统理论讨论这一点。[1]在本节中，我们将按照不确定性的不同类型分别讨论，以便从横贯方面说明系统理论在这对范畴中的辩证思想。

多解性 系统的数学模型是确定性的，解模型无须用概率统计方法，所得结果没有统计意义。但由于模型同时有几个解（可能解的数目常常很大，甚至有无穷多解），实际需要的是其中某一个或某几个，从而产生不确定性，必须根据某种原则（择优原则、满意原则或其他）进行选择。这叫作多解不确定性。运筹学和控制论的大量内容是处理这种不确定性的。

外随机性 粗略地说，由系统的内外环境因素（噪声、干扰等）引起的随机不确定性，称为外随机性。精确地说，在系统的数学模型中由随机系数、随机外作用项及随机初始条件描述的不确定性，是外随机性。在这类系统中，有些是静态的，如信息论和运筹学的库存论、排队论、更新论等所研究的系统；有些是动态的，如随机控制理论和自组织理论处理的对象。描述这类系统，概率统计方法是基本工具。信息论完全建立在概率论之上，信息被定义为消除了的不确定性，信息量用消息发生概率的函数来度量。在此基础上建立的信源理论、信道理论、编码理论、率失真理论、噪声理论等，都是统计理论。用随机动态方程描述的系统，状态量是随机量，系统运行演化是一种随机过程。

内随机性 一个确定性非线性动力学系统，当它处于参数空间的一定范围（混沌区）时，由于内在非线性作用，产生了对初值的敏感依赖性，导致系统长期行为的不可预见性。这种被称为混沌运动的系统行为，与前述外随机性引起的系统行为原则上不可区分，因而也是一种随机性。由于它的产生与内外环境的随机因素无关，数学模型中没有代表随机性的任何成分，完全是确定性系统内部产生出来的，故称为内在随机性，亦即混沌性。这是一类新发现的不确定性。作为一类随机性，它也服从统计规律，具有统计确定性，需用概率论处理。

---

[1] 苗东升：《"非系统理论"质疑》，载《人文杂志》，1989年第5期。

混沌学已初步制定出一套描述和处理这类不确定性的方法。

模糊性 事物性态和类属的不分明性,或者说中介过渡性、亦此亦彼性,称为模糊性。它无疑是一种不确定性,但不是非系统性。模糊性来源于事物的相互联系和演化发展这种性质,只能是系统的属性。模糊性是复杂系统的固有属性,特别是涉及人的思想、感情、心理和行为的系统,模糊性是其显著的特征。现代科学对模糊性的关注,是从系统理论家的工作开始的。美国控制论专家札德在研究复杂系统,特别是人文系统的管理控制问题时,发现了复杂性与不精确性、模糊性的内在联系,第一次把模糊性作为科学研究的对象提出来(1965)。他以模糊集合和模糊关系为基本概念,建立起一套描述和处理模糊性的概念和方法,即所谓模糊学,在复杂系统研究中独树一帜。信息论、运筹学、控制论、大系统理论等学科,都引入札德的概念和方法,把处理模糊性作为各自学科的重要内容,取得很大成绩。模糊学从一个全新的角度深化了我们对确定性和不确定性相互关系的理解。

概言之,系统理论不但没有排除和忽略不确定性,而且本身具有描述和处理人类早已认识的不确定性和发现新的不确定性的广泛能力。相反,非系统理论很难具有这种能力。系统理论不存在这种"认识空洞",随着它的进一步发展,一定会发现和发明描述不确定性的更有效方法。

必须着重指出,系统的定义中只给出多元性和相关性两条限制,完全没有提及元素本身及其相互关系是确定的还是不确定的。这意味着定义给系统概念同时赋予确定性和不确定性两种规定性,内在地给这两种矛盾倾向留下了存在并发挥作用的空间和机会。系统不可能没有确定性,如果系统事物处于空间的不同位置或时间流的不同时刻就不再具有任何共同性,一切都因地而异,一切都稍纵即逝,这样的"系统"不是人类的认识对象,因为它们根本就不存在。但系统也不能是完全确定的,完全确定的"系统"意味着是时间之外的存在物,不可能演化发展。任何系统都同时包含确定性与不确定性两种因素,系统性是确定性与不确定性的对立统一。

11-4 完整性与不完整性

非系统理论从完整(全)性和不完整(全)性方面对系统理论进行批评,其基本观点也是我们不能赞同的。这方面的批评意见主要是从哥德尔不完全性定理中引发出来的。我们知道，公理方法是现代数学和逻辑学的重要方法，实质是一类系统方法。任何公理系统首先必须是相容的，同时必须是完全的，即从该公理系统出发能够充分地确定所处理的对象的特征，演绎出给定范围内的全部真命题。公理系统的完全性包含语义完全性和语法完全性。完全性对于公理系统是极其重要的。公理系统或形式系统又必定具有不完全性。哥德尔不完全性定理断言，如果一个形式系统是简单而无矛盾的，其中一定存在不可判定（真而不可证）的命题，即系统是简单而不完全的。不完全性也是公理系统极其重要的特性，一种元数学或元逻辑特性，而不是非系统性。公理系统既追求完全性，又具有不完全性，这似乎是矛盾的，其实是辩证统一的，是形式系统固有的特性。同一数学家哥德尔既发现了两个完全性定理，又发现了两个不完全性定理，这个事实耐人寻味。

形式系统表现出来的完全性与不完全性的统一，有现实的非形式系统的根源。我们首先考察技术科学层次的系统理论。在技术科学中，人们是从功能观点来考虑一切问题的。功能是系统对环境（功能对象）作用的过程和结果。每项具体工程任务都有自己必须全部达到的功能目标，这是功能目标的完整性。为实现预定的功能目标，系统须有完整的结构，即必须具有的元件、部件、环节和连接件，必需的连接方式和通道，这些东西缺一就不能构成完整的系统，不能获得预期的收益。通信系统必须有信源、信道、编码器、译码器、信宿等基本环节，缺一便无法通信。这是结构的完整性。一个过程系统，如工序规划，必须包括一切必要的工序步骤或阶段，才能完成任务。这也是结构的完整性。但完整、完全、完美、完善都是相对的，相对就意味着还有不完整、不完全、不完美、不完善的一面。任何单目标系统都是忽略了许多其他目标的结果，多目标系统也是在忽略许多次要目标后确定下来的。就是这些被挑选出来的功能目标在实现程度上也有一定的伸缩性。这是功能目标的不完全性。对于同一工程任务，不同设计者采用不同结构方案，产品都满足要求。某些环节有它更好些，去掉它也说得过去。这是结构的不完全性。正是这种不完全性，给设计者提供了发挥创造才能的机会。推而广之，文艺作品作为人工系统，典型地表现出这种结构不完全性，增删某些情节未尝不可。但又必须有必要的完整性。一部小说情节散乱，没有内在联系，人物性格很不完满，必定是失败的作品。总之，任何技术系统和文艺作品系统都是完整性与不完整性的统一。

就一般系统而言，完整性与不完整性是刻画系统与环境相互关系的范畴。系统的完整性表现为组成元素的完整性、结构的完整性、边界的完整性、运行过程的完整性，等等。凡系统必须是完整的，完整的组成元素，完整的结构关系，完整的形态，完整的空间占据区域，完整的时间延续间隔，完整的逻辑联系，等等。残缺不全者不成其为系统。绝对的完整性只有严格封闭的系统才具有，但这种系统只是一种理论抽象。现实的系统或多或少都是开放的，即边界是可渗透的，甚至是敞开大门的。只要有开放性，与环境有交换，系统就具有不完全性。一个开放系统，或者构成元素不完全确定，或者结构关系不完全确定，或者与环境的联系不完全确定，或者兼而有之。这种情形在那些存在新陈代谢过程的系统中看得最清楚。从外部看，系统与环境不断地交换物质能量；从内部看，系统组成成分不断进行建构与破坏。外部输入转化为系统组成成分有一个过程，吸入的氧气、吃进的食物，从进入人体到养分被完全吸收是一个渐变过程，不存在截面分明的界限。内部废物的形成、排泄也是一个渐变过程。这使系统与环境的分界有一定的模糊性，这种模糊性就是系统的不完全性。重要的是，存在不完全性是系统生长、演化、发展的必要前提。一个系统如果没有不完全、不完善之处，也就没有发展的必要和可能了。

可见，形式系统是以非形式化的现实系统为原型经过抽象而建立起来的。对象原型是开放系统，其中有些原理、原则、规律只需用元素和结构的性质即可阐明，另一些则必须根据系统与环境的关系来阐明。由此形成了认知结构的不同层次，层次之间相互渗透、重叠、缠绕，界限不清。凡无须涉及系统与环境关系就能阐明的系统特性，其形式化描述都可以从适当选择的公理系统中完全推演出来，这是形式系统完全性的根源。凡必须求助环境因素才能阐明的系统特性，形式化处理后就变成那些属于层次缠绕的命题，它们对于一定层次的形式系统是不可判定的真命题。要使它们变为可判定的，必须建立另一个更大更丰富的形式系统，其现实原型是把原来的某些环境因素包括进来构成更大范围、更多层次的大系统。这是形式系统不完全性的根源。

我们的世界是完全的，因为它拥有使自己存续演化所必需的一切因素，无须上帝之类的外在物来推动，世界的运动本质上是"自因"的。我们的世界又是不完全的，因为它的通有行为是多解的、随机的、混沌的、不确定的。对象世界是完全性与不完全性的辩证统一，决定了科学认识也是完全性与不完全性的辩证统一。我们要努力建构完善的理论去说明世界，但绝对完善的理论是超越人类认识能力的妄想。科学理论必定具有某种不完全性。用大作家吴承恩借孙悟空之口表达的话来说：经卷的不全"乃是应不全之奥妙也"，根源在于"天地不全"①。系统理论存在不完全性并不令人奇怪。

11-5 进化与退化

演化问题是基础科学和哲学层次系统研究的核心问题。各种自组织理论从不同侧面探讨自然界和社会领域中系统的自发形成和演化问题,他组织理论研究各种人工系统的设计、组建、改进、发展问题,都取得丰硕成果。非系统理论断言"如果世界都是系统,那么世界就失去了发展的可能性,而成为一种类型的'僵化物'、'活化石'"。这显然没有科学根据。

按照非系统理论倡导者的划分,系统的进化、发展、上向运动是系统理论的研究对象,系统的退化、衰亡、下向运动是非系统理论的研究对象。把完整的对象领域划分出半边天给非系统理论,据说是由于存在"非系统规律",它们是系统理论"没有看到的"和"失去了的"东西。这种说法颇为费解。人体系统有发育生长的上向运动,也有老化衰退的下向运动,二者均为人体理论的研究对象,无须什么非人体理论来补充。热力学系统有气态液化和液态固化这种增加有序度的演化,也有固态液化和液态汽化这种减少有序度的演化,二者在相变理论中得到统一描述,无须用两种不同的理论分别加以研究。一般地说,进化与退化,上向与下向,兴盛与衰落,都是系统演化理论研究的对象,无须也无法用非系统理论来补充。

在所谓非系统规律中,赫然列于首位的是热力学第二定律。但这是违反物理学原理的。大家知道,在可以同环境交换能量的封闭系统中,著名的玻尔兹曼有序原理是以热力学第二定律和能级分布定律为基础的,既可以解释降低有序性的下向演化,也可以解释增加有序性的上向演化。在与环境同时交换物质和能量的开放系统中,耗散物能的不可逆过程(由热力学第二定律表征)导致时间对称破缺,给时间以优惠方向,形成能够储存历史信息的机制;把历史因素引入物理学,对系统有序演化有着非常积极的作用。只有在孤立系统中,热力学第二定律才唯一地联系着无序演化。但无序化也是系统的演化方式,无序化规律也是关于系统的规律。所以,系统理论既非"失去",也非"没有看到"热力学第二定律,而是把它视为系统演化的基本规律之一。这在耗散结构论中

---

① 吴承恩:《西游记》,人民文学出版社,1989,第1249页。

表述得尤其明确。

非系统理论断言,一切系统都是从非系统演化而来的。得出这一结论的主要根据是许多高度有序的结构是从无序的热平衡态演化而来的。既然前面已证明热平衡态不是非系统,我们就有理由说从热平衡态演化出来的有序结构并非来自非系统。我们周围世界的大量系统并非某个非系统的存在物转化而来的。一个学生班集体是一个系统,但它并非从某个非系统的社会单元演变而来,而是由原来分属于不同社会系统的成员按一定方式选择、集聚和整合而成的。系统从无到有不等于从非系统到系统。系统形成的方式多种多样,常见的有:(1)组成成分不变,结构发生改变,从原系统演变为新系统,如物态转化、激光形成,可以称为结构转变型;(2)从现有的多种系统中选择若干元素按一定结构方案组织起来,如国家乒乓球队的组建,可以称为选择组建型;(3)由一定胚芽或基核发育长大为一个系统,如生物个体、晶体形成,可以称为基核发育型;(4)在一定条件下原有大系统发生分裂,分化出一些新系统,如一个大厂分解为几个独立的小厂,称为分离独立型;(5)两个或多个系统以某种方式结合成新的系统,如化学反应的产物,可以称为结合型;等等。这几类新系统都不是由某个非系统的存在物转化而来的,而是由其他系统转化而来的。

我们也不赞成一概否认由非系统发展为系统的可能性。既然承认非系统概念的合理性,就要承认系统与非系统相互转化的可能性。特别是在考虑不同层次相互过渡时,有必要考虑系统与非系统的相互转化。在客观世界的演化过程中,在某一层次产生出大量同类系统的初期,它们彼此的相互作用必定很微弱,可以忽略不计,把这些同类系统的总和看作非系统。随着客观世界的继续进化,这些系统之间相互作用逐渐增强,最终形成高一层次的系统,整个客观世界进化到一个新水平。例如,在宇宙演化的早期,当基本粒子整合成原子之初,各原子之间的相互作用几乎为零,全部原子的总和还是一个非系统(看作非系统比看作系统更合理些)。但在后来的演化中,原子之间相互作用增强,终于整合成为分子系统。在这个意义上,最初的分子就是从非系统的原子总和中产生出来的系统。人类社会也是这些。在进化出各种民族国家之后的漫长历史中,人类的总体还不是一个严格意义上的系统,把它看作非系统是适当的。直到资本帝国主义通过掠夺、战争等手段把全人类联接成为一个整体后,人类社会才称得上是一个系统。今天的世界正在克服资本主义造成的不合理的秩序(结构),向着有序化水平更高的状态演化。

对偶地看,一个系统消亡后,一般也不转化为某个非系统的存在物,而是或者转化为具有别种结构的系统，或者分解为几个独立系统，或者被某个系统"吃掉"，或者解体后元素被环境中其他系统吸收。一个学生班毕业后，学生们走向各自的工作岗位（系统），这个班消失了，但并没有转化为某个非系统的存在物。有一种观点认为，非线性系统经过一系列非平衡相变之后进入混沌态，意味着转化为非系统。但前面已经指出，混沌不是非系统。

系统演化的动力并非来自非系统的冲击、振荡、否定等。按照系统论的观点，演化的动力来自系统内部元素之间、子系统之间以及系统与环境之间复杂多样的相互作用。一般系统中都存在广义的内聚力和排斥力，两种力的竞争决定系统的演化。简单地把内聚力说成系统因素，把排斥力说成非系统因素，并无科学根据。系统理论承认系统中存在否定系统的因素或倾向，它们或者表现为使系统分离解体，或者表现为使系统凝缩同化为囫囵整体。非系统因素存在于系统中，它与系统因素有机地联系在一起，不可能作为一种独立的存在去冲击、振荡、否定系统。

11-6 统一性、多样性及其他

非系统理论还有一种说法：系统＝系＋统，系则单一，统则死板；因而系统理论意味着只讲单一性、统一性、固定性、集中性、对部分的管理限制，不讲多样性、差异性、不变性、灵活性、分散性、自治性、活动性，这后一方面是非系统理论的用武之地。我们不能赞同这种说法。

多元性是系统的两个基本规定性之一，不可分的单一事物是非系统。系统的元素在数量和性质方面的多样性、结构的多样性、环境的多样性，造成系统在形态、特性、行为等方面无限的差异性和多样性。基于这种差异性和多样性，形成不同的系统理论，每种系统理论又对所研究的系统加以细致的分类，分别进行过细的研究，揭示不同方面、不同层次的系统规律。例如，由于区分了近平衡和远平衡，才弄清楚形成耗散结构的条件和机制；由于区分了弱不可积和强不可积，才发现了保守系统混沌运动的规律性。承认系统的差异性和多样性是系统科学的基本思想。差异性、多样性是系统的特征，而无差异性、单一性是非系统的特征。

讲系统，当然要讲整体性、统一性、集中性，要对各组成部分加以组织、管理和控制，即整合。否则，一盘散沙，四分五裂，各行其是，就不成其为系统了。但整体性与局部性，划一性与变通性，集中性与分散性，原则性与灵活性，统一管理与各部分自治，这些矛盾方面原本是相互依存、相互补充、相互促进的，系统理论不可能撇开局部去描述整体，撇开分散性去描述集中性，等等。系统理论总是把这些对立方面联系起来加以描述和处理。例如，大系统理论认为，单一控制中心的完全集中控制方式不能用于大系统，适宜的办法是多层（或多级或多段）递阶控制，它们都是集中与分散相结合的控制方式。有些大系统如城市交通控制，采用所谓完全分散控制方式，只在各个交通路口设岗指挥，在不同路口控制之上不再有协调指挥中心。但这仍然是分散与集中相结合的控制，因为每个交通路口的管理是高度集中的，指挥民警有高度权威，而整个市区通过自身的动态调节起到协调作用。大系统控制理论较好地体现了集中与分散、统一性与多样性的辩证关系。

在运筹管理活动中，计划性是系统性的一种表现形式，留有余地也是系统性的一种表现形式。系统工程师的任务首先在于提出实施一项系统工程的计划、方案，没有这些就谈不上科学的运筹管理。鉴于工程实践固有的偶然性、多样性、复杂性，一项好的计划必须留有余地。系统工程师懂得在实施计划的过程中要有必要的灵活性，随时准备根据情况的变化调整计划。他们的这种认识并非来自非系统理论，而是来自对系统的深刻认识。在系统性与计划性之间画等号，在留有余地与非系统性之间画等号，不是系统理论的痼疾，而是非系统理论的误读。尤其需要指出的是，把旧体制统得过死的弊病说成"本身是系统性计划性的表现"，同样是一种误解。

经济管理方面的组织理论也是一种系统理论。由于它所依据的是早期很不成熟的系统理论，加上创立者简单化、片面化的理解，表现出明显的缺点，遭到多方面的批评。这种理论的缺点主要不在于过多地使用数学模型，而在于数学模型运用不当。现代系统理论重视数学模型方法是它的一大优点。这是系统思想从哲学思辨走向具体科学的主要标志。但系统理论并非只讲定量化。硬说"靠系统理论来管理和组织经济"必定产生太依赖于数学模型、太死板、没有给人的能动性和创造性留下发挥作用的余地这"三个缺点"，未免武断了点。贝塔朗菲说过，一般系统论还有需要用非数学语言表述的问题，强调数学模型的优点并不意味着轻视或者拒绝非数学的模型。这是系统科学大家的共识。运筹学、控制论、大系统理论都强调把定量方法与定性方法结合起来，强调数学模型必须有运筹意义、控制意义、系统意义。不可否认，部分系统科学工作者中存在一种倾向，只追求数学模型的高深漂亮，不考虑模型是否具有系统意义，是否有实际价值，出现了所谓"×理论与×实际问题无关"的不正常局面。但这种倾向不代表主流，经常受到批评。例如，钱学森就经常批评这种倾向，包括西方数理经济学片面追求数学化的倾向。

在系统理论的研究和应用中，由于不懂得矛盾特殊性和普遍性的辩证关系，不重视考察不同类型系统的特殊性，导致把一种系统理论简单地推广应用于其他性质不同的系统问题上的错误。组织理论就有这种缺点。特别是早期的泰勒制，把人当成机器，套用关于机器的系统理论，忽视人的心理、情感、意志等因素，遭到失败是不可避免的。这并非系统方法必然具有的缺陷，而是不懂社会系统矛盾特殊性造成的。管理科学界早已注意到这个缺点，正在探索新的方法。所谓"非组织理论"的兴起就是这种尝试之一。通常把一个正式组织中的某些不合法或不公开甚至无形的群体称为非组织，称它们的活动为非组织活动。但从系统观点看，这种非组织也不是非系统，而是那个组织中的某个分系统，一种特殊的系统现象，可用系统方法研究。组织理论包括研究这类现象作为系统的形成条件、一般特征、活动规律、对组织整体的影响以及应当采取的对策等，有的学者把这些内容称为"非组织理论"是不科学的。应当承认，凡涉及人的问题，目前的系统理论还不能提供有效的一般方法。但非系统理论（如果它存在）也没有"独门武器"处理它。这是摆在系统科学面前的一项重要任务，我们相信是可以解决的。

"非系统理论"只是一种哲学观点，有关论著中的合理思想是哲学家依照辩证思维原则考察系统现象和系统科学发展史所得到的正确结论，对深化系统研究是有益的，但并没有构成一种能够同系统理论既对立又互补的新理论。只要系统理论家自觉运用辩证法于自己的研究工作中，完全可以在系统理论框架内把这些合理意见吸收过来，使系统理论进一步完善化。这是哲学辩证法对系统研究的推动和帮助。无论在科学上或哲学上，都不需要也不可能建立一个具有独立体系的非系统理论。

<<< 总 论

第12章 系统科学：科学技术复归辩证法之果

> 系统思想是进行分析与综合的辩证思维工具，它在辩证唯物主义那里取得了哲学的表达形式，在运筹学和其它系统科学那里取得了定量的表述形式，在系统工程那里获得了丰富的实践内容。①
>
> ——钱学森

现代系统研究在20世纪40年代迅速崛起之后，一些西方学者传播了一种看法，认为系统概念属于20世纪的崭新创造，是从现代数学、自然科学和技术发展的当前实践问题中突然出现的。贝塔朗菲和钱学森对此提出批评，他们追溯系统思想、系统概念的起源和演变，考察系统理论和系统科学产生发展的历史，从一个侧面揭示了系统科学固有的辩证性质。在过去的十多年中，我国学者以辩证唯物主义为指导，对系统科学的产生发展做出诸多论述。本章将在这些工作的基础之上做进一步的考察。

12-1 系统科学不可能与近代自然科学同步产生

科学作为一种社会现象（包括作为知识体系的科学、作为活动方式的科学和作为社会建制的科学，这里只涉及第一方面），经历了独特的发生发展过程，呈现出不同的历史形态。它的第一种形态是古代科学。古代科学在总体上属于直观性经验性的知识，还包容于哲学母体之中，尚未获得自身独立存在的形式。恩格斯认为它还算不上真正的科学。用现代术语讲，古代科学实际上是前科学。

---

① 钱学森等：《论系统工程》（增订版），湖南科学技术出版社，1988，第78页。

恩格斯认为，在人类历史上，"唯一地达到了科学的、系统的和全面的发展"[①]了的科学形态，是近代自然科学。从15世纪下半叶起，在欧洲资本主义开始兴起的特定社会文化环境中，在反对神学桎梏的革命斗争中，关于自然的知识逐步从哲学（主要是古希腊哲学）的母体中分离出来，获得独立的存在形式。这就是恩格斯讲的近代自然科学，也就是现代学者常讲的经典科学。它是科学的第二种历史形态。

众所周知，古希腊及其他古代文明民族都积累了大量关于系统的知识，产生了丰富的系统思想。它们是古代科学中一个光彩夺目的组成部分，直到现在仍有广泛影响，以至于当代系统理论大师常常回到古代去寻根访祖，吸取思想营养。这就很自然地提出一个问题：为什么古代有关系统的知识未能像关于自然的知识那样在同一时期从哲学母体中分离出来，形成独立的科学知识体系，而是滞后好几百年才产生出系统科学呢？自然科学与系统科学在形成发展上的这种差异，是历史的偶然选择，还是某种必然的模式？恩格斯关于近代自然科学产生发展所做的杰出分析，为我们回答这一问题指明了基本线索。

古代人类的自然观是朴素的、辩证的，自然界被描绘成一幅由种种相互联系和相互作用无穷无尽地交织起来的画面。这种观点正确地把握了客观世界总画面的一般性质，却不能说明构成这幅总画面的各个细节；而如果我们不知道细节，就不可能真正看清总画面。要建立关于自然界的科学，比古代人前进一步，唯一的途径是先弄清这些细节。为了认识这些细节，人们不得不把它们从自然界的普遍联系中抽出来，从它们的特性、它们的特殊的原因和结果等方面去逐个地加以研究。为此需要广泛收集材料，发展观测手段，创建分析、解剖对象的方法，发展实验技术。近代自然科学的奠基者们正是循着这一路线前进的。在创立了一整套行之有效的自然科学研究方法的同时，也形成了一套认识事物的孤立的或还原论的观点和分析思维方式。

古代辩证思想家已经认识到，客观世界是一种逐步生成的发展的东西，一切都在不断地产生、变化和消失。它们关注的是运动、转变和联系，而不大过问是什么在运动、转变和联系。但是，要建立关于自然的科学体系，必须首先知道一个事物是什么，然后才能觉察这个事物中所发生的变化。必须先研究事物，然后才能研究过程。必须先建立关于存在的科学，然后才能建立关于演化的科学。只有先把自然界当作一种既成的、没有历史发展的东西，把自然规律

[①] 《马克思恩格斯选集》（第3卷），人民出版社，2012，第444页。

当作与时间无关的永恒的东西，才能引入最初步的数学方法和实验手段去揭示和描述自然规律，超越古代留给我们的前科学，建立真正科学的自然知识体系。近代自然科学的奠基者们走的正是这样一条道路。他们取得极大的成功，但同时也形成一套用静止的、永恒的、可逆过程的观点看问题的自然观，以及相应的经典科学方法论。

近代自然科学首先是在天文学和力学，亦即机械运动领域中建立起来的，属于简单性科学。还原的、分析的方法对于研究力学的或机械的运动十分奏效，也只有采用这种方法才能建立起超越古代天文学、力学知识的近代天文学和力学，乃至整个经典科学。但同时也形成了一种"现实世界简单性"的信念，相信世界本质上是简单的，复杂性属于表面现象，只要找到适当的方法，即可把复杂性约化为简单性来处理。

近代自然科学在对自然界的细节、它的构成成分的把握上，是古代科学望尘莫及的。但是，这一伟大进步是以抛弃古代朴素辩证法为代价而取得的。这一代价是必需的，但又是沉重的。

系统思想本质上属于辩证思维范畴，系统方法是辩证方法的重要表现形式。在历史上，对于发展系统思想有重要贡献的学者，都是辩证哲学家。正是由于这种辩证性质，系统思想被近代自然科学的奠基者们抛弃了。这样做在当时是完全必要的。描述机械运动可以不用系统概念。系统思想强调整体性，强调整体性就不可能发展还原的、分析的方法。整体性、目的性、组织性、秩序性等系统基本属性，无法用还原方法描述，在近代自然科学起步的历史条件下，不可能把它们变成科学概念。甚至应当说，不把整体性、目的性、组织性、秩序性暂时排除于科学研究的范围之外，就不可能有真正的天文学和力学，以至整个经典科学。恩格斯曾经指出，形而上学方法"在当时是有重大的历史根据的"[①]。今天的人们容易理解，形而上学思维方式在近代崛起的重大历史根据，正是系统科学不能与近代自然科学同步产生的重大历史根据。系统科学的滞后产生，是近代自然科学超前产生的必要条件。

---

① 《马克思恩格斯选集》（第 4 卷），人民出版社，2012，第 240 页。

12-2　系统思想的现代哲学表述

形而上学世界观和思维方式，是建立系统科学的巨大思想障碍。由于它只看到一个个的事物，看不到它们相互间的联系，不可能接受系统思想，提出系统概念。由于它只见树木不见森林，不可能形成整体性观点。由于它看到既成事物，忘记考察事物的产生、变化和发展，不可能产生演化观念。由于它把事物看成僵死的、被动的东西，抹杀了事物或多或少具有的活性，不可能把目的性、方向性、组织性、秩序性、能动性等纳入科学之中。建立系统科学不是经典科学的自然延伸，不是对某些概念和方法的拓广、修正的结果，而是必须以世界观、思维方式、方法论的根本改变为先导，实现向辩证法的复归。这也就是贝塔朗菲所说的科学的重新定向。

世界观和思维方式是文化系统中最稳固的因素。一种世界观和思维方式一旦确立，就成为一种巨大的支配力量；一种文化的思维惯性，具有很强的自我保持能力。在经典科学尚未充分发展之前，不可能出现哲学上从形而上学向辩证思维复归的必要性和可能性。相反，经典科学每一新进展都加强了形而上学的统治地位，为它提供扩大影响的新资本。即使在某些方面已暴露出弊病，还会在另一些方面获得新支持，总体上并不危及它的统治地位。只要系统思想在哲学上没有复兴，系统思想获得科学表述就是不可能的。

不过，在形而上学逐步形成并取得统治地位的漫长过程中，辩证法包括系统思想并未销声匿迹。客观世界（特别是生物界和社会领域）固有的辩证性和系统性，在各个时期杰出思想家的著述中都有所表述。每当自然科学的新成就使形而上学的弊病有所暴露，就会响起批评它的声音，听到对辩证法的呼唤。从笛卡尔、斯宾诺莎、莱布尼兹到康德，都对坚持辩证思维的传统做过贡献。即使在机械论的代表人物中，在本来意义的哲学之外，也有一些人摆脱了形而上学，能够写出辩证法的杰作。18世纪机械唯物论的领袖人物狄德罗就是一个代表，恩格斯对此有明确的评论。另一著名人物是拉普拉斯，这位经典科学大家由于把决定论可预见性推向极端，被公认为机械决定论的典型代表，拉普拉斯决定论成为机械决定论最极端的表述。但他在天文学中反对形而上学，坚持太阳系的演化观点，科学地论证了星云假说，对打破僵化的自然观做出重要贡献。所有这一切虽然尚不足以构成对形而上学的真正挑战，但辩证法在形而上学的强大压力下顽强地坚持下来,绵绵不断,这就为它日后的重新崛起减少了阻力。

恩格斯指出:"形而上学的思维方式,虽然在相当广泛的、各依对象的性质而大小不同的领域中是正当的,甚至必要的,可是它每一次都迟早要达到一个界限,一超过这个界限,它就要变成片面的、狭隘的、抽象的,并且陷入不可解决的矛盾。"① 这些矛盾和弊病不断积累,终于在19世纪初出现了对形而上学的真正挑战。黑格尔集古典哲学之大成,在哲学史上第一次全面地有意识地叙述了辩证法的一般运动形式,恢复了辩证法这一最高思维形式。如许多学者所指出的,黑格尔哲学中包含丰富的系统思想。魏宏森把它概括为三点②。第一,黑格尔认为,应把真理和科学作为有机的系统来研究,指出系统和要素的内在联系的历史性和层次性。第二,黑格尔把他的最高范畴"绝对理念"理解为系统,即"过程的集合体",由此导出世界和万物的系统性。第三,他运用系统方法构造出一个完整的哲学体系,虽然这种体系本身毫不足取,但他创造的方法为后人的系统研究提供了方法论的启示。由于这些成就,现代系统理论家都给黑格尔以肯定的评价。

但是,黑格尔的辩证法还算不上系统思想的现代哲学表述,它有两个致命的弱点。其一,黑格尔的辩证法是关于绝对理念的联系和发展的学说,不是对客观世界辩证规律的揭示,这同自然科学的唯物主义传统格格不入。系统科学是从系统角度观察客观世界的学问,不可能建立在唯心主义系统观之上。此外,黑格尔论证其观点时所引证的科学材料过分粗浅陈旧,这使崇尚严格性的科学家对他的结论的可信度产生怀疑。其二,黑格尔由于把自然界看作绝对理念的外化,认为自然界只在空间中展开自己的多样性,在时间上是不能发展的。这是依据经典动力学建立的发展观,同形而上学静止的自然观没有本质的区别,不可能成为系统演化论的哲学基础。黑格尔辩证法的这些弊病并非偶然,他受到三个方面的限制。恩格斯对此早有论述。

系统思想的现代哲学表述是由马克思恩格斯完成的。他们把辩证法从黑格尔的唯心主义体系中拯救出来,成为对客观世界最一般规律的揭示,从而使辩证法与自然科学的唯物主义传统一致起来。辩证唯物主义的普遍联系原理为系统存在论提供了哲学基础。马克思恩格斯摒弃了黑格尔关于"发展是在空间以

---

① 《马克思恩格斯选集》(第3卷),人民出版社,2012,第418页。
② 魏宏森:《系统科学与社会系统》,吉林教育出版社,1990。

内、时间以外"的谬论，肯定了一切事物不仅在空间上而且在时间上都是发展的。辩证唯物主义关于发展的原理为系统演化论提供了哲学基础。辩证法的三大规律都是系统存续、运行、演化的最一般规律。钱学森说得对：系统思想在辩证唯物主义那里找到了自己的哲学表达形式。这是马克思恩格斯对19世纪自然科学最新成果进行哲学概括的产物，也是他们对人类社会固有的系统性和演化性深刻洞察的结果。辩证唯物主义系统观的确立，是系统思想获得科学表述的必要前提。

12－3 系统概念的确立是理论科学复归辩证法之果

由马克思恩格斯给出的系统思想的哲学表述，没有在19世纪产生直接的结果。这并不奇怪。一切深刻的哲学和科学思想都要经历一段或长或短的滞后时间，才能产生直接的结果。康德对太阳系永恒性的批判被冷遇半个多世纪，才在拉普拉斯和赫歇尔的工作中变为科学见解。沃尔弗对物种不变说的攻击延后整整100年，才被达尔文变为科学学说。如果说在某一领域克服形而上学尚且如此费事，那么，马克思恩格斯对形而上学的总攻击更不可能迅速产生直接的结果。

马克思恩格斯的系统观是对系统问题的最高概括，还包容于一般哲学形式中，没有给出系统观的特有概念框架。在他们的著作中，系统只是一个一般术语，不是需要加以明确定义和严密阐述的概念。从这种哲学系统观到系统思想的科学表述，有许多中间环节，必须在贴近具体科学的层次上做大量工作，才能最终清除建立系统科学的思想障碍。这些工作是20世纪开始的。首先是哲学家柏格森、怀特海、波格丹诺夫等人的工作。尽管这些人的著述中表现出种种混乱和偏见，但都包含丰富的辩证思想，而且比较贴近20世纪的科学前沿，对系统科学的开创者们产生过重大影响。贝塔朗菲、维纳、普利高津等人都反复谈到这一点。青年时代的普利高津被柏格森的《创造进化论》深深地迷住了，书中关于时间特性的分析，时间意味着发明和创造的观点，对普利高津选择科研方向、形成系统演化思想产生了持久的影响。

形而上学经过300多年的统治，已经渗透到科学研究的各个环节中，从世界观、科学观、规律观、方法论到研究风格、科学管理甚至一般文化观念，都有表现。哲学上的批判必不可少，但总显得过于抽象，距离科学研究工作还太远一些。重要的是从科学内部出发，对上述各个环节进行清理。真正能承担这一任务的，是具有哲学素养的科学家。本书第1至10章的讨论表明，几乎每一种系统理论的创立过程都包括哲学的批判。第3章提到，维纳认为对于他和阿希贝来说，创立控制论的关键首先是从哲学上解决问题，突破传统思想的束缚，然后才是具体概念的定义和阐述。这一点，对于其他学科也是适用的。

系统科学各分支的创立者是20世纪的一批科学英雄，由于他们的才智和奋斗，出现了一大批影响深远的新学科。但我们要强调指出的是，这样一批科学英雄不可能出现在19世纪。时势造英雄。无论是作为机械论科学局限性的揭露者，还是作为新兴系统科学的创立者，他们都是由20世纪科学发展的大时势所造就的。

19世纪科学的新进展足以暴露机械论科学在世界观上的荒谬，却不足以暴露它在科学观、方法论等方面的弊病。机械论科学的方法论在很大程度上可以归结为还原论，还原方法、分析方法对近代科学的产生及其取得的伟大成就起了不可估量的作用。在整个19世纪，还原论方法总体上仍是非常有效的，远未达到其顶点。甚至应当说，在20世纪上半叶，还原方法仍显示出强大的效力，创立了量子力学、粒子物理学、分子生物学等新学科，取得不亚于它在历史上任何时期的伟大成果。这就是为什么在整个19世纪从哲学到科学都未明确提出批判还原论的原因。这也是分析哲学在20世纪上半叶蓬勃兴起，以至怀特把它视为20世纪"一个最强有力的趋势"，并用它来"标志这个世纪"[①] 的原因。只要人们还看不到还原论的局限性，系统思想要获得科学表述就是不可能的。

但一切事物都盛极而衰。分析哲学是还原论科学能够产生和支撑的最后一个有重大影响的哲学运动。"才自清明志自高，生于末世运偏消"。就在人们欢呼还原论科学空前的新成就、分析哲学自信已经战胜综合哲学的同时，还原论和分析思维的局限性在人类认识的各个领域突然暴露出来：基本粒子并不基本，微观层次全然不像还原论者设想的那么简单；我们把物质还原到夸克层次，把生命还原到分子层次，对局部的了解足够精细了，但对整体的认识反而模糊了；大物理学家说不出三个电子在一起将如何行动，破译遗传密码的大生物学家回答不了胚胎发育的老问题，对心理"原子"做出精细分析的大心理学家解释不了常见的心理现象，等等。诸如此类的事实几乎同时从各个学科涌现出来，把系统现象、系统问题呈现在人们的面前，迫使科学界重新接受系统思想，并给

[①] M. 怀特：《分析的时代——20世纪的哲学家》，商务印书馆，1989。

出科学的表述。

　　19世纪的唯物主义哲学家坚决批判了目的论、活力论宣扬的唯心主义，却忽略了挖掘其中的合理成分。这是由当时自然科学发展水平决定的。直到20世纪早期，理论自然科学，特别是作为主流的物理学，仍看不到接纳整体性、目的性、组织性、秩序性、复杂性的必要。但到20世纪中叶，情况起了戏剧性的变化。各个科学领域都发现了研究这些问题的必要性。而所有这一切，如贝塔朗菲所说，都属于系统的特性。明确提出系统概念并给以科学阐述，成为现代科学发展的客观要求。

　　经典科学是沿着不断分支化专门化的路线发展起来的。唯有如此，我们对客观世界的认识才能越来越深入、精细、详尽。分支化趋势在19世纪处于上升趋势。但到20世纪中叶，片面强调分支化、专门化已成为阻碍科学进一步发展的重要因素。分支化与学科间交叉渗透也是一对矛盾。分支化的发展为自己的对立面的崛起创造了条件。科学作为一个生长系统，要求在纵向不断细分的同时，加强横向的沟通。多维网络是这种系统最合理的结构模式。从分支林立转向网络结构，也是科学向辩证法复归的题中应有之意。只有建立横贯科学，才能形成网络结构。

　　一种先进的哲学思想只有在科学内部找到生长点，才能产生直接的结果。19世纪理论自然科学向辩证法复归的程度，还不足以产生系统科学的生长点。20世纪20年代以后，这种生长点具备了。其中一个生长点是由全部理论科学的最新成果培育起来的。柯勒的"物理学格式塔"、海森堡的测不准原理、冬德尔学派的开放热力学理论、洛特卡的生态研究、心理学的格式塔学派、理论生物学的机体论等，为确立系统概念做好了准备。贝塔朗菲是最早意识到需要并且可能给系统思想以科学表述的那些科学家的杰出代表。他的一般系统论第一次把系统作为一个科学概念明确提出来，并给予系统的阐述，形成一门新学科。尽管他对系统概念的阐述基本是定性的，但一般系统论作为理论科学研究系统现象的开端，它的产生标志着从哲学表述阶段进入科学表述阶段，意义是重大的。

12-4　定量化系统方法是技术科学复归辩证法之果

　　系统思想从哲学表述到科学表述，还有另一条平行的发展路线，就是通信技术、自动化技术和经营管理技术的产生发展，培育出系统科学的另一个生长点，产生了信息论、控制论、运筹学和系统工程等第一批定量化的分支学科。许国志、顾基发等人指出："任何一门学科，只有当它是所处时代的社会生存与发展客观需要的自然产物，同时学科内在逻辑必要的前期预备性条件又已基本就绪时，它才会应运而生，并为世所容所重，得以充分发展。"① 这个学科发生学的一般原理，特别有助于我们理解定量化系统科学各分支产生发展的历史。

与经典科学相适应的工程技术是以机器加工制造技术为核心的传统技术，为它们服务的技术科学是按经典科学原理建立的，渗透着机械论的基本观点，通行的是分析的、还原的方法（托夫勒称为拆零技术）。通信技术、控制技术、经营管理技术是一类性质上不同的新型技术，它们的基本概念是机械论科学不能容纳的，所需要的方法是系统方法。为适应这类新型技术需要的技术科学，也是批判机械论、克服还原方法局限性的结果。

19世纪30年代之前，还没有现代意义上的通信技术，无须科学的指导。从电报、电话的发明和使用开始，出现了利用人工电磁信道的通信技术，制造和操作电信通信系统离不开物理学。人们在通信工程实践中碰到的困难和矛盾，要求弄清通信系统中传送的究竟是什么，即信息是什么的问题。这就要求批判机械论物质观的片面性，把信息与材料、能量区分开来，建立科学的信息概念。没有通信工程100多年的实践，没有统计物理学带来的科学思想变革，信息概念的确立是不可能的。另一方面，通信工程的实践需要使通信技术与数学联系起来，推动定量化描述信息概念与处理有关技术问题的探索，导致信息论的产生。

古代人类发明过某些自动装置，但属于个别的孤立事件，构不成自动化技术。蒸汽机的普遍采用是自动化技术的开始，因为蒸汽机需有调速器。调速器的大批量生产使用，首先提出运行稳定性问题。大物理学家麦克斯韦对调速器稳定性的数学分析（1868），是控制科学的肇始。到20世纪30年代已发明制造出多种类型的伺服自动机系统，产生了伺服系统理论。这些工程技术实践和理论，加上生理学、行为科学方面的探索，重新提出行为、目的、目的论等概念，要求给以科学的解释，重新理解因果范畴。维纳等人正是适应这一客观需要开始了创立控制论的工作。他们对机械论的批判不可能发生在19世纪，只能出现

---

① 许国志、顾基发、范文涛、经士仁：《系统工程的回顾与展望》，载《系统工程理论与实践》，1992年第11期。

在20世纪中叶。另一方面，伺服系统理论已经把自动技术与数学联系起来，开通了运用数学方法处理控制问题的道路，并最终导致控制理论的产生。

传统技术属于硬技术，经营管理被认为无技术可言，只能凭经验和艺术来处理。现代化大生产，特别是垄断资本主义的出现，使这种观点失去客观基础。现代化的大企业都是相当复杂的系统，经营管理它们需要理论指导，把组织、秩序、目标、策略、行为作为科学概念加以阐述，用定量化的系统方法处理。但这些概念和方法与经典科学的机械论世界观和还原论方法体系格格不入，必须建立新的科学思想和概念框架，寻找新的方法和手段。一方面，需要实行科学思想的转变，从实体中心论转向关系中心论，从物理转向事理，从硬技术概念转向软技术概念。运筹学和系统工程概念的形成是这种转变的结果。另一方面，需要把事理问题用数学模型表示出来，并制定相应的分析处理技术。运筹学和系统工程方法的建立，是这种努力的产物。

第一批定量化系统科学分支学科的产生，还是科学知识积累到一定程度的产物。没有统计物理学和概率论，不可能形成信息概念和建立信息量计算公式。信息概念的建立还与现代语言学、符号学等学科的成果有关。控制论的建立也一样，没有李亚普诺夫在19世纪末的工作就没控制系统稳定性理论，没有电工学的反馈概念就没有控制论的反馈原理，没有现代概率统计方法就没有维纳滤波理论，等等。没有现代数学，没有电子计算机，运筹学与系统工程也不可能产生并获得推广。

按照钱学森的看法，现代科学技术对系统思想方法有两个重大贡献。一个是使系统思想方法定量化，成为一套具有数学理论、能够定量处理各组成部分相互联系的科学方法。另一个是为定量化系统方法的实际应用提供电子计算机这种强有力的计算工具。这两大贡献都是在20世纪中期实现的。"一当取得了数学表达形式和计算工具，系统思想方法从一种哲学思维发展成为专门的科学。"[1] 不应当忽略的另一点是，各门技术科学的建立，系统工程、系统分析、系统研究等方面的探索，也对系统概念的提炼起了重要作用。对于这一点，贝塔朗菲是明确承认的。

---

[1] 钱学森等：《论系统工程》（增订版），湖南科学技术出版社，1988，第78页。

12-5　系统科学家的体认

在20世纪的科学家中，系统科学各分支的创立者们大都属于向辩证思维复归大潮中最积极最坚决的那些学者之列。从第1至10章中可以看到，这些学科的创立者们都反对机械论，其中多数人明确意识到清算机械论是创立新学科的必要前提。他们自觉地进行思维方式的转变。有些学者，例如维纳，反对机械论极为自觉，但接受辩证法并不自觉，或者有意回避提到辩证法。但他们用来反对机械论的思想武器，只能是辩证法或接近辩证法的哲学观点。就我们了解的情况看，所有系统科学家以及绝大多数系统哲学家没有批评过辩证法。许多人有意使用辩证法这个词。对于系统研究中的矛盾冲突，贝塔朗菲主张"辩证地解决"，普利高津力求"辩证的平衡"，托姆喜欢"用辩证的眼光"看问题，丘奇曼认为"需要有改进系统的辩证方法"。这些提法并非心血来潮式的用语，而是他们的基本思想倾向的表露。只有哲学家本格明确表示反对辩证法。但他用来取代机械论的东西，本质上都是辩证哲学宣传的内容。就总的情形看，可以说系统科学家已初步达到自觉地向辩证法复归了。

许多系统科学家可能不知道恩格斯的忠告，即关于通过学习历史地存在的各种辩证哲学来掌握辩证思维。但由于20世纪科学发展的总趋势以及科学实践的启示，他们事实上以很高的热情从事这种学习。贝塔朗菲声明他的系统思想与亚里士多德、库萨的尼古拉、莱布尼兹、帕拉塞尔苏斯、维柯以及伊本·哈尔顿等人有源流关系，把黑格尔的辩证法作为一般系统论的光辉先驱，特别借用亚里士多德的辩证命题作为基本系统问题的表述。维纳把莱布尼兹当作控制论的"守护神"。普利高津研究了从莱布尼兹、康德到黑格尔的哲学思想，甚至注意到狄德罗对"机械论解释的不当之处"的批评[1]，充分肯定他关于整体性、有机性的辩证观点。哈肯对歌德、黑格尔的思想有深入的了解，有时直接借用黑格尔的辩证观点阐述协同学原理。托姆钟情于古希腊哲学，其中尤以赫拉克利特对他的影响为甚，经常把突变论的思想起源追溯到这些古代辩证法大师。

这里我们要特别谈谈混沌学家。古代人类虽未建立动力学这门学科，但动

---

[1] 普利高津、斯唐热著，曾庆宏、沈小峰译：《从混沌到有序》，上海译文出版社，1987，第120页。

力学思想相当丰富。他们用混沌观点看世界，相信世界在本质上是某种从混沌中产生出来的东西，而且现实世界到处存在混沌现象。从伽利略到牛顿的几代学者仔细研究了力学现象，建立起动力学这门严谨精确的自然科学。但同时不仅抛弃了发展演化的观点，而且抛弃了古代的混沌观，把世界描绘成一架精致的机器，用钟表宇宙模式取代了混沌模式。理论自然科学向辩证思维复归的历史潮流，在恩格斯的时代还未扩展到动力学领域。牛顿之后的200年中，动力学家的工作是对钟表模式做进一步的论证和完善化。彭加勒在恩格斯逝世前后对混沌现象的探索，是动力学向辩证思维复归的第一次努力。由于条件不成熟，他的发现被搁置了整整70年。直到20世纪60年代，以KAM定理和洛伦兹吸引子的发现为标志，才揭开现代混沌研究的序幕。70年代，茹勒、梅伊、埃农、约克、费根鲍姆等人把混沌研究推向高潮，混沌理论终于作为一门现代科学得到确认。被排除于科学研究范围之外的混沌，重新被纳入科学研究的对象之中。混沌学是动力学向辩证思维复归的产物，对现代科学几乎所有领域都发生了出人意料的影响。

混沌学家对于动力学的这种复归是明确承认的。最早把混沌一词引入非线性动力学文献的约克，认定"钟表式宇宙的想法与真实世界不相干"，"混沌给我们一幅关于我们生活的这个世界的极其不同的图景"。[1] 郝柏林援引中国古籍中"气似质具而未相离，谓之混沌"的说法，来阐述现代混沌概念，把庄子的名言"中央之帝是混沌"奉为现代混沌研究的格言。布格里斯和皮特的专著十分重视中国古代混沌观，几乎每一章开头都引用黄帝的语录。他们认为："一个古老的中国传说提供了秩序与混沌这些难解之谜的隐喻。"[2] 在他们看来，古代的混沌镜鉴世界与人类的秩序世界和睦共处，后来由于还原论科学的发展，人们开始压制混沌。现代混沌学家则着手建立一面鉴照世界的新镜，在现代水平上复活秩序与混沌的和谐关系。总之，混沌学家以古代混沌思想在现代条件下的继承者、光大者自居，明确承认自己正在从事的工作是在新的水平上向古代混沌观的复归。

令人尤为兴奋的是，20世纪70年代以来，西方系统科学家向东方，特别是中国古代哲学学习的热情高涨起来。作为自组织理论的著名代表之一，哈肯对中华文明崇尚整体性、和谐性、自组织性表示赞赏。最突出的是普利高津。他

---

[1] P. Pool: Chaos Theory: How Big an Advans? Science, 1989, p245.
[2] J. Briggs & F. D. Peat: Turbulent Mirror, Harper & Row. Publisher, 1989, p13.

盛赞中国文明对人类社会与自然界相互关系有深刻的理解，认为："中国的思想对于那些想扩大西方科学的范围和意义的哲学家和科学家来说，始终是个启迪的源泉。"① 普利高津发现，他花费毕生精力创造的新理论新观点，在中国古代思想家那里早已有所论述。西方科学以实体为中心，中国古代自然观以关系为中心，后者正是系统科学的基础。中国文明强调自然界的自发性、自组织性、和谐性，也是耗散结构论强调的东西。普利高津大力提倡建立人与自然新的联盟和新的对话，这种观点在中华文明中源远流长。他写道："我相信我们已经走向一个新的综合，一个新的归纳，它将把强调实验及定量表述的西方传统和以'自发的自组织世界'这一观点为中心的中国传统结合起来。"② 他热切希望由李约瑟和玻尔为代表的西方学者向中国文明学习的新传统能永远继续下去。

托姆接触中国文明的时间可能比较晚。至少在他那两本关于突变论的代表作中尚无反映。但在对中国古文明有所接触后，托姆给以很高评价。他热情地写道："熟悉道教古老理论的中国读者，大概不会对定性特征感到惊奇：因为'阴'与'阳'、发射与接收只是具有临界值的同一条曲线对波浪形突变的相对贯穿。""在老子的理论中，有很大一部分是关于突变理论的启蒙论述。我相信，在今天广大的中国读者中，仍然会有许多喜欢这个学说的科学天才。我希望通过这本书，他们将会了解突变理论是如何证实这些源于中国的古老学说的。"③ 托姆的这些话有些费解，突变论与老子的渊源关系还有待探讨。黄麟雏已有所论述④。托姆的理解也许有牵强之处。但他对中国文明的赞赏是认真的，并非仅仅出于礼貌的考虑。

系统科学家对辩证唯物主义的态度是一个比较复杂的问题，受西方社会大环境的影响，一些人无所了解甚至抱有很深偏见，是可以理解的。但还是有许多学者能采用积极的态度，认真从辩证唯物主义中吸取营养。态度最明朗的是贝塔朗菲。他一再把一般系统论与辩证唯物主义联系起来，希望人们注意其间的渊源关系和一致之处。在《一般系统论》一书中，贝塔朗菲把马克思的辩证

---

① 普利高津、斯唐热著，曾庆宏、沈小峰译：《从混沌到有序》（中译本序），上海译文出版社，1987。

② 普利高津著，曾庆宏等译：《从存在到演化》（中文版序），上海科学技术出版社，1986。

③ R. 托姆著，赵松年等译：《结构稳定性与形态发生学序》（中文版序），四川教育出版社，1992。

④ 黄麟雏：《〈道德经〉系统思想探》，载《系统工程理论与实践》，1994年第3期。

法看作"系统概念发展历史"的重要环节。在为第13届国际科学史会议写的论文《系统方法与一般系统论的历史和展望》中，他有意向国际科学史界强调一般系统论原理与辩证唯物主义之间的深刻类似。在其临终前写的那篇论文中，他除了重申马克思的辩证法"对今天被称为一般系统论的理论观念的发展做出了自己的贡献"之外，在文末列出12个思考题，其中一个是要求读者思考"一般系统论与辩证唯物主义之间的关系"（第11问）。① 贝塔朗菲不顾西方社会的压力，固执地把自己的理论与辩证唯物主义联系起来，足以表明后者对现代系统理论的产生具有重大的影响，也表现了一位学者尊重事实的可贵精神。

另一个突出人物是普利高津。他把自己学派对机械论的批判同马克思恩格斯当年对机械论的批判联系起来，意在承认前者是后者的继续。在关于时间这个现代科学和哲学的重大问题上，普利高津一再提到马克思恩格斯的观点，肯定他们对时间及演化过程中"历史因素"做出的论述，用以支持和丰富耗散结构论。

无须讳言，系统科学家向历史上存在的各种辩证哲学的学习还很不够，他们对辩证法的掌握也有待深入。但重要的是这种学习已经开始，并卓有成效。随着整个科学事业的不断发展，加上系统科学家的继续努力，辩证法将在系统科学的未来发展中发挥越来越大的影响，系统科学家将继续站在复归大潮的前列，这应当是没有疑问的。

---

① G. J. Klir（ed.）: Trends in General System Theory, John Wiley & Sons, Inc, 1971. P39.

第13章 系统科学：关于联系和发展的科学

马克思、恩格斯的辩证唯物主义认为，物质世界是由无数相互联系、相互依赖、相互制约、相互作用的事物和过程所形成的统一整体。辩证唯物主义体现的物质世界普遍联系及其整体性的思想，也就是系统思想。①

——钱学森

13-1 从关于联系的哲学到关于联系的科学

在《自然辩证法》一书总的计划草案中，恩格斯把辩证法作为一门学科，给出一个著名定义："辩证法是关于普遍联系的科学。"他在这里讲的科学是一个广义的概念，包括哲学在内。学术界通常使用的是狭义的科学概念，专指哲学以外那些具体的、可作实证研究的知识部门，哲学则是对各门科学知识的总概括。本书使用的科学概念是狭义的。我们认为，辩证法是关于普遍联系的哲学学说，不是关于普遍联系的科学理论。作为一门学科，辩证法用以刻画客观世界普遍联系总画面的基本概念，就是相互联系、相互作用、普遍联系等哲学范畴，基本规律即量变质变、对立统一和否定之否定，也是哲学范畴。毛泽东对恩格斯的观点做了重要发挥，指出"所谓联系就是诸对立物间在时间和空间中互相联系"②，主张依据对立统一这个核心规律对联系范畴做出说明。他讲的仍然是哲学的联系概念。作为关于普遍联系的科学，必须有一套特定的概念体

---

① 钱学森等：《论系统工程》（增订版），湖南科学技术出版社，1988，第76页。
② 《毛泽东著作选读》，人民出版社，1986，第847页。

系，据之可对客观世界的普遍联系做实证科学的具体研究，具有可操作性，在可能的情况下力争使用数学的、定量的，有时甚至是形式化的方法。这种关于普遍联系的科学，在20世纪中叶以前是不存在的。

经典科学，或者还原论科学，本质上不可能描述客观世界的普遍联系。甚至应当说，经典科学是在否定事物普遍联系的前提下建立起来的。这并非说经典科学不研究任何联系。既然普遍联系是客观世界的固有属性，任何科学都不能不涉及事物之间的联系。我们在经典科学中就经常看到对因与果、作用与反作用相互联系的描述。问题是经典科学对事物之间的联系做了极度简化，不再能被看作普遍联系了。经典科学讲的因果联系，一般都是一因一果的联系，几乎不涉及多因多果的联系，不考虑整个原因群与整个结果群的联系；只描述一次性的因果转化，几乎不考察因果转化序列，更不涉及因果转化形成的闭环或网络；只考察从普遍联系之网中分离出来的孤立因果链，拒绝把它放到总联系中去研究。经典科学的典型对象是二体问题，关注的是一个事物怎样作用于另一个事物，而不是一组事物作为总体如何作用于作为总体的另一组事物。对于不能绕开的三体或多体问题，力求简化为若干个二体问题来处理。经典科学主要处理单变量问题，发展了一套有效的方法。对于多变量问题，习惯于用一次改变一个变量而让其他量保持不变的方法处理，拒绝在所有的量同时变化的过程中从总体上考察它们之间的相互作用。经典科学关心的主要是线性联系，对于只能建立非线性模型的问题，用所谓局部线性化方法来处理，用线性联系近似反映非线性联系。至于那些原则上不能做线性化处理的相互联系，经典科学是无能为力的。经典科学善于描述机械性的相互联系，知道如何把它们分解开再组装起来，但无法描述有机性的相互联系。总之，经典科学对相互联系的描述是片面的、局部的，远远达不到描述普遍联系的水平。在这样的知识水平上，不可能建立起关于普遍联系的科学。

问题还在于，经典科学的巨大成功带来了一个严重后果，就是使科学工作者习惯于用孤立的片面的观点看问题，无法建立和接受事物普遍联系的观点。经过几代形而上学哲学家的加工提炼，形成系统化的世界观和方法论，成为一种思维定式，为后来的科学工作者接受普遍联系观点设置了巨大障碍。为改变这种局面，首先从哲学上解决问题，建立关于普遍联系的哲学。唯物辩证法的诞生完成了这一任务。

仅有哲学的准备是不够的，更重要的是科学本身的准备。首先需要不同学科领域之间相互联系和过渡的面貌充分暴露出来，科学走向统一变为强劲的发展趋势，达到足以被科学共同体所体认的程度。19世纪中叶的科学水平足以使马克思恩格斯这样的大哲学家洞察普遍联系的世界图景，并预见到今天才明显可见的自然科学与社会科学走向融合和统一。马克思在1844年就指出："自然科学往后将包括关于人的科学，正如人的科学总包括自然科学，这将是一门科学。"① 这个观点在19世纪未获科学界的响应。因为马克思是凭借辩证哲学的洞察力，对人类史和自然史做联系起来的考察，才发现自然界经历着人化的、人类学的过程，从而做出上述预见。缺乏辩证哲学素养、仅仅依据19世纪科学成就的学者无法理解马克思的预见。但20世纪中叶的情形大不相同了。边缘科学、交叉科学、跨学科研究大量涌现，不同领域的相互联系日趋紧密，足以使先进的自然科学家认识到科学开始走向统一。大物理学家普朗克的一段名言代表了这个世纪科学家的认识水平："科学是内在的整体，它被分解为单独整体不是取决于事物本身，而是取决于人类认识能力的局限性。实际上存在着从物理学到化学，通过生物学和人类学到社会学的连续的链条，这是任何一处都不能被打断的链条。"② 承认科学的对象世界是由相互联系的事物形成的整体，现在的科学被分为不同的部门根源于人类认识的局限性，未来的科学将通过一条在任何一处都不能被打断的链条连接起来，成为一门统一的科学——科学界在20世纪中叶得到的这个新认识，为建立关于普遍联系的科学做了最重要的思想准备。

边缘科学、交叉科学的发展实现了沟通不同领域的目标，但它们还不是关于普遍联系的科学。物理化学只描述物理运动和化学运动的联系，使用的是物理学和化学的语言。生态经济学只描述生态运动和经济运动的联系，使用的是生态学和经济学的语言。如此而已。这些新兴科学考察的仍然是物质运动的具体形式，仍以实体为中心，属于传统的纵向科学。关于联系的科学是在"纯粹"的形态上研究联系的科学，要求撇开相互联系着的事物具体的物质特性和相互作用"力"的具体特性，仅仅以关系、联系作为考察对象，以揭示相互联系的一般特征、类型、规律、机制及其演化为学科内容，有自己的独特语言，属于横贯科学。这就是系统科学。它的诞生标志着普遍联系原理获得了科学表达形式，从关于普遍联系的哲学到关于普遍联系的科学的历史性过渡开始实现了。

---

① 马克思：《1844年经济学—哲学手稿》（中文版），1957年，第91、92页。
② M·K·普朗克：《世界物理图景的统一性》，载《北京大学学报》，1987年第3期。

13-2 系统科学提供了描述相互联系的概念框架

系统科学的根本概念是系统，其他所有概念都是为阐述系统的特性和行为而提出来的。系统正是描述相互联系最适宜的科学概念。贝塔朗菲反复强调一般系统论是一门跨学科性质的学说，"它的主题是阐述对于'系统'普遍有效的原理，而不管其组成要素的性质及它们之间的关系或'力'是什么"①。这就清楚地揭示出一般系统论以至整个系统科学的横向性质以及它同边缘科学、交叉科学的本质区别。撇开要素的具体性质（机械的、物理的、化学的、生物的、生态的、经济的、社会的、心理的等），撇开要素之间相互作用的具体性质，留下的就是具有系统意义的要素性质和具有系统意义的相互联系、相互作用。这是科学从未提出来加以研究的问题。例如，在控制论中，不问系统的组成元件是机械的或者液压的等具体特性，仅仅按控制意义划分为敏感元件、比较元件、放大元件、执行元件、反馈元件等环节，确定如何按控制任务和系统运行规律把各元件耦合起来，按信息流通方式把系统划分为顺馈控制与反馈控制、开环控制与闭环控制、补偿控制与误差控制等类型。显然，这就是一门在纯粹形态上研究相互联系的科学。

第 11-2 节给出的定义只刻画了系统的内在规定性，更完整地刻画系统还需要考察它的外在规定性。贝塔朗菲曾以非形式化的方式给出系统概念的完整定义："系统的定义可以确定为处于一定的相互关系中并与环境发生关系的各组成部分（要素）的总体（集），这在数学上的表述是各式各样的。"② 本节将从内在规定性和外在规定性两方面来说明系统概念如何刻画事物之间的相互联系。

系统中各元（要）素之间关联方式的总和，称为系统的结构。只有元素而无结构，是非系统的存在物。结构不能离开元素单独存在，只能在元素的相互联系中表现出来。元素与结构一起构成系统的内在规定性。所谓用系统观点看问题，从系统的内在规定性看，不外两种情形。一是考察该事物属于哪个系统，该系统还包括哪些事物，它们之间的相互联系即结构如何，这种相互联系赋予

---

① 贝塔朗菲著，林康义、魏宏森等译：《一般系统论：基础、发展和应用》，清华大学出版社，1987，第 34 页。
② 庞元正、李建华编：《系统论、控制论、信息论经典文献选编》，求实出版社，1989，第 143 页。

该事物在系统整体中怎样的地位。更为普遍的情形是把待考察的事物当作一个系统，确定它的组成成分（不问组分的具体基质特性如何，但要查明不同组分之间在系统意义上的区别以及组分的种类、数目等），尤其重要的是查明组分之间如何相互联系、相互作用，从而造成系统整体特有的性质和行为。不论哪种情形，我们关注的中心都是事物之间的联系。

结构是描述系统内部联系的基本概念。系统的结构千差万别。系统科学提供了一系列描述结构的概念，其中最基本的是分系统和层次。在元素众多、彼此有明显差异的系统中，元素有一种成团现象，一部分元素由于某种特定的相互作用而更紧密地联系在一起，在系统中形成一个具有某种相对独立性的整体，本身可以看作一个小系统，即我们所考察的（整）系统的一个分系统。分系统的形成是系统内部相互联系多样化、复杂化的结果。划分分系统，明确分系统的相互关系，是刻画系统结构的重要方式。在元素众多、关系复杂的系统中，刻画结构还要用层次概念。系统中层次划分的根源在于组分之间相互联系、相互作用而导致的新质涌现。任何系统都包含元素个体和系统整体两个层次。但刻画只包含这两个层次的简单系统用不着层次概念。复杂系统中存在介于元素个体和系统整体之间的其他层次，不同层次之间的相互联系和过渡对于把握系统整体至关重要。不同层次的分系统不可混为一谈。既考察不同分系统之间的相互联系，又考察不同层次之间的相互联系，才能完整地把握系统的结构。

有序、无序、有组织、无组织等，是对系统的不同组分之间相互联系的方式、特征等做定性描述的概念。有些概念如整体性、目的性等，乍看上去与结构无关，实际上也是描述相互联系的工具。系统性是多元性与相关性的统一。多个元素按一定方式相互联系起来，才能形成系统整体，产生整体的涌现性，表现出整体的结构、状态、行为、功能以及整体的空间占有和时间展开、整体的边界等。没有组分之间的相互联系，便谈不上系统整体。目的性是系统整体的重要属性，是各组分相互作用的结果。从动力学角度看，目的性反映的是系统各种可能状态之间的特殊联系，即少数具有吸引性和稳定性的状态与其他状态之间的联系。描述整体性和目的性，就是在描述相互联系。可以说，系统科学的全部概念都具有描述相互联系的功能。

同时给定内在的和外在的两种规定性，才能完全确定一个系统。所谓外在规定性指的是系统与环境的相互联系、相互作用。用系统观点看事物的另一要点，就是考察系统处于怎样的环境中，它同环境如何相互联系、相互作用。环境给系统提供生存活动的空间和资源，输入对系统的激励作用，同时也给系施加约束、压力、干扰，甚至构成对系统的危害。系统从环境中获取存续运行必须的条件，同时也作用于环境，包括对环境提供功能输出，以及或多或少的破坏、污染作用。这就是系统与环境相互联系的一般内容。系统科学有一套描述这种相互联系的概念，如边界、输入、输出、开放性、适应性、灵敏性、鲁棒性等。

信息是描述事物相互联系的另一重要概念。系统各组分之间通过交换信息才能整合起来，通过交换信息才能维系其整体。基于此，许多系统科学家把信息视为系统组织程度的度量。系统与环境的相互联系，如果撇开它们的基质特性只从系统意义看，也可归结为信息联系。系统科学各分支都把信息特性作为系统特性的重要方面。信息概念可能还有更普遍的意义。现代科学证明，事物之间的相互联系是通过交换物质、能量和信息来实现的。信息联系可能是更普遍的联系方式。周桂钿认为："信息概念是反映物质世界的本质联系的最基本的概念。"[1] 看来，仅仅把信息当作系统概念下的一个亚概念是不够的，信息是系统科学提供的另一个根本概念。

系统科学的每一分支都从一个特定角度提供了描述相互联系的概念体系，又都达不到对普遍联系的把握。但就整个系统科学来说，随着它的不断发展，将越来越接近于把握客观世界的普遍联系。

13-3 系统科学提供了描述相互联系的科学方法

按照系统科学的概念框架描述对象、处理问题所使用的程序、步骤、模型、算法、技术的总和，就是系统科学方法，简称"系统方法"。不同层次或分支的学科提供的方法，有共性，也有特殊性。不论是理论描述的系统方法，还是实际应用的系统方法，都是描述相互联系的方法。

按照第11-2节的定义，系统最基本的规定性是多元性和相关性，由它们导致系统的整体性。多元性、相关性和整体性都可以借助集合论加以描述。多元集概念适于描述多元性，集合上定义的关系概念适于描述相关性。一个给定元素之间关系的多元集就是一个数学系统，可作为真实系统的数学模型。麦萨

---

[1] 王雨田编：《控制论、信息论、系统科学与哲学》，中国人民大学出版社，1986，第345页。

诺维奇用一个多元集 A 和 A 中元素之间所有关系的集合 R 来定义一般系统,给出一般系统的形式化描述:S = < A,R >。(参见文献[57])集合论深入研究了数学中的序关系,提出半序、全序、线性序等概念,有助于刻画系统结构。本格就是依据这些概念定义了"前于"关系,阐述整体涌现原理,试图把一般系统论精确化。①

现代数学的大多数分支都以集合论为基础,原则上都可以提供描述系统联系的方法。图论是一个代表。图论讲的图是指某类事物及其间的相互联系。若用点(叫作顶点)代表对象,用线段(叫作边)代表两个对象之间的联系,一个图就是由一个顶点集和一个边集构成的数学系统。贝塔朗菲已经理解了图论对系统科学的价值,指出只要人们关心的是系统的结构或拓扑性质,而不是数量关系,图论就是描述系统的有效工具,因为借助图可以把系统表示于拓扑空间而使其关系结构精细化。② 数学家也懂得图论的系统科学价值,他们说:"图的最本质的内容实际上就是一个二元关系,也就是顶点和边的关联关系。一个系统或一个结构若具有二元关系便可以用图作为数学模型。"③ 特别地,一类称为树的特殊图已被广泛应用于系统科学,提出决策树、生长树、演化树等概念,用以描述有关过程中的相互联系。网络理论可广泛用于描述事理系统、神经系统中的复杂联系。

基于集合论的数学模型难以描述系统的数量特性和动态特性。定量数学积累了大量概念和方法,用现代系统思想重新审视它们,发现其中许多内容可用来描述事物的相互联系。多变量联立方程组是刻画相互联系的重要工具,在系统科学中有广泛而基本的应用。一个包含 n 个变量的联立方程组,若撇开各个变量的具体含义,作为抽象的状态变量,就是描述系统的数学模型。其中每个变量的变化都影响其他变量,又受其他变量变化的影响,反映了变量之间的相互联系。整个联立方程组描述的是系统整体的特性和行为。静态系统用代数联立方程(包括不等式)组描述,动态系统用联立微分方程或差分方程组来描述,都能刻画系统的数量特性。

获得广泛应用的系统工程方法,与传统工程不同之处,也在于强调用相互联系的观点处理工程问题。从共时性角度看,要求把一项工程任务看作由许多

---

① 马里奥・本格:《系统世界观》,载《自然科学哲学问题》,1986 年第 4 期。
② 贝塔朗菲著,林康义、魏宏森等译:《一般系统论:基础、发展和应用》,清华大学出版社,1987,第 19 页。
③ 王朝瑞:《图论》,高等教育出版社,1981,第 6 页。

局部任务联系而成的整体，强调从整体出发安排、协调、关照各个局部。从历时性角度看，要求把一项工程任务看作由许多相互联系的阶段、步骤、工序组成的过程集合，强调从全过程出发关照好各个阶段的衔接。系统工程师关心的不是用什么材料、如何加工等传统工程问题，而是工程活动中各因素的相互联系、限制条件、整体目标等组织管理问题。一项复杂工程涉及许多部门、因素、资源等，交织着大量人流、物流、信息流，系统工程方法告诉人们如何找寻普适方法，使复杂的联系有序化，以求工作效果的优化。著名的霍尔三维结构给出系统工程方法论的基本架构，它的系统思想表现在：把整个工程看作一个过程系统，按时间顺序划分为七个前后衔接的阶段，反映出系统工程共有的有序过程结构；再把每个阶段当作一个分过程，按逻辑联系划分成前后衔接的七个工作步骤，即更深层次的有序过程结构。

  用系统工程解决问题，重要的一环是建立数学模型。运筹学为它提供建模的理论和方法，其实质是把一定类型的事理问题表述为一定的系统，弄清它的事理结构，并用数学形式表示出来。事理活动由两类数量特性来表征。一类是给定的量，如资源数量、产品价格等，称为环境参量。另一类是决策变量。把两类变量联系起来的数学表达式，就是运筹学模型。最简单的一类运筹问题是做规划，即把有限的资源优化地分配于多项活动中。分享共同的有限资源，为共同的总效益做贡献，把所有决策变量与环境参量联系在一起，形成一个规划系统。其数学模型由目标函数和约束条件组成，描述的是决策变量与环境变量之间的特定联系。不同事理问题，如对策问题、排队问题、库存问题等，代表决策变量与环境参量之间的不同关联方式。建立数学模型的关键是正确把握这种关联方式，并用数学形式表示出来。解运筹模型则是确定各决策变量之间的一切可能的关联方式，以便从中求得最优关联方式。

  控制论方法是描述控制过程中各因素或变量相互联系的方法。无论传递函数还是状态空间方法，核心都是建立反映输入变量、输出变量、状态变量、干扰变量之间相互联系的数学模型。控制方法就是使这种相互联系从不合目标转变为合乎目标的手段、步骤。反馈方法是控制论贡献的重要系统方法，实质是关于认识和改进系统运行中原因与结果、输入与输出相互联系的方法。用反馈方法研究现实存在的系统（如生命系统、社会系统），指的是找出系统中存在的反馈回路，弄清因果转化的机制，从而揭示系统运行演化的规律。用反馈方法设计或改进系统，指的是设计系统没有的反馈回路，或改进已有的反馈回路，更合理地实现输入向输出的转化，使系统性能优化。补偿方法、最优化方法、自适应控制方法以及其他控制论方法，都是通过改变系统有关因素或变量的关联方式，以求达到控制目标的方法。

除形式化系统学派之外，系统科学家都使用类比方法研究系统。贝塔朗菲和哈肯对此有专门的方法论讨论。毋庸置疑，类比方法的哲学基础是普遍联系原理。

13-4 系统演化论是关于时间维中普遍联系的科学

把事物的普遍联系放在时间维中考察，看到的便是普遍的永恒的演化发展。这种被古代辩证思想家直观把握了的正确观点，随着近代科学的兴起也被抛弃了。经典科学只考察物体在空间中的轨道运动，不涉及事物从无到有的发生问题和从有到无的消亡问题，不涉及从一种性质的事物向另一种性质的事物的转变问题。按照恩格斯的解释，只有暂时抛弃古代的演化发展思想，把事物当作既成的不变的东西，才能建立近代科学。因此，关于演化发展的科学不能与近代自然科学同步产生，也是历史的必然。

在这方面，19世纪同样是转变的起点。天文学、地质学、生物学和社会历史领域分别出现的关于过程、关于事物发生发展的科学理论，经马克思恩格斯的概括，发现了关于自然、社会、思维的运动和发展的普遍规律，建立起关于演化发展的哲学学说。哲学界通常也把辩证法定义为关于发展的科学。但按照我们对科学的狭义界定，辩证法是关于演化发展的哲学，而不是科学。作为演化发展的科学，也必须揭示一切演化发展的共性，即在纯粹形态上研究演化发展，但不是思辨式的，而是经验的、实证的，基本方法要有可操作性，在可能情况下力求做定量的甚至形式化的描述。辩证法不具备，也不应苛求她具备这种特性。

19世纪诞生的拉普拉斯学说、赖尔学说、达尔文学说和马克思学说，都是关于特定领域演化发展的具体科学理论，不是关于演化发展的一般科学理论。那个时代也不可能建立这种理论。主要原因有二。一方面，从先进哲学家在哲学上确立演化发展观到科学家接受它需要一个过程，很难同步发生。不仅19世纪的主流科学家未能树立发展观，即使到"本世纪初，这种静止的观点几乎为科学界一致接受"①。从关于演化的哲学到关于演化的科学,有一系列中间环节需要填补,必须假以时日。另一方面,科学本身的发展还没有提供足够的知识准备。动力学与热力学、物理学与生物学之间的尖锐冲突,集中反映了这种状况。只要科学发展还不能为填充这些鸿沟指出初步途径,建立演化的科学便无从谈起。其中关键是物理学。从经典物理学到统计力学、量子力学、相对论,本质上都是关于存在的物理学。只要还没有演化的物理学,没有沟通存在的物理学和演化的物理学,辩证法的发展观就不可能在科学家的主流中确立起来。只要动力学还局限于可逆过程,热力学还局限于平衡态附近,演化的物理学也不可能建立起来。

决定性的转变发生在20世纪中叶。30年代肇始的非平衡热力学打开了这一转变的闸门。其中贡献最大的是普利高津学派。他们明确区分了存在的物理学与演化的物理学,探讨从前者向后者过渡的途径,给出演化的物理学的粗框。普利高津等人根据现代物理学最新成果,对存在和演化的本质联系做了深入的哲学分析,做出哲学家难以胜任的贡献。主要由于他们的工作,我们终于理解了热力学是一门演化的物理学,热力学第二定律是一条关于演化的基本定律,相变理论是一种物质自组织理论。哲学和科学的道路一经打通,以物理学为背景的一批关于演化发展的科学理论便在60—70年代相继诞生。在它们的启示和支持下,以生命科学为背景的演化理论——超循环论也在同一时期诞生了。这是关于发展的科学的第一批成果。

另一方面的制约来自数学。经典几何和分析数学是为存在的科学服务的,不是描述演化发展的适当工具。这方面的变化始于19世纪的晚期。彭加勒关于微分方程定性理论、拓扑学、遍历理论的工作,李亚普诺夫关于稳定性的研究,是演化数学的开端。经过数学家近70年的潜心研究,概率论、拓扑学、微分几何、流形、遍历理论等分支迅速发展起来,提供了描述整体性、动态性、非线性、奇异性、不确定性的有力工具,产生了突变论、微分动力体系、非线性动力学、分形几何等描述系统演化的数学分支。

由自然科学和数学中产生出来的这些新学科提供了描述演化发展的一系列一般概念,如系统、自组织、结构稳定性、吸引子、分叉、涨落、临界态等,以及相应的定性和定量方法。这些概念和方法目前还是由不同系统理论分别刻画的,不同程度地带有这些理论的特殊性,同关于演化发展的一般理论应有的

---

① 普利高津著,曾庆宏等译:《从存在到演化》,上海科学技术出版社,1986,第2页。

普适性品格还有距离,但已具备进一步加工提炼的可能性。如能像钱学森设想的那样,把这些理论融会贯通,加工综合,建立系统学这门基础科学,关于演化发展的科学就面目分明了。

13-5 系统科学家的体认

前面的讨论归结为一点,就是断言系统思想、系统概念和系统方法的哲学基础是辩证法关于普遍联系和永恒发展的原理。不管系统科学家是否自觉意识到这一点,愿否公开承认这一点,事实终归是事实。

现代系统概念的提炼和对系统性的阐述主要是一般系统论学派的贡献。从贝塔朗菲、保丁等系统理论家到拉兹洛等系统哲学家,主要采用经验的直观的方法,在大量概括科学事实和生活经验的基础上阐述系统概念和原理,努力寻找不同事物的异质同型性是他们的基本指导思想。"一般系统特性表现为不同领域的结构相似性或同型性。"① 贝氏这一论断代表了他的学派的共同信念,其哲学意义就是承认不同事物之间、不同对象领域之间是相互联系的,这种相互联系具有同型性,或曰系统性。从科学上看,承认普适特性的存在是承认普遍联系的重要表现。

贝塔朗菲对这一点是自觉的。从他一再强调一般系统论与辩证唯物主义的相互联系来看,他一定熟知恩格斯关于辩证法的著名定义。第1章曾引用他在国际科学史会议上所提一般系统论与辩证唯物主义原理相似的著名论断。贝氏没有直接提及与他的系统原理相类似的辩证唯物主义原理是什么,但只要读读这一结论前面的那段话就明白了。他说:生物学及其他科学中出现的倾向使我产生了一般系统论的想法,即设想建立一门跨学科性质的学说,"详尽说明存在着适用于一般系统的原理和模式,而不考虑它们的特殊种类、成分和所包含的'力'如何"②。新思想来源于不同学科中出现的共同倾向,相信存在跨学科性质的学说,存在适用于一切系统的原理和模式,这些信念只能以辩证法的普遍联系原理为哲学根据。

---

① 贝塔朗菲著,林康义、魏宏森等译:《一般系统论:基础、发展和应用》,清华大学出版社,1987,第30页。
② 庞元正,李建华编:《系统论、控制论、信息论经典文献选编》,求实出版社,1989,第118页。

就一般系统论研究中的形式化路线看，20世纪50年代阿希贝开此先河，60年代麦萨诺维奇做出系统的努力。一门科学的形式化理论体系容易掩盖其基本概念的现实来源，误以为它们是纯粹思维的产物。但事实上，只有在贝塔朗菲等人长期研究积累了大量有关系统的知识之后，数学系统论学者才可能着手进行形式化描述。既然贝塔朗菲的工作以普遍联系原理为依据，麦萨诺维奇的形式化再加工也离不开这一哲学基础，尽管后者忘记或不愿承认这一点。不仅如此，我们从形式化描述的一般系统论本身也不难发现这种联系。贝塔朗菲的系统概念描述的是现实事物之间的相互联系。形式化方法用公理来刻画系统概念，所用公理只能是以这样或那样的语言表述出来的普遍联系原理。本格自称系统主义哲学家，试图用公理化方法阐述系统本体论，以克服辩证法的"不精确性"。本格声明他的公理体系建立在这样一个假定之上："世界上不存在迷离的偶然堆积着的事物，所有的事物都与其他事物相互联系着，因而所有的事物都联系成系统，这就是我们的假定。"① 公开打出不要辩证法的本格，在对其理论的基本假定做陈述时，从观点到语言都十分接近辩证法。看来，本格要清除的是辩证法这个术语，对普遍联系原理还是笃信的。

大多数系统科学家还不能像贝塔朗菲和钱学森那样，明确承认辩证法的普遍联系原理对于系统研究的重要意义。应当说，除一般系统论和系统学是以一般系统为研究对象之外，系统科学其他分支都是就一个特定的方面或角度研究系统现象的，可以不直接触及普遍联系原理，难免限制了学者们的视野。但在具体研究工作中，只要必须应用相互联系观点说明问题时，系统科学家便毫不犹豫地强调相互联系；或者当割裂事物相互联系的观点阻碍他们前进时，系统科学家都明确采取批判的态度。阿希贝对制造人工"大脑"有浓厚兴趣，相信可以用人工手段模拟人的智能。这种观点的哲学基础是相信生命现象与无生命现象、精神与物质具有同一性。但形而上学唯物主义"哲学家们把精神和物质仔细地区分开来，他们大多认为任何从无生命到生命的联系是不可能的"②。这对阿希贝的研究工作是巨大的障碍。他在《大脑设计》等著作中花了很大力气批判这种观点，阐述物质与精神、非生命与生命之间可能的联系。普利高津对物理学传统中否定相互联系的观点做了深入的批判，甚至提出"普遍联系的物

---

① 马里奥·本格：《系统世界观》，载《自然科学哲学问题》，1986年第4期。
② 《控制论哲学问题译文集》（第一辑），商务印书馆，1965，第64页。

理学"①这种说法。艾根创立超循环论的目的，是要把生物进化与化学进化两大阶段联系起来，超循环概念是揭示生命起源过程中许多复杂联系的有效工具。传统观点认为非线性问题缺少共性，没有普适的原理和方法。混沌学家不信这个邪，坚信在各种表面混乱无规的现象后面，必定存在共同的规律，混沌运动就是这种共性的表现之一。分形几何的创始人曼德勃罗在回顾他的思想发展历程时写道："20多年前，我就对未知世界中若干冷僻而又无人顾及的不同角落进行了探索，我确信这种探索是科学事业的一部分。除了我自己，当时无人能看到这些冷僻角落之间的联系。"②曼德勃罗道出系统理论家的一个重要特点：善于发现无人问津的相互联系，自觉投入创建描述这种联系的新学科的研究工作中。

经典科学长期沿着分支化专门化路线发展，使大多数科学工作者把现有学科界限看得神圣不可侵犯，满足于在一个专门方向上按前人开拓的道路前进。在这种文化氛围中搞跨学科研究，需要很大的勇气和哲学远见，相信不同学科之间有内在联系，存在相同的基本问题，可以使用共同的概念、原理、方法，有志于建立一门把许多表面看来迥然不同的现象统一起来的新学科。系统科学各分支的开创者都是勇于从事跨学科研究的人，表明他们对辩证法的普遍联系原理都有不同程度的体认。维纳相信通信和控制能把动物、社会、机器沟通起来。托姆相信结构稳定性、突变等能把生物系统和物理系统的形态发生现象沟通起来。普利高津相信耗散结构能把物理、生命和社会系统的自我维持和演化沟通起来。哈肯、艾根和混沌学家都相信自己的理论能把客观世界的这些不同领域沟通起来。钱学森则相信，把这些人的工作综合起来，创立系统学，就可以给辩证法的普遍联系原理提供最有力的科学支持。

对于从事系统演化理论研究的科学家来说，"一切事物都是发展的"这个辩证法原理已成为无须论证的常识和公理，成为他们从事科学探索的基本信念，他们的工作就在于揭示这种普遍的永恒的发展变化有哪些机制、规律、特点。在这方面，不论是否使用辩证法这个词，他们事实上都是辩证法原理的实践者，并对丰富和发展这一原理做出重大贡献。我们将在最后三章中讨论这一点。

---

① 普利高津、斯唐热著，曾庆宏、沈小峰译：《从混沌到有序》，上海译文出版社，1987，第363页。

② 李后强、张国琪、汪富泉：《分形的哲学发轫》，四川大学出版社，1993，第12页。

第14章　系统科学中的对立统一

　　对于一个整体来说，引入其组成部分之间竞争的概念似乎是自相矛盾的。但事实上，这两个显然矛盾的陈述都属于系统的本质。任何整体都以它的元素之间的竞争为基础，以它的"部分之间的斗争"为先决条件。部分之间的竞争是简单的物理化学系统以及有机体和社会单位的普遍的组织原理。归根结底，它是现实存在的对立物彼此统一这一命题的一种表达形式。①

——贝塔朗菲

　　按照列宁和毛泽东的说法，对立统一规律是辩证法的核心。近些年来，一些学者对这个观点提出质疑，系统科学被当作立论的重要依据。但在我们看来，他们的说法多半出于对系统科学的误解。系统科学是具体科学，不承担论证或否证对立统一规律是辩证法的核心这个学术任务。试图从系统科学中找到这方面的论述是不现实的。学者们的论述总是以自己的哲学信念为准绳，以现实生活的需要为背景，对系统科学的成果进行筛选和加工，不可避免出现见仁见智的局面。本章不准备评论这种争论。我们要阐述的是，系统科学从不同方面广泛地运用矛盾学说，揭示出许多只有用系统观点看世界才能发现或充分理解的矛盾，提供了大量有助于补充、丰富、改进和发展矛盾学说的材料和思想。

---

　　① 贝塔朗菲著，林康义、魏宏森等译：《一般系统论：基础、发展和应用》，清华大学出版社，1987，第61页。译文有改动。

14−1 系统科学家对对立统一规律的体认

毛泽东指出，辩证法的宇宙观"主要地就是教导人们要善于去观察和分析各种事物的矛盾的运动，并根据这种分析，指出解决矛盾的方法"①。系统科学的发展历史表明，系统科学的大师们事实上都懂得这个原理，善于观察和分析自己研究领域中的矛盾运动。其中许多人已达到相当自觉的程度，明确强调矛盾学说对系统理论的指导作用。

首先看贝塔朗菲。这位一再强调一般系统论与辩证唯物主义有密切关系的学者，没有明确地提到普遍联系原理和永恒发展变化原理，却明确强调对立统一规律的重要性。贝氏看重库萨的尼古拉，在于后者"确立了有关对立物的一致即整体内各部分之间对立或者甚至对抗的概念"②。在马克思和黑格尔的辩证法中，贝氏特别看重的是他们强调思维"只有在辩证过程中达到矛盾双方的统一……才能够完全解释现实"③。贝塔朗菲深信矛盾学说具有"完全解释现实"的功能，并把它应用于系统研究中，指导他从事一般系统论概念框架的建构。名著《一般系统论》的第三章是专门阐述系统概念的，通过对部分与整体、可分性（加和性）与不可分性（非加和性）、统一与竞争、分化与整合、存在与演化等矛盾的分析，逐步展开一般系统论的概念体系，包括这些概念的数学描述。他还对这些科学分析加以哲学概括，写下了本章开头引用的那段著名论述。把部分之间的竞争看作适用于从物理化学系统到生物有机体和社会系统的"普遍的组织原理"，把部分之间既统一又竞争的两种矛盾的陈述看作"都属于系统的本质"，是贝氏学习辩证法并总结系统研究的全部成果而得到的重要哲学结论，思想极为深刻。

托姆明确承认矛盾学说对突变论的指导作用。他的著作多次引用赫拉克利特的名言："应当明白，战争是普遍的，冲突就是正义，万物皆以冲突和必要而得以生存"。托姆不是在个别问题上提到这位先哲，而是把赫拉克利特当作突变论的守护神，把矛盾冲突当作研究突变现象的思想指南。他的基本观点是："我

---

① 《毛泽东选集》，人民出版社，1964，第270页。
② 庞元正、李建华编：《系统论、控制论、信息论经典文献选编》，求实出版社，1989，第134页。
③ 同上书。

们的模型将所有形态发生归结于冲突，即两个或多个吸引子之间的斗争。"① 与贝塔朗菲一样，托姆把对立统一作为普遍的组织原理，坚持按矛盾学说去理解形态发生和演化现象。他把这种观点应用于突变研究，通过分析形态与过程、渐变与突变、连续与间断、稳定与不稳定等矛盾，阐述他的学术思想，建构突变论的概念框架。他还运用对立统一观点研究非物质系统的发生发展。例如，在讨论语义问题时，托姆主张采用赫拉克利特的逻格斯概念，指出："若在同一基底上定义了多个逻格斯，这些逻格斯最终将会发生冲突（在此又碰上赫拉克利特！）；但是，在这些不同的理性之间发生的冲突，往往会根据结构稳定的格局，将自己在空间中组织起来。"② 用逻格斯概念解释语义现象可以商榷，托姆对冲突的强调明显有片面性，但他坚持用矛盾冲突来说明组织、形态的发生，值得肯定。这也有助于我们理解，托姆之所以断言老子提供了突变论的启蒙论述，是由于他发现《老子》一书包含极为丰富的有关对立统一、物极必反的辩证思想。

普利高津的著作没有明确援引矛盾学说，但常可读到"我们作为实体是一些对立行动的结果"③ 之类说法，显然脱胎于辩证哲学。如果从实际应用看，他对矛盾学说的理解不亚于上述两位学者。耗散结构概念的提炼，以这一概念为中心的自组织理论的建构，都离不开对各种对立统一范畴的把握。其中最重要的是开放与封闭、平衡与不平衡、近平衡与远平衡、耗散与守恒、可逆与不可逆、线性与非线性、存在与演化等矛盾范畴。以平衡与非平衡的矛盾为例，从塑述基本概念到制定研究方法，都离不开分析这对矛盾。塑述概念强调的是从平衡向非平衡的转化，第 6 章已有说明。制定研究方法离不开从非平衡向平衡的转化。为刻画非平衡态的热力学行为，普利高津引入局域平衡假设，把非平衡态问题转化为许多个局域平衡问题来研究，从而找到一条把平衡态热力学推广到非平衡态的途径。如沈小峰所说："运用这种化整为零和集零为整的方法，注意到平衡与非平衡之间矛盾的相互转化，就找到了一条贯通平衡态热力学和非平衡态热力学的桥梁。这是普利高津在研究方法上的成功之处。"④

极少涉及哲学问题的艾根在其著作中也成功地运用了对立统一规律。《超循

---

① R. 托姆著，赵松年等译：《结构稳定性与形态发生学》，四川教育出版社，1992，第 374 页。
② R. 托姆著，周仲良译：《突变论：思想和应用》，四川教育出版社，1992，第 221 页。
③ 普利高津著，曾庆宏等译：《从存在到演化》，上海科学技术出版社，1986，第 215 页。
④ 沈小峰：《混沌初开》，北京师范大学出版社，1993，第 16 页。

环论》一书由三篇长文组成，每一篇开头都提出一对重要矛盾。《超循环：一个自然的自组织原理》提出生物多样性与统一性的矛盾。《物质的自组织和生物大分子的进化》提出生命起源中的因果矛盾，或者说信息与功能的矛盾。《生物信息的起源》提出生物复杂性与特殊性的矛盾。从分析这些矛盾入手，艾根从不同方面探讨生命起源的奥秘，阐述超循环论的概念和原理，建立起这门独特的自组织理论。

在西方学者中，对矛盾学说理解更深刻、应用更成功的可能是哈肯。协同学的前期著作无暇顾及学科的哲学方面。但在哈肯的《协同学导论》《高等协同学》《信息与自组织》以及《协同学——自然成功的奥秘》等著作中，我们明显地感觉到作者在建构协同学理论框架时多方面地运用了对立统一规律。笔者在《协同学的辩证思想》（1990）一文中，集中阐述了这一点。1994年10月，上海理工大学的车宏安教授送笔者一本《协同学：理论和应用》，是按哈肯1986年在该校的讲演稿翻译而成的。笔者十分高兴地读到哈肯本人对协同学哲学观点的说明。哈肯把协同学研究划分为理论、应用、哲学三方面，把哲学方面归结为协同学中"存在着许多对立统一范畴"[①]，包括部分与整体、分析与综合、量与质、控制与自组织、确定性与偶然性、有序与无序、原因与结果等。如此明确地认同对立统一规律，在西方科学家中是少见的。哈肯所重视的是这些对立统一范畴对于自然的解释力和理解力，自觉地运用这些范畴去阐述协同学的概念和原理。协同学的成功证明这样做是正确的。

张华夏认为，系统科学家和系统哲学家在系统科学的领域里重新发现了对立统一规律。这话有道理。矛盾学说至少在以下几方面对系统理论有指导作用。其一，创立系统理论这种具有革命意义的新学科，必须突破传统思想方法的束缚，科学家不能回避科学研究中的矛盾冲突。科学家只有对重大矛盾冲突有很强的敏感性，承认矛盾斗争是推动科学进步的动力，并善于从这种矛盾冲突中确定研究方向和捕捉新思想，才能成为新学科的创立者。其二，系统理论是科学思维方式转变的产物，面对经典科学积累的种种两难问题，只有运用对立统一规律才能把握其实质，找到克服理论困难的途径。其三，必须通过对系统研究所涉及的矛盾做辩证地理解和把握，才能科学地建构系统理论的概念框架。庞元正指出："贝塔朗菲并不认为系统理论否定了矛盾学说，相反，是矛盾学说

[①] 哈肯：《协同学：理论与应用》，中国科学技术出版社，1990，第11页。

对一般系统论观念的形成和发展做出了贡献。"① 这一点也适用于其他系统理论，本书前十章已有论述。其四，制定系统科学的研究方法也需要对立统一规律。系统方法不是单打一，它注重不同甚至对立的方法的辩证统一，还原方法与整体方法、分析方法与综合方法、精确方法与模糊方法、定性描述与定量描述、确定性描述与概率性描述，等等，都要结合起来，不能肯定一个而否定另一个。拉波波特在谈到系统研究的方法时指出："这里所采用的处理一般系统论的方式将试图把分析的和整体的观点、描述性的和规范性的观点整合起来。我们的目的是要证明这些观点决不是不能共存的，它们揭示关于系统论的统一处理方式的互补的、不同的方面。"② 这种表述具有普遍的方法论意义。

14-2　系统科学的矛盾普遍性原理

研究系统需要矛盾学说的指导，有其客观根源。现实世界不存在无矛盾的系统。凡系统都包含矛盾，都在矛盾中存续演化。系统越复杂，所涉及的矛盾越多样而复杂。所谓系统的复杂性，从哲学上看，就是它所涉及的矛盾的复杂性。这是辩证系统观的基本观点之一，一个用系统概念表述的矛盾普遍性原理。

首先，系统概念逻辑地包含着矛盾，反映出客观系统现象固有的矛盾本性。系统指两个或多个不同事物按特定方式相互关联而形成的统一整体。只要整体内至少包含两个有差别的部分，便包含矛盾。既然同为一个整体的组分，必定相互需要、相互依存、相互支持、相互补充，即具有同一性。既然是不同的组分，彼此在时空占有、资源享用、行为自由度等方面必然相互制约、相互妨碍、相互竞争，即具有斗争性。两个方面既同一又斗争，就是矛盾。同样地，两个分立的系统，只要共处于同一环境中，就既有同一性又有斗争性，也构成矛盾。研究系统无法避开这些矛盾。只有那些只有一个组分的整体，或者组分之间没有任何相互关联的集合体，才不包含矛盾。但这两类整体都不是系统，不能构成对系统中矛盾普遍性观点的否证。

贝塔朗菲无疑是承认这种观点的。但他的认识有某些混乱。在提及黑格尔与马克思的矛盾辩证法时，他引用的主要是黑格尔的表述，即把绝对理念作为

---

① 庞元正:《系统理论与矛盾学说》，载《中国社会科学》，1987年第6期。
② 拉波波特著，钱兆华译:《一般系统论》，福建人民出版社，1990，第8页。

第一性的东西。这是唯心论的矛盾观。马克思讲的矛盾首先是现实世界的矛盾，然后才是反映于思维中的概念矛盾。贝塔朗菲引用库萨的尼古拉的观点时，也未指明后者说的是在神那里一切对立物都是一致的。不过，就他在系统研究中的具体应用来看，贝氏讲的是"实在所表现的对立物的一致"。这就原则上与黑格尔、尼古拉划清了界限，基本上属于唯物论的矛盾观。

一般来说，系统科学家并不直接研究系统中两个组分（元素）之间的矛盾。这有多方面的原因。其一，考察两个元素之间的矛盾必须涉及元素的具体基质特性，否则内容太空泛，没有多大价值。但这样做不符合系统科学要求撇开具体基质进行研究的总原则。其二，这种方法只在简单系统（严格地说，是二元素系统）中才完全可行。包含 n 个元素的系统有 $\frac{1}{2}n(n-1)$ 对这种矛盾，当 n 较大时，特别是巨量元素组成的系统，事实上不可能直接研究两两元素构成的矛盾。其三，如果系统的非加和性强，了解两两元素构成的矛盾并不能把握系统的整体特性。物理学的三体问题不能转化为三个两体问题来处理，就是有力的证明。

然而，如果由此而否定系统科学需要运用对立统一规律是没有道理的。在元素之间、分系统之间构成的上述矛盾的基础上，由于系统的整合功能以及系统与环境的相互作用，产生了许多影响甚至支配系统状态、属性、行为的矛盾，是系统研究无法也不应当回避的。系统研究关心的正是这些具有系统意义、可用系统科学语言表述的对立统一。就系统自身的规定性看，有部分与整体、结构与功能、吸引与排斥、整合与离析、合作与竞争、自治与统治、支配与服从、集中与分散、不变性与可变性、自我保持与自我进化等对立统一。就系统与环境的关系看，有开放与封闭、输入与输出、激励与响应、压力与适应、合作与竞争等对立统一。就系统的特性看，有静态与动态、暂态与定态、有序与无序、确定与不确定、稳定与不稳定、自治与非自治、定常与时变等对立统一。就系统的数学描述看，有定性与定量、连续与离散、光滑与不光滑、线性与非线性等对立统一。就技术应用看，有增益与代价、有效性与经济性、快速性与平稳性、灵敏性与鲁棒性等对立统一。这些矛盾是系统现象固有的，原则上无法穷举。只要用系统观点看世界，就会碰到这些矛盾，只有辩证地理解和处理这些矛盾，才能正确阐明系统科学的概念、原理和方法。

20 世纪 80 年代中期以来，我国哲学界一直有一分为二与一分为多的争论。一种观点认为，辩证哲学讲一分为二，系统理论讲一分为多。这种提法源于对系统理论和辩证哲学的双重误解。一分为二是一种哲学分析方法，一分为多是具体科学的分析方法，各有自己的功效，不存在哪一个更正确、更优越的问题。对事物做矛盾分析时，不能一分为多，只能一分为二，即把统一体分为两个既相互对立又相互依存的方面。不仅哲学家是这样，系统理论家也是这样。普利高津在建立耗散结构论时，对客观过程做了多种一分为二的分析，如可逆与不可逆、平衡与非平衡、近平衡与远平衡等，这里无须也不可能一分为三或一分为多。哈肯在建立协同学时，着重分析了合作与竞争这对矛盾，他只能一分为二，无须也不可能在合作与竞争之间允许第三者插足。艾根在建立分子进化论时，分析过原因与结果、多样性与统一性、复杂性与特殊性三对矛盾，不需要也不可能要求艾根用一分为多取代这些一分为二。但要认识事物不能只做哲学分析，还要做类型分析、结构分析。在对事物进行分类或对系统进行结构分析时，一般都是一分为多，一分为二只是一种特例。系统理论家如此，辩证哲学家也如此。毛泽东是"一分为二"最著名的提倡者，但他在按政治态度划分人群时，得到的是左、中、右的三分法；在对中国社会做阶级分析时，给出了典型的一分为多的论述。可见，用一分为二与一分为多来区分辩证哲学与系统理论，甚至评价二者的高低优劣，是完全没有根据的。

14−3　系统科学的内因论

事物自己运动、自己发展的原理，是辩证思想家从总体上把握客观世界所得出来的哲学结论。它同经典科学格格不入。经典科学提供的是在作用力概念下物质运动的统一描述，一切事物的运动演化都被归结为外力或他物的作用。相对论和量子力学带来的科学革命并未触动这一点。由于缺乏现代科学，特别是物理学的支持，"事物自己运动"在很长时期中只能是一种哲学学说，不能成为科学原理。

系统科学关于事物演化的理论提供了在组织性概念下关于物质运动的统一描述，找到了改变这种局面的科学途径。特别是以物理学为背景的一批自组织理论，第一次给"事物自己运动"原理提供了物理学支持和定量化表述。在自组织这一总概念下，又提炼出自稳定、自校正、自催化、自增强、自抑制、自维生、自适应、自修复、自学习、自更新、自创生等一系列新概念，提供了多视角、多层次地把握事物自己运动的工具。现代自组织理论还使人们认识到，作为马克思恩格斯进行哲学概括的科学根据,康德的星云假说、赖尔的地质理论、达尔文的物种进化论、马克思的社会形态演化理论,都是特定领域中的物质自组织理论。今天的人们有充分理由断定,辩证唯物主义的"事物自己运动"原理是关于系统自组织理论的哲学概括,自组织理论是这一哲学原理的科学表达形式。

辩证法把事物发展的动因分为内因和外因,断言两者都是不可缺少的,但内因是根据,外因是条件,内因是第一位的,外因是第二位的。自组织理论对这个观点做出极为有力的科学表述。按照自组织理论,系统只有对环境开放并从环境中取得足够的物质、能量和信息,才能通过对其组成部分进行组织而从热平衡态中产生有序结构,或从一种有序结构转变为另一种有序结构。在组织水平较低的平衡相变中,系统只有通过与外界交换热能才可以组织起来,或改变既存有序结构。较高级的非平衡有序结构不仅要在对外开放的条件下形成,而且要在与外界的相互作用中不断地组织自己,才能维持有序结构。所以,承认开放性为自组织的必要条件,是一切自组织理论的共同原理。

但是,自组织理论认为对外开放只是自组织的必要条件,不是充分条件。外部环境对系统的输入作用只提供自组织必需的资源或激励,把系统推向发生相变的临界点。至于如何对组成部分进行组织,采用什么结构模式,主要取决于系统自身的特性。即实现从无序到有序、从一种有序到另一种有序转变的组织力或组织指令,只能来自系统内部。以激光为例,通过泵从外面输入的能量只能起激发原子的作用,不提供如何指挥原子发光行为的组织力或指令。从发送普通光到发送激光,再到发送脉冲光,输入能量只有量的不同,但发光原子的组织方式两次发生质的改变,原因就在于系统内部产生了序参量这种能够号令原子的组织力,或者几个序参量的相互关系发生变化,决定了不同的组织方式。环境的压力把系统推向临界点,这是系统出现变革的外部条件。在临界点上出现怎样的序参量,如何对各部分进行组织,则是系统实现变革的内部根据。对于系统建立何种组织结构,内因显然是决定性的。

自组织理论坚持从系统内部的矛盾运动来说明系统演化。平衡相变理论把热运动和分子相互作用看作热力学系统的根本矛盾,以两者的不同整合方式来说明平衡结构的形成和演化。非平衡相变理论提出非线性相干作用的概念,以组分之间的合作与竞争、支配与服从等矛盾斗争作为系统演化的动力,证明线性系统不可能出现自组织,只有非线性相干作用足够强的系统才能出现自组织行为。自组织是一种阈值行为,要求系统有失稳机制。在失稳点之前,系统应有非线性增强机制,使代表新结构的涨落迅速放大,导致旧结构失稳。在失稳点之后,系统要有稳定机制,能够自我抑制,迅速走向新的稳态。动力学用分叉概念解释了自组织演化的多样性和历史性,用吸引子概念解释了自组织演化的目的性。突变论描述了自组织作为一种突变现象的动力学机制。耗散结构论阐明只有在远离平衡的条件下,系统固有的非线性相干作用才能表现出来,从而形成非平衡有序结构。协同学揭示了序参量支配分系统是形成有序结构的内在机制。超循环论特别论证了只有借助超循环机制,才能实现从低层次向高层次的飞跃,才能跨越从非生命进化到生命过程中的最大难关。这些新颖的科学论述,大大深化了我们对于"内因是根据"的认识,展示了辩证法内因论固有的丰富性、多样性、复杂性。

　　自组织理论还为发展内因论提供了多方面的启示。系统理论十分重视系统不同组分、不同因素之间的互补和合作,把整体涌现性首先看作这种互补和合作的结果。差异或矛盾各方之间的互补和合作属于矛盾同一性。因此,矛盾同一性也是推动事物发展的动力,以往只把斗争性看作动力的观点是片面的。内因是决定性的因素,这在一般情形下是正确的,但不可绝对化。根据自组织理论,在分叉点上面临多种可能前途的选择时,如果是在外部因素诱导下实现对称破缺选择,或者是由外部涨落导致对称破缺选择,外因就是决定性的。明于此,当实际过程处于分叉点时,人们应努力利用外因实现有利的对称破缺选择,防止不利的外因可能引起的对称破缺选择。外因与内因、根据与条件,也是对立统一的,作为矛盾,它们也要在一定条件下相互转化。现在有关矛盾学说的著作都未明确提出这个问题,容易使人把内因论固定化,在辩证法的旗号下推销形而上学货色。自组织理论有助于克服这个倾向。自组织理论还启示我们从发生论的角度考虑内因与外因的关系。系统内部与外部的区分不是先验规定的,是在系统从无到有的组织过程中,通过不断分化与整合而逐步形成的。这一切,都需要辩证哲学家去研究,做出新的哲学概括。

14-4　系统科学的两点论

　　系统作为差异性、多样性的统一,必然包含多维度的矛盾,即相互交织在一起的各种对立统一,导致系统的任何现象、特征、性能和行为都具有两重性,具有两种相反的意义、效应或价值。只承认其中的一面而否认另一面,叫作一点论。同时承认相互排斥的两个方面,既看到积极的、有益的或建设性的一面,又看到消极的、无益的甚至有害的或破坏性的一面,叫作两点论。一点论是形而上学的特点,两点论是辩证法的特点。本节要说明的是,反对一点论是系统观点的固有含义。

就系统的本身讲,任何一种规定性必须用相反的规定性来限制、约束、反衬、补充,才能成为系统。作为统一整体,系统最基本的规定性是具有内聚力,组分之间相互吸引和依存被视为积极因素,组分之间相互排斥、制约被视为消极因素。一般来说这是合理的,因为如果组分之间的离异力大于凝聚力,系统势必瓦解。但也不可绝对化,因为如果组分之间只有凝聚力,没有排斥力,势必使组分之间的差异性消失,转化为绝对同一,就不成为系统了。不同组分保持各自的独立性和相互的差异性,也是系统之所以成为系统的必要条件。只要组分之间存在差异,它们之间就有排斥力、离异力。只要这种力量没有达到危害系统整体的程度,它们就不构成破坏因素,而是使系统保持活力、防止出现结构僵化的积极因素。系统固有的一切矛盾,如合作与竞争、有序与无序、支配与服务等,都具有两重性,要求用两点论认识它们。

从系统的技术应用来看,人们一般以系统能否正常运行并发挥功能为标准来做价值判断。任何工程系统或设备在提供功能服务的同时,还会产生噪声、输出垃圾或其他危害性。早期的系统应用科学只讲前者,不讲后者,就是一点论。从为人类提供功能服务来说,任何系统现象、性能、行为都既有有益的一面,又有不利的一面,纯粹积极或消极的东西并不存在。存在误差表明没有达到控制目标,但负反馈控制利用误差驱动系统以减少误差,误差又成为积极的因素。稳定裕度大意味着抗干扰能力强,同时意味着灵敏性、快速性弱。在运筹过程中,每一种决策方案都有利也有弊,不存在只有利没有弊的最优方案。有利于提高系统性能的举措,常常不利于提高经济性,反之亦然。成功的系统科学家都懂得系统的两重性,力求用两点论全面地看问题,在不同性能和品质指标之间仔细权衡,照顾不同方面,做出整体上更合理的抉择。

就系统科学的基础理论看,人们常常以是否有利于系统的存续演化为标准做出价值判断。一般来说,有利于系统存续的东西往往不利于系统的演化,反之亦然。干扰、涨落对于系统维持自己是有害的因素,对于系统演化则是不可或缺的积极因素。稳定性、确定性对于系统维持自己是不可或缺的东西,但没有失稳机制、不存在不确定性的系统不可能进化。在这些问题上,都必须坚持两点论。两点论与互补论是一个问题的两个方面,坚持两点论就要使矛盾的两个方面互补互惠，达到相反相成的效果。著名系统科学家对于这一点都心领神会。

在系统科学的形成发展过程中，每当认识到某种习以为常的观点是一点论，并用两点论取而代之，都意味着系统科学有了新的进展，有时还是重大进步。这里大体有两种情形。一种理论在其产生的初期只能看到事物的一个方面，不可避免形成某种片面的认识。随着研究的不断深入，总有一天会发现事物的另一方面，克服一点论，达到全面认识。早期的信息论把噪声看作对通信技术完全有害的东西，但后来发现这是一种片面性，噪声在通信工程中有重要应用，开发出噪声技术。而在自组织理论、特别是超循环论中，噪声使信息复制发生错误，这种错误是进化必需的新信息的重要来源，因而得出"错误导致进化"这个极为深刻的结论。另一种情形是，某种一点论观点在原来的理论体系中处于基本原理的地位，这种理论体系不允许把被排除的对立面吸收进来，只有创立全新的理论体系才能克服这种一点论。对于平衡相变理论来说，把耗散、非平衡、不可逆当作消极因素是基本的理论前提，在它的理论体系中不可能克服对守恒、平衡、可逆的偏爱。只有突破平衡相变理论的概念框架，建立耗散结构论，才能解决问题。从偏爱精确描述的系统理论到建立模糊系统理论，也是类似的情形。这些变革，都代表系统科学的重要发展。

系统研究中克服一点论、确立两点论的斗争，是一个曲折反复的长期过程，不可能在某个时候一劳永逸地解决。由于许多系统理论家不愿自觉地接受辩证法的指导，一些早已克服了的一点论还会以不同方式一再表现出来。贝塔朗菲生前明确批判了在系统论中只讲合作不讲竞争的一点论。但罗申在纪念他的文章中忘记了这一点，宣称"生物学给我们提供了如何在大而成员各有不同的集体中进行合作而不是竞争的实例，从而证明这种集体合作是可能的、存在的"。由此招致钱学森批评他"把合作和竞争割裂了，在生物界里，合作与竞争也是辩证地统一的"[1]。值得注意的是，某些一点论在系统科学发展的一定阶段上是不可避免的，因为客观过程的发展常常把某一方面凸显出来，把相反的方面深藏起来，迫使人们在这一阶段上不自觉地形成一点论的看法。当然，随着科学过程的逐步展开，必定会提供克服一点论的根据。但如果系统科学家懂得两点论，就会较早地发现客观过程的新趋势，率先抛弃片面性，揭示出曾被深藏起来的另一面，做出重要发现。

---

[1] 钱学森等：《论系统工程》（增订版），湖南科学技术出版社，1988，第241页。

14 – 5 系统科学的重点论

把两点论简单地表述为"既……又……",或者"一方面……另一方面……",是一种庸俗化观点,很容易在辩证法词句掩盖下传播形而上学思想。辩证法不但倡导两点论,要求人们研究任何事物都要看到两个相互对立的方面,而且倡导重点论,要求在不同方面中区分主次、轻重、缓急。两点论意在反对片面性,强调全面地看问题。重点论意在反对多元均衡论和无差别论,强调有区别地对待事物。两点论和重点论也是一对矛盾,它们既对立又统一方为辩证法。

有一种观点认为,在考察同一整系统的不同子系统时,应把它们看作平等的成员,彼此为兄弟关系,不存在决定与被决定的关系。例如,他们主张应把社会系统中的经济、政治和文化三个分系统看成平等的兄弟,所谓经济决定政治和文化的观点是过时的机械论观点,不符合系统科学的现代认识。这是对系统科学的严重误解或曲解。按同一标准划分出来的不同分系统,一般仅在逻辑上具有并列的平等的关系,就它们在整系统中真实的地位、职责、贡献来看,往往都有明显的差别,有时甚至有重大不同,可能形成决定与被决定的关系。一个控制系统包含多种环节,各有不同的功能,在控制过程中形成驱动与被驱动的关系。社会系统中的经济基础与上层建筑之间显然有决定与被决定的关系。人民大学的教务处与哲学系在行政划分上是两个兄弟单位,但教学活动中的管理与被管理的关系才是本质的东西。把握系统的结构,既要了解不同分系统如何分工协作,又要了解它们之间的不对等关系,如领导与被领导、管理与被管理、带头与跟进等关系,而且后一方面常常是关键,分系统间的协作往往是在这种不对等的关系中进行的。这是重点论在系统科学中的基本表现。

系统科学家实际上懂得重点论,并有成功的应用。任何系统的确认和描述、系统概念的界定都是坚持重点论的结果。结构是构成系统的各部分之间关联方式的总和。但组分之间的关联方式多种多样,复杂巨系统尤其如此。全面描述这些关系是不可能的。必须在区分主次的基础上抓住几个重要方面,忽略大量次要方面。现实系统与环境的联系是无穷多样的,整个宇宙都联系在一起。但不能把整个宇宙作为具体系统的环境来描述,必须把一切次要的联系略去,确定一个具体的可描述的环境。总之,不论系统的内部规定性或外部规定性,只有坚持重点论才能正确把握。

重点论对于应用系统方法解决工程实际问题是必要的。最优化方法的哲学基础离不开重点论，因为某一性能的最优是以其他性能非最优为前提的，必须在系统的各种性能之间区分主次，确定重点。有时快速性要求压倒一切，有时经济性要求必须优先考虑，有时效益或有效性居第一位，有时可靠性最重要，等等。实现目标的方案、步骤、手续的选择也要贯彻重点论思想。最明显的例子是系统工程中的关键路径法。在系统工程的网络图中，从始点到终点有多条路线，它们对整个工程进展有不同的影响。路长最大的通路叫关键路径。系统工程原理认为，关键路径的进度对整个工程的完工期有决定性影响，应把工作重点放在改进关键路径的工作状况上。这种方法直接体现了辩证法的抓主要矛盾原理。

重点论对基础系统理论同样是必要的。系统理论从物理学中引进对称破缺概念，对于阐述组织性、有序性、演化性等有基本的重要性。完全的对称意味着绝对无序或无组织，出现对称破缺意味着走向组织化、有序化。对称破缺为辩证法的重点论提供了深层次的科学依据。凡系统都呈现对称破缺，有对称破缺就有差异，就有主次、轻重、缓急之分，亦即有主要矛盾与次要矛盾、主要矛盾方面与次要矛盾方面的划分。主要矛盾原理在系统科学的理论研究中有两个著名应用。一个是我们反复提到的协同学支配原理。另一个是一般系统论的中心化原理。贝塔朗菲指出，随着时间的延伸，用微分方程组描述的动力学系统可能出现中心化趋势，个别元素的作用逐步增强，最后取得支配地位，成为系统的主导部分，具有支配其他元素以至整个系统行为的闸柄作用。

系统科学对于发展主要矛盾原理至少有两个启示。其一，一个系统的主要矛盾有时可能不止一个。其二，主要矛盾的作用强弱有差别，有时抓住主要矛盾其他矛盾就迎刃而解；有时则不然，解决了主要矛盾不等于其他矛盾也就跟着解决了，必须对次要矛盾也给以足够的注意，对各种矛盾做总体的把握和处理。

14-6 系统科学的中介论

是否承认两极对立，并非形而上学与辩证法的分水岭。两者的本质差别在于，形而上学把两极对立绝对化，否认一极已作为胚胎包含于另一极中，一极通过中介向另一极转化。辩证法则相反，反对把两极对立绝对化，承认一极已作为胚胎包含于另一极中，一极通过中介向另一极转化。恩格斯对此有精辟的分析。他指出："正是那些过去被认为是不可调和的和不能解决的两极对立，正是那些强制规定的分界线和类的区别，使现代的理论自然科学带上狭隘的形而上学的性质。"① 相反，承认这些对立的区别存在于自然界中，但坚持认为两极对立是不充分的，经典科学规定的分界线和类的区别只有相对的意义，那些被设想的固定性和绝对意义，只不过是被人的反思带进自然界的："这样的一种认识，构成辩证自然观的核心。"② 由此可见，在恩格斯理解的辩证哲学中，两极对立的相对性、中介过渡性占有何等的重要地位。

恩格斯谢世后，辩证唯物主义在相当大程度上忽视了他的这个重要思想。20世纪是一个充满战争和革命的时代。资本帝国主义把两次世界大战强加于人类，残酷的阶级剥削和民族压迫不断激起震撼世界的革命风暴。这种社会历史背景把矛盾哲学中对立、冲突、斗争的一面极大地凸显出来，而统一、合作、调和的一面被大大淡化了。辩证唯物论在20世纪的发展主要是围绕着解决革命斗争和反侵略战争的问题而发展的，特别强调矛盾的斗争性、两极的对立性，忽视矛盾的统一性、中介过渡性，是有其巨大历史理由的。

俄国革命和中国革命的成功以及反法西斯战争的胜利沉重打击了国际资产阶级的极右势力，汹涌澎湃的民族解放运动摧毁了西方殖民主义者几百年来营造的殖民地世界，加上冷战结构的崩溃及信息时代的迅速来临，把人类社会推进到一个新的转折时期。和平与发展成为全人类面临的两大课题，一系列全球性危机把不同民族和国家的命运日益联系在一起，世界系统化一体化的趋势日渐高涨。这种历史性的大变革要求哲学、社会科学以至整个文化战线给矛盾同一性、中介过渡性以充分的注意，为反对霸权主义和强权政治、发展国际性合作共处提供理论依据。单纯强调矛盾斗争的时代已经过去，辩证哲学必须回到恩格斯的完整理解上来。

新兴的系统科学从一个特定角度捕捉到时代变迁对辩证哲学的这种新要求。系统一分为多的规定性，包含了承认和重视中介的观点。只要我们不把两极对立绝对化，就会看到联系两极的各种中介。对立的两极以不同方式相互渗透、相互作用，造成系统的不同状态、特性和行为，要求用辩证法的中介论去把握。

---

① 《马克思恩格斯选集》（第3卷），人民出版社，2012，第54页。
② 同上书。

系统科学正在探索新的手段去描述和处理中介性。

中介论为系统科学提供了解决某些理论问题的新思路。这里考察两个典型事例。可积性与不可积性是动力学的一对重要矛盾。经典动力学很好地描述了可积系统，但对不可积系统一筹莫展。在柯尔莫哥洛夫之前，包括彭加勒在内，由于过分强调可积性与不可积性的区别与对立，动力学家都未发现两者的联系和过渡，找不到解决问题的途径。柯尔莫哥洛夫第一个克服了把可积性与不可积性的区别与对立固定化的成见，发现不可积性因程度、强弱不同而存在无穷多样性，提出近可积性概念，找到从可积向不可积过渡的中介环节，发现 KAM 定理，取得重大理论突破。平衡与非平衡是热力学的一对基本矛盾。经典热力学把二者的区别和对立绝对化。普利高津认识到，非平衡并非一种单一状态，而是由离开平衡态距离不同的无穷多种热力学状态组成的复杂系列，区分近平衡态与远离平衡态，找到了从平衡过渡到非平衡的中介，发现耗散结构，取得重大理论突破。由此可见，中介论对系统科学有重要的方法论意义。

更典型的是扎德创立的模糊理论。事物性态的不确定性，或者类属的不分明性，叫作模糊性。当我们判断一个事物是否具有某种性态、是否属于某个类别时，如果能够明确得出或是或否、非此即彼的答案，便是非模糊事物。如果不能做出这种二中择一的明确回答，只能判断它在多大程度上具有某种性态或属于某一类别，便是模糊事物。前一类对象即精确性问题的哲学本质是两极对立的绝对性、无中介性，后一类对象即模糊性问题的哲学本质是两极对立的不充分性、自身同一的相对性，模糊性即中介过渡性、亦此亦彼性。模糊理论从数学、语言、逻辑等不同方面对模糊性做出描述，制定了一套处理模糊性的有效方法，已获得广泛应用。模糊学是一门专门处理中介过渡性的现代科学。它的出现是科学向辩证思维复归的重要标志之一，对于发展辩证哲学的中介观有很大价值。

但是，如果我们只讲对立面的统一性，把系统思想仅仅归结为差异的协同，把讲斗争性与极左等同起来，也是不对的。从理论上看，这不仅违反辩证哲学，而且也违反系统科学。从实践上看，面对霸权主义的欺压和挑衅，如果一味讲协同，就等于解除我们的思想武装，放弃进行必要的斗争，是十分有害的。

<<< 总 论

第 15 章　系统科学中的量变质变

　　……使每一激光原子的发射强度相同，但使其数目不断增加。在光原子不到一定的数目时，将不发生激光；但当激光原子超过一定临界数目时，激光会突然出现。这事实上碰到了由量变到质变这一问题。[1]

——哈肯

15-1　系统科学家对量变质变规律的体认

　　量质互变是辩证法关于事物或系统演化发展方式的规律。作为存在的科学，经典科学是在给定事物质的前提下描述事物，不涉及一定质的事物如何形成和演化。它发展了一套十分成功的数学方法，用来表述关于事物存在性的各种量的关系和变化，而把事物质的规定性隐藏在这些量的关系中。由此造成一种误解，以为经典科学只是关于量的科学，不涉及对象的质，它所描述的只是一个量的世界。反映到哲学上，就是夸大数量概念的效用范围，把它提升到绝对范畴的地位。辩证哲学家对此早有中肯的批评。黑格尔认为："像经常出现的那种仅在量的规定里去寻找事物的一切区别和一切性质的办法，乃是一个最有害的成见。"[2] 恩格斯进一步指出，机械论"用位置移动来说明一切变化，用量的差异来说明一切质的差异，同时忽视了质和量的关系是相互的，忽视了量可以转

---

[1] 哈肯：《协同学——自然成功的奥秘》，中国科学技术出版社，1988，第 56 页。
[2] 黑格尔：《小逻辑》，商务印书馆，1982，第 221 页。

变为质，质也可以转变为量，忽视了这里所发生的恰好是相互作用"①。这是19世纪的科学不能完成向辩证思维复归的重要思想障碍。

曾经对经典科学的认识论做过杰出贡献的亚历山大·柯伊莱也对这种倾向提出批评。他在论述科学的意义和蕴含时指出，近代科学正确地打破了隔绝天地的屏障，把天地联合起来，同时也把我们的世界一分为二。"它这样做的方法，是把我们的质的和感知的世界，我们在里面生活着、爱着和死着的世界，代之以另一个量的世界、具体化了的几何世界，虽然有每一事物的位置但却没有人的位置的世界。"② 只要科学的主战场还局限于事物的存在而不大关心演化，它给我们描绘的就主要是一个量的世界。对于经典科学的对象世界，除少数具有很高辩证哲学素养的学者外，一般科学家难于发现量变质变规律对科学研究的巨大价值。

这种情况在早期的系统理论中也有反映。20世纪40年代产生的那批系统理论强调的是系统性、整体性、协调性，而不是演化性。信息论和运筹学都不涉及演化问题，甚至不涉及动态性（动态规划有所涉及，但水平较低），所描述的看来只是量的世界。那一代系统理论家关心的是如果使系统功能优化，系统研究的主要任务是制定计算系统数量特性的各种方法。优化理论讨论的是系统性能在量方面的区别。控制论强调控制过程的动态性，是一个进步。但动态性不等于演化性。由于控制论主要关心的是寻找适当的控制规律和手段，本质上也不涉及演化问题。大量涉及观测、识别、分析、计算的量化问题，掩盖了控制问题的质的规定性，使人们以为解决控制问题用不着运用量变质变规律，研究这个规律在控论中的表现也不是一个有价值的哲学问题。由于这些原因，从信息论、控制论、运筹学、系统工程的经典著作中，我们很难发现这些学科的创始人对量变质变规律的理解和所持态度。

一般系统论的情形有所不同。早期研究者讨论的主要也是系统存在性问题，但它的理论框架内在地包含系统演化问题，因为演化性也是一般系统的基本属性，研究系统演化规律应是一般系统论的题中应有之意。这使得贝塔朗菲在同代系统理论家中比较容易接受关于量变质变的辩证观点。他已注意到系统元素数目大小对系统特性的影响，提出所谓巨数问题。贝氏指出："这类巨数出现在

---

① 《马克思恩格斯全集》（第20卷），人民出版社，2012年，第596页。
② 普利高律、斯唐热著，曾庆宏、沈小峰译：《从混沌到有序》，上海译文出版社，1987，第71页。

许多具有指数函数、阶乘函数和其他高速累进函数的系统问题中。"① 这些在系统组分和过程步骤上表现出来的巨数现象，使系统具有种种特殊性，给理论描述和工程实现带来很大困难。这些观点为系统理论后来的发展做了思想准备，至少提出了问题。但一般系统论的框架很难给处理巨数问题提供有效的途径。如哈肯所说："一般系统理论的思想很好，但从逻辑学的观点我们知道，如果一种理论之覆盖面宽、应用领域广，则其理论的逻辑深度将是有限的。"② 一般系统论的理论框架限制了它对量变质变规律理解的深度。

20 世纪 60 年代以后出现的那批系统理论使局面有了根本的改观。如普利高津所说："今天，我们真的开始越出柯伊莱所说的'量'的世界而进入'质'的世界，因而也就是'演化'的世界。"③ 演化的世界就是质的世界，这个思想是深刻的。只要系统理论考察的主要问题是系统的演化发展，隐藏在量后面的质就会鲜明地呈现出来，不论系统科学家是否意识到，他们在研究工作中不可避免要经常思考量变、质变以及二者的相互转化，量变质变规律的价值再也不能忽视了。系统科学家一般不使用量变、质变之类哲学术语，其中一些人可能不知道量质互变规律的哲学渊源。但熟悉辩证哲学的人在读系统理论的名著时都会产生强烈的印象：这些理论的创立者对于量变引起质变的规律都有深刻的理解和成功的应用，他们提出的一些科学原理就是用科学语言表述出来的量质互变原理。

有些系统理论家已达到自觉接受和运用这一规律的水平。最突出的是哈肯。在回顾建立和发展协同学的思路时，哈肯把它与一般系统论做了比较，批评后者过于宽泛而难于深入，断定为了发展协同学，获得深刻的结论，必须把注意力放在系统行为发生宏观质变上："先获得对于质变的更为深刻的理解，然后再进而扩大问题的范围。"④ 哈肯坚持从量变、质变及其相互转化的角度来界定协同学的学科性质和研究对象。他指出："协同学的研究就在于探索统一性原理，它能使我们发现合适的量，用来描述以新的方式发展着的、宏观尺度上的质的

---

① 贝塔朗菲著，林康义、魏宏森等译：《一般系统论：基础、发展和应用》，清华大学出版社，1987，第 23 页。
② 哈肯著，杨炳奕译：《协同学：理论与应用》，中国科学技术出版社，1990，第 236 页。
③ 普利高津、斯唐热著，曾庆宏、沈小峰译：《从混沌到有序》，上海译文出版社，1987，第 72 页。
④ 哈肯著，杨炳奕译：《协同学：理论与应用》，中国科学技术出版社，1990，第 237 页。

特征。"① 又指出：协同学可视为在宏观层次上新质出现的理论。明确肯定一种科学理论以新质出现为研究内容，这在经典科学中是不存在的。哈肯还从量变质变相互关系的观点探讨协同学的方法论。在阐述协同学微观方法时，哈肯写道："现在让我们进入协同学的技术部分，即寻找关于结构形成的一般理论。为此我们必须引入系统的描述变量。"② 学科任务是建立结构形成的一般理论，即新质的出现的一般原理，手段是寻找合适的量，建立系统的基本方程，通过解方程和分析解的特性，达到对结构形成和演化的质变过程做出科学的描述，这就是协同学方法。它的哲学基础显然是量变可以引起质变的辩证法原理。在用标准的科学语言论述问题之后，哈肯兴之所至，常常会画龙点睛式地指出这就是量质互变规律，如本章开头所引用的那段话。在科学著作中赤裸裸地引用哲学语言，常常受到科学同人的指责。哈肯反其道而行之，表明量变质变规律在哈肯思想中占有牢固的地位，经常影响着他的科学思维，在某些情况下达到不吐不快的程度。这又促使他进一步从哲学上审视协同学，把"量与质的关系及其转变"视为这门学科的主要哲学问题之一。哈肯的这些观点原则上适用于整个系统科学，代表了系统科学界迄今对量质互变规律最深入的思考。

　　哈肯科学思想的这一成就得到其他系统理论家的认可。钱学森指出："量变可以引起质变：H. Haken 等人的协同学证明这是可能的，即巨系统的统计理论说明巨系统中会出现简单系统中没有的现象，如自组织现象。"③ 这就把协同学的科学思想和研究方法从哲学上讲清楚了。就钱学森本人而论，他对这一辩证规律的认识深度不在哈肯之下，并在他的著作中反复宣传。

15-2　系统的量与质、量变与质变

　　任何系统都同时具有自身特定的量的规定性和质的规定性，从而把自己与别的系统区分开来。系统科学要求从系统观点来看待质和量这两种规定性，强调其系统意义。所谓系统的质的规定性，指的是由系统的结构、属性、状态、行为、功能等体现的规定性，也就是由系统的定性性质体现的规定性。所谓系

---

① 哈肯：《协同学讲座》，陕西科学技术出版社，1987，《序言》。
② 哈肯：《协同学讲座》，陕西科学技术出版社，1987，第44页。
③ 钱学森等：《论系统工程》（增订版），湖南科学技术出版社，1988，第270页。

统的量的规定性，指的是系统存续、运行、演化的规模、程度、速度等可以用数量表示的规定性，亦即由系统的定量性质体现的规定性。从根本上说，这些数量特性都是关于系统的组分之间、系统与环境之间交换和利用物质、能量、信息的度量。但系统科学不直接处理物质能量问题，物质、能量不是系统科学的概念。信息概念属于系统科学，信息是一种系统量。由于还没有普适的处理方法，系统科学的大多数分支尚不涉及信息量。

质和量是统一而不可分的。系统的任何量都以一定的系统质为基础，系统的每一种质的规定性的获得、保持、演化都要通过适当的系统量来体现。这些辩证观点在系统科学中表现得很充分。系统科学家主张对系统既要有定性描述，又要有定量描述，强调定性与定量相结合。定性描述是定量描述的基础，定量描述是定性描述的深化；定性正确，定量才有意义；有了定量描述，才能真正把握系统的定性性质。这些认识反映了系统科学家对质与量的辩证关系的深刻理解。

原则上讲，系统的每一种质的规定性都可以用适当的量来描述。但不同方面的系统质又有区别。结构这种质一般难于用可观测、可操作的量来描述，系统科学极少从直接描述结构来描述系统，数学模型一般都不对组分之间的关联方式做直接描述。系统的状态、行为、功能等质的规定性，一般可以用可观测、可操作的量来表示。数学模型是关于系统的各种常量和变量的数学关联方式，但能够表示系统的各种定性特征，据之可以对系统的属性、状态、行为和功能做出深入的分析，并对系统结构做出间接的刻画。可见，数学模型方法的哲学基础就是对量与质的辩证关系的理解。

技术科学层次的系统研究所关注的系统质，主要是性能或功能。人们为获得一定的性能或功能而设计、组建、管理系统。刻画性能或功能的数量特性多种多样，系统技术科学的每一分支学科都揭示出一系列特有的数量特性。信息论刻画系统信息特性的数量概念，有自信息、互信息、条件信息、联合信息、整体平均信息（熵）等。作为通信的理论，申农信息论研究系统的通信能力这种质，手段是用信源熵、相对熵、最大熵、剩余度、疑义度、通信速度、信道容量、信噪比、保真率等数量特性来刻画。控制论研究系统的控制能力和控制规律这种质，手段是通过稳定裕度、控制精度、超调量、过渡过程时间、振荡次数以及各种抽象的品质指标来刻画。运筹学的每个分支学科都有一套数量概念，用以刻画事理系统的各种功能效用。基础科学层次的系统研究所关心的是状态、行为、运动体制等质的规定性，每种系统理论都有一套独特的数量概念。

耗散结构论以熵、熵产生、熵交换等作为系统演化的判据。协同学推广相变理论的序参量概念，作为自组织的一般判据。超循环论提出选择价值等定量化概念，刻画分子进化中的质的飞跃。可以说，系统的数量特性是无穷多样的。

系统科学从自然科学中吸取了常量和变量的概念，并赋予系统意义，提出控制参量和状态变量这对极为重要的概念。在一定时间范围内，有些系统量的变化微弱，需要把它们看成常量，称为控制参量。另一些系统量的变化迅速显著，必须把它们当作变量，称为状态变量。这是一切系统都具有的最基本的两类数量，其他系统量原则上都可用这两类量表示出来。数学模型就是由这两类系统量构成的数学表达式，式中的系数代表控制参量。数学模型方法是系统科学的基本方法，它在方法论上有一个隐含的假定：只要模型正确，有关系统的定性和定量特性的一切信息都已包含其中，通过对数学模型的研究，可以对系统的状态、特性、行为、功能以至结构获得全面的了解。

以状态变量为坐标轴张成的空间，称为状态空间或相空间。以控制参量为坐标轴张成的空间，称为控制空间。状态空间的每个点代表系统的一个可能状态。关于系统的一切信息都可以从这两个空间中获得。控制参量实际上也是可以改变的，它的变化常常引起系统定性性质的改变。因此，基础科学层次的系统理论强调在这两种空间中研究系统。给定一组控制参量的数值，考察系统在状态空间中的特性、行为及其变化；然后改变控制参量，在控制空间中考察系统定性性质如何改变。这叫作状态空间方法，在现代科学中有基本的重要性。它有助于对系统做整体的把握。同时，由于把系统的时间演化行为表达为空间的几何图形，直观生动，有其他方法不可取代的优越性。状态空间方法不仅适用于动态系统，也可用于静态系统。这是系统科学对现代科学方法体系的重大贡献。

状态空间方法为描述系统的质和质变提供了特别有效的科学手段。系统质的各种规定性都可以通过它的状态空间表现出来。系统的可能状态分两大类。随时间流逝而变化的状态，即系统在某一时刻到达而又旋即离开的状态，称为过渡态或暂态。不随时间而变化的状态，称为定态。定态又分稳定的与不稳定的两种。稳定定态是动力学系统的吸引子，系统演化最终趋达的目标状态。正是这种稳定定态代表系统的质的规定性。处于某一稳定定态的系统，具有相应的稳定结构、属性、行为和功能，通过考察稳定定态，可以全面考察系统的定性性质。所谓系统的质变，就是从一种稳定定态向另一种稳定定态转变。不稳定定态虽然不代表系统的可实现的质态，但在系统演化中也扮演重要角色，没有不稳定定态的系统不可能发生质变。正因为这样，研究系统的定态行为是基础科学层次系统理论的核心内容。在一定意义上讲，系统演化理论是关于定态的理论。

系统技术科学涉及的质变，主要是从功能获取角度考虑的。一种设计方案可行或不可行、有效或无效等，代表不同的系统质。人们追求的是稳定、有效、可靠、可行的方案，要求确定具有这种质的规定性的数量界限，即哲学上讲的度。对于控制系统，能观与不能观、能控与不能控代表不同的系统质，在状态空间可以把两者的界限明确刻画出来。还要通过对超调量、控制精度等数量指标的限制，给出控制系统品质指标的允许范围。能否编码代表通信系统的两种不同的质的规定性，可以用信源熵 H 和信道容量 C 定量地确定能否编码的界限。著名的申农编码定理用比值 C/H 定量地确定系统能否编码的界限，对通信系统的量变引起质变做了精确的描述。运筹学各分支也有类似的内容。如规划论关于可行域和不可行域的划分，给出了两种质（方案可行与不可行）的数量界限。

有些学者按照能否引起质变把系统分为两类，认为"对象本身的数量的增减，并不导致该对象的质的变化"[①]。这个提法不妥。每种系统量的变化原则上均可导致系统的质变。系统组分数是其基本数量特性之一，决定了系统的规模，对系统质有重要影响。20 世纪 60 年代已认识到规模增大将显著改变系统特性，提出大系统概念。80 年代对此取得更深入的认识，提出巨系统概念，发现巨系统具有简单系统没有的非平凡行为。基于这种认识，钱学森以系统规模和复杂性为依据给出新的系统分类，提出开放复杂巨系统理论，对系统科学做出新贡献。

15-3 突变论对量变质变规律的描述

突变论是一门研究系统定性性质变化方式的数学理论，关心的主要问题是系统的结构稳定性和行为的奇异性。初等突变论只研究有势系统，用势函数 V (X, C) 来描述，X = (x_1, x_2, …, x_n) 为状态向量，分量 x_i 为状态变量；C = (c_1, c_2, …c_m) 为控制向量，分量 c_j 为控制参量。有关系统结构、状态、特性、行为的信息都包含在这个纯粹的数量关系中。令 V 对 X 的偏导数为 0，

[①] 李香晨、高同利：《进化系统辩证法》，大连理工大学出版社，1992，第104页。

得到系统的动力学方程

$$\frac{\partial V}{\partial X} = 0 \qquad (15.1)$$

方程的稳态解就是系统的稳定定态。有势系统只存在以不动点表示的定态（平衡态），它随控制参量改变而改变。控制参量的变化引起的系统定态变化可能有定性性质的不同，即质变，也可能只是程度上的差别，即量变，突变论研究系统的基本思路是，通过改变控制参量，考察系统定态的相应变化，确定在什么情况下系统定态行为只有程度上的变化，在什么情况下出现定性性质的变化，判明二者的界限。

最有代表性的模型系统是尖顶突变。它由一个状态变量 x 和两个控制参量 a、b 来刻画：

$$V = x^4 + ax^2 + bx \qquad (15.2)$$

按系统的定性性质可把控制空间（a-b平面）分为三个区域。当控制参量在1区内取值时，势函数只有一个极小点，代表稳定定态，控制参量的变化不改变势函数的定性性质，改变的只是极小点的位置和势阱深度，属于量变。当控制参量在2区内取值时，不论取哪一点，势函数都有两个极小点和一个极大点，控制参量的变化也不改变势函数的定性性质，改变的只是两个极小点的相对位置和势阱深度，也属于量变。1区和2区显然代表定性性质不同的两类系统。3区即1、2两区的分界线，是分叉点的集合。控制参量取在分叉点时，势函数有一个极小点和一个水平拐点，后者是不稳定定态点。出现水平拐点使系统具有失稳机制，分叉点成为上述两种不同质之间联系和转化的中介。控制参量从1（或2）区经过量变的积累而到达分叉点，意味着系统要向2（或1）区代表的新质态突然转变。这正是哲学上讲的量变导致质变的典型表现。但这一切在突变论中是以精确的数学语言表述的，因而意义重大。

突变理论、分叉理论讲的分叉点，就是哲学讲的关节点，但它们深化了关节点概念。同一系统的关节点可能不止一个，这是对哲学传统观点的修正。原因在于传统哲学以1维控制空间为背景，只能有一个关节点。突变论的折叠突变也是1维的，分叉点只有一个。但一般突变系统是多维的。尖顶突变的控制空间是2维的，量变引起质变的关节点有无穷多个，形成一条关节线，即分叉曲线。3维控制空间的系统有2维的关节面。一般地，n维控制空间的系统有 n-1 维关节面。维数越高，量变与质变的关系越丰富多彩。

传统观点认为，同一过程按不同方向进行时，量变引起质变的关节点是相同的。如水的结冰、冰的溶化，关节点相同。这是以可逆过程为背景得到的结论。突变论讨论的主要是不可逆过程，过程具有方向性。就尖顶突变来说，对于控制平面的同一曲线 g－h，沿着从 g 到 h 的方向变化，或沿着从 h 到 g 的方向变化，突变并非发生在同一点。这表明，发生质变的关节点与量变进行的方向有关（详细的分析参看文献 [60]）。这是突变论提供的哲学启示之一。

本格声称："辩证论者不能指望从突变论得到什么安慰。"[①] 他认为，所谓量转化为质和质转化为量的提法是荒谬的。我们上面的讨论是对这种观点的反驳。重要的还在于，突变理论家很好地理解了量质互变规律。吉尔莫雷指出："突变论试图去研究方程的解是如何依赖于方程中参量这种定性性质的。"[②] 也就是研究势函数 V（X, C）的平衡态 X（C）如何随着控制参量 C 的变化而变化。哈肯干脆说："这一理论的目的也是研究系统的质变，托姆将之称为'突变'。"[③] 科学家对突变论学科性质的界定，与我们的哲学分析完全一致。

15－4 自组织理论对量变质变规律的描述

这里所说的自组织理论，包括相变理论、耗散结构论、协同学、超循环论、混沌学等。系统自行对其组成部分进行组织，从无序转变为有序，从有序转变为无序，从一种结构转变为另一种结构，是典型的质变。在这类质变过程中，我们总可以发现适当的量，自组织行为就发生在这些量的逐步变化过程中，不同的自组织理论以不同的方式描绘这些过程，积累了非常丰富的科学事实，使人们有充分的根据断言："辩证法的量变质变规律在自组织理论中也被发挥得淋漓尽致。"[④]

自组织理论考察的量变过程多种多样，最基本的也是控制参量的变化。"协同学的精神就是通过将控制参量作一个全局性的变化，在自组织的作用下，让

[①] 马里奥·本格著，张相轮、郑毓信译：《科学的唯物主义》，上海译文出版社，1989，第 54 页。
[②] R. Gilmore: Catastrophe Theory for Scientists and Engineers, pl, John Wiley & Sons. Inc, 1981.
[③] 哈肯著，杨炳奕译：《协同学：理论与应用》，中国科学技术出版社，1990，第 258 页。
[④] 沈小峰、吴彤、曾国屏：《自组织的哲学》，中共中央党校出版社，1993，第 146 页。

系统发生一个质的变化。"① 哈肯的这段话同样适用于其他自组织理论。在贝纳德流中，自组织是在改变温度差的过程中发生的。在激光中，自组织是在改变激发能功率 G 的过程中发生的。在虫口模型 $X_{n+1} = aX_n(I-X_n)$ 中，自组织是在改变参量 a 的过程中发生的。它们都属于动力学系统的控制参量，它们的变化在物理学上意味着系统离开平衡态的"距离"由近到远的量变过程。

  自组织理论还在其他量变过程中研究系统的质变。如哈肯所说："仅仅增加系统的组分数也可以产生自组织。即使我们把相同的组分放在一起，也会在宏观层次上出现全新的行为。"② 普利高津也研究系统尺度变化所引起质变，发现许多系统在尺度小于一定数值时不会发生分叉，但在长大到一定尺度时，就会出现分叉，导致新质取代旧质。当系统状态空间有不止一个吸引子时，初始条件的变化也可以导致质的改变。设系统原质态用吸引子 A 表示，只要初始条件在吸引盆 A 中，系统总要回归到吸引子 A 上。一旦初始条件到达吸引盆 A 的边沿，一个微小的变化就可能使初始条件处于其他吸引盆，从而走向别的吸引子代表的质态。

  突变论只研究有势系统，大大限制了它描述量变导致质变的能力。自组织理论没有这一限制，一切可以出现自组织行为的动力学系统都是它的研究对象。平衡态、周期态、准周期态、混沌态，这四大类吸引子表示的质态都在它的考虑范围内。除了突变论研究的平衡态⟷平衡态质变之外，平衡态⟷周期态，周期态⟷周期态，周期态⟷准周期态，准周期态⟷准周期态，周期态⟷混沌态，准周期态⟷混沌态，混沌态⟷混沌态，等等，各种形式的质变均已得到考察（尚未发现由平衡态直接过渡到混沌态的自组织）。这就使我们对自组织质变的了解空前地丰富多样化了。

  从黑格尔到马克思恩格斯，都是基于当时的科学水平来表述量变质变规律的。尽管他们智慧非凡，通晓辩证思维使他们能够超越某些时代条件的限制去进行哲学概括，但毕竟不能完全超越时代的限制。他们给出的量质变规律的表述过于简单，极少涉及量变引起质变的条件、机制、方式等问题。现行哲学著作关于这条规律的阐述也相当粗浅贫乏。自组织理论提供了克服这些缺点的科学根据，使我们能够比较全面地揭示量变质变规律的丰富内容。

---

  ① 庞元正、李建华编：《系统论、控制论、信息论经典文献选编》，求实出版社，1989，第 231 页。
  ② 哈肯著，郭治安译：《高等协同学》，科学出版社，1989，第 68 页。

经典形态的辩证哲学只就系统本身来讨论它们的量变质变，不涉及系统与环境的关系。这是经典科学主要研究封闭系统、采用把对象从周围世界中暂时孤立起来的研究方法所造成的。自组织理论告诉我们，只有开放系统才能出现从无序到有序、从有序到混沌的演化。除了走向灭亡或最大无序态这种质变外，系统只有在对外开放的条件下才能发生质变。应当在一事物与他事物的广泛联系中研究它的质变问题。事实上，自组织理论研究的几种引起质变的量变过程，都是反映系统开放性的过程，即环境施加于系统的非平衡约束的方式和程度。系统组分数的增加只有在系统能从环境中吸取更多负熵的情形下才有可能。至于初始条件改变导致的自组织质变，多半是在外界强烈干扰作用下才可能发生的。一切有意义的质变都不是系统在封闭条件下发生的。

但系统出现自组织质变的本质原因是系统自身存在非线性相干作用。线性系统没有自组织行为，弱非线性系统也一样。一切以自组织方式发生的质变都要求事物自身有足够强的非线性机制。强到什么程度才行？自组织理论告诉我们，许多有趣的现象与"3"这个数字有关。二体系统可积，只有简单有序运动，三体系统不可积，存在混沌运动。不低于3次的势函数才有突变；二分子模型没有耗散结构，三分子模型能够产生耗散结构；不低于3阶的连续动力学系统才有混沌运动；一维映射只要有周期3，就什么周期都有（即著名的李—约克定理：周期3意味着混沌。）；如此等等。这些事实背后的科学和哲学含义是什么？有待研究。看来，数字3可能是从简单性过渡到复杂性的一个关节点，事物发生质变的一个关节点。

经典辩证哲学对质变的阐述容易造成一种误解，以为一个事物的他物只有一个，从旧质向新质的转变只有一种前途，因而是完全确定的。现代动力学的分叉理论否定了这一点，证明在分叉点上能取代旧质态的新质态一般不限于一种，一个事物在关节点上可能有两个或多个他物，事物的发展可能有多种前途。新质取代旧质是一个选择过程，不是完全确定的。质变过程的不确定性不限于选择性，还包括偶然性、随机性。分叉点上出现的多个新解只代表系统可能的新质态，要通过选择变成现实性，还须借助涨落的作用，而涨落本身是随机的。在关节点上量变引起质变既是确定的（有哪几种可能前途是确定的），又是非确定的（如何实现对称破缺的选择是不确定的）。质变过程为确定性与不确定性的对立统一，这才是辩证法的质变观。这一点有重大的理论和实践意义。"有花堪折直须折，莫待无花空折枝。"在客观过程的关节点上，要抓住机遇"直须折"，实现具备了可能性的理想前途，完成质的转变。这是事理学的重要原理。

在控制参量逐渐增大的过程中，系统一般都有多个临界点，存在由多次质变形成的序列。在临界点上，系统发生新质取代旧质的转变；在两个临界点之间，系统保持原有质态不变，只有量的积累。在系统逐步远离平衡态的全过程中，我们看到的是一种量变与质变交替出现的图景。自组织理论描绘的这种系统演化图景，与辩证法描绘的图景完全一致，很有说服力地反驳了本格对辩证法的批评。

恩格斯指出："物理学上的所谓常数，大部分不外是这样一些关节点的名称，在这些关节点上，运动的量的增加或减少会引起该物体的状态的质的变化，所以在这些关节点上，量转化为质。"[①] 自组织理论发现了许多新的常数，如相变理论的临界指数、混沌学的费根鲍姆常数等，对它们在科学和哲学上的含义做了许多探索。自组织是系统的临界行为或临界现象，临界指数是刻画系统临界行为、对临界现象进行分类的有力工具，对于说明系统质变有重要作用。按照临界指数把系统划分为若干普适类，有助于精细地把握不同类型自组织的定性差异。自组织理论还对空间维数的系统学意义有深入揭示，发现临界特性与空间维数有关。对于只有短程作用的系统，一维空间一般不存在相变，因为相互作用只沿一条线传播，空间任一点出现的涨落都会破坏已有的序，最后走向处处均匀的无序相。二维空间可以出现相变，但连续对称的二维系统不能形成长程序，相变现象十分简单。三维空间才为相变发生提供了充足的条件，这里的相变现象极为丰富。这些认识有助于深化我们对量变质变规律的理解。

对于自组织理论的哲学底蕴，国内外学者都有所探索。但总的来说，研究的深度和广度都很不够。这种局面亟待改变。

15-5 模糊理论对量变质变规律的描述

近代自然科学是按照排除模糊性、追求精确性的思想线路发展起来的，对于那些类属不分明的模糊事物，要么理想化为类属分明的清晰事物去处理，要么排除于科学研究的对象领域之外。以这种科学为基础进行哲学概括，经典辩证法用来表述量变质变规律的概念，原则上只适用于清晰事物。札德的模糊理论揭露了这种局限性，提出一个思考问题的新角度。

---

① 恩格斯：《自然辩证法》，人民出版社，1971，第49页。

模糊事物中量与质的相互关系有许多不同于清晰事物的特点。一切质都由量来表现，受量的制约，这是共同的。清晰事物有明确的度和关节点，一定的质由相应的度来体现，度反映了量对质的制约。模糊事物的特点是没有明确的度和关节点，度和关节点不是刻画质的适当概念。在模糊情形下，量的变化过程中两个在质上有区别的事物或阶段之间有一个各依具体情况而大小不同的模糊带。在这个模糊带中，既不能说事物完全具有某种质，也不能说事物完全不具有那种质，而是在一定程度上既具有又不完全具有那种质。需要把握的是事物具有那种质的程度，扎德称为隶属度。模糊事物的质，要根据这种资格程度的分布，即在论域上的变化情况来把握，不同的分布代表不同质的事物。

量变与质变的相互关系也有不同的表现。对于清晰事物，质变是临界现象、阈值行为，可以明确划分出量变阶段和质变阶段，两个临界点之间是量变，临界点上是质变。模糊事物的质变是非临界现象、非阈值行为，不存在临界点，无法明确区分量变阶段和质变阶段。在模糊事物中，量与质、量变与质变以特别的方式高度统一在一起，完全不可分离。量的每一变化都在改变质，又不会使质骤然发生显著改变。随着量的逐渐变化，原质逐渐消失，新质逐渐积累，此一模糊事物逐渐演变为彼一模糊事物。也就是说，一定质的事物，是通过逐步模糊化而在"不知不觉"中转变为另一模糊事物的。由青年到中年再到老年，由山西口音到河北口音再到山东口音，质的变化都是这样进行的。循序追踪量变的每一步骤去观察事物，或者置身于事物的演变过程中同步运行，很难觉察事物的质在改变。越过一段时间或空间间隔去观察事物，量变带来的质变就明显可见了。"士"只有分别三日之后，才可发现有了应"刮目相看"的变化。

复杂事物的质变可以区分为根本质变与部分质变，后者又区分为阶段性部分质变与局部性部分质变。毛泽东对这些概念有独到的阐述。模糊理论为我们理解这些概念提供了新视角。一般来说，部分质变是一个模糊概念，没有明确的外延。复杂事物根本质变过程中的不同部分质变之间很难划出明确的界限，通过部分质变形成的是模糊事物。根本质变与部分质变之间也往往难以找到明确界限，因为"根本"是一个模糊用语，根本质变概念也有模糊性。总之，模糊理论启示我们，考察复杂事物的量变质变问题，不可过分追求精确化，不可绝对化，适当采取亦此亦彼的、模糊的观点是有益的。

15-6 "结构质变律"质疑

用系统观点考察量变质变现象，提出了元素（组分）质与系统质、元素（组分）量与系统量的关系问题。系统质是以元素质为基础而形成的，离开元素质去谈系统质，无异于寻找无源之水、无本之木。但系统质并非元素质的简单相加，而是一种整体涌现的新质。在现代科学中，贝塔朗菲最先发现这一点，提出著名的非加和原理。这是系统论的第一原理，是全部系统研究的理论出发点。贝氏并未提出系统量与元素量的关系问题，但非加和原理已给出回答这个问题的理论基础。物理学早已发现，由巨量元素组成的热力学系统产生了不能归结为微观量的宏观整体量，如温度、压强等，用它们能够描述系统的整体定性性质。统计物理学建立了由微观过渡到宏观的理论和方法。撇开它们的物理学内容，可以获得适用于系统科学的一般原理和方法。各种自组织理论都试图解决这个问题，把统计物理学、相变理论的原理和方法推广应用于一般系统。哈肯指出："描述集体行为，我们需要（比之微观描述）完全新的概念"，需要发现适当的宏观量，它们"在微观的（原子的）层次上是完全不能被了解的"。① 就是说，巨系统的宏观整体出现了微观组分没有的系统量，在简单巨系统中，可以用统计方法实行从微观过渡到宏观，对系统量做出描述。协同学的处理更为成功。钱学森对此给予很高评价，认为经过提炼，可以作为系统学的方法。

非加和原理是一个关于质变的命题。采用宋健的表述，这个原理断言："系统与组分或子系统相比，从科学意义上来说，就是有质的提升，新的飞跃，犹如生物层次那样的变化"；或者说，"一个大系统的属性层次远远高于它的组分属性的总合"。② 他称之为"系统科学意义上的质变"。何谓系统科学意义上的质变？这种质变是量变引起的吗？它是否超出了量变质变规律的适用范围？这些问题具有重要的科学和哲学意义，值得深入研究。

从20世纪80年代以来，国内学术界一直在探讨这些问题，提出"结构质变规律"的概念。80年代末，乌杰做了进一步概括，简称为"结构质变律"，

---

① 哈肯：《协同学》，原子能出版社，1984，第17页。
② 宋健：《加强基础研究，逼近科学前沿》，载《系统工程理论与实践》，1995年第2期。

并作为他的系统辩证论的四个基本规律之一，断定"质量互变律是结构质变律的一个特殊方面"①。李香晨的专著也对结构质变规律持肯定态度，但认为"它是量变质变律的更为基本的形式"②。这些观点在学术界有一定影响。他们的工作提出辩证哲学以往未曾涉及的新问题或新视角，但基本结论有待商榷。

在这场讨论中，学者们对结构有三种不同的理解：结构属于量的范畴，结构属于质的范畴，结构属于量、质之外的第三个范畴。乌杰观点的前提就是把量、质、结构作为三个并列的范畴。这同他坚持用"一分为多"取代"一分为二"的观点有联系。把结构作为非质的规定性在哲学上站不住脚。黑格尔明确指出："质是与存在同一的直接的规定性"，"某物之所以是某物，乃由于其质，如失掉其质，便会停止其为某物"。③ 结构是系统最本质的规定性之一，它与系统的存在直接同一，失掉结构的系统不再成为系统。把结构作为非质的规定性，在系统科学上也缺乏根据。哈肯把协同学界定为关于质变的科学，同时又认为"协同学研究这些子系统如何协作而形成宏观尺度上的空间结构、时间结构或功能结构"④。他显然把结构理解为系统的质的规定性。在《信息与自组织》一书中，哈肯还把"系统的宏观行为发生质变"与"系统获得新的结构"直接等同起来（中文版序）。这种理解是系统科学家普遍赞同的，没有一个著名学者主张把结构与质分开来。

一些学者经常引用化学上同分异构体作为论据，以证明结构决定功能，进而引出结构变化导致质变的结论。把系统质仅仅理解为功能是不恰当的。系统质有不同层次或方面，结构与功能就是不同方面的系统质。我们已讨论过"结构决定功能"命题的片面性，即使撇开这一点，由结构决定功能引申出结构导致质变的结论也缺乏科学根据。结构不是一种可操作的变化。人们可以通过操作某个量的变化去观察对象的质变，其中也包括结构的变化，但不能通过操作结构的变化去观察对象的质变。化学家在实验室或工厂里通过操作某些量（常常是温度）的变化来获得同分异构体。正是这些量的变化在关节点上引起物质新旧结构的转化，同时引起新的物质性能的出现，而不是通过操作物质结构的变化来实现的。化学家们懂得，化学结构的改变乃是某些量的变化导致的质变，而不是所谓结构质变律在起作用。

---

① 马杰：《系统辩证论》，人民出版社，1991，第98页。
② 李香晨、高同利：《进化系统辩证法》，大连理工大学出版社，1992，第103页。
③ 黑格尔：《小逻辑》，商务印书馆，1982，第202页。
④ 邹珊刚等：《系统科学》，上海人民出版社，1987，第417页。

"结构质变律"的提出源于非加和原理。应当肯定，这个原理的发现超出了辩证哲学对量变质变规律的经典阐述，包含着引人注意的新东西。问题是这些新东西究竟是什么？如何做正确的哲学概括？在我们看来，非加和原理的哲学价值既不在于揭示了比量变质变规律更一般的辩证法规律，也不在于发现了比量变质变规律更基本的表现形式。辩证哲学迄今只是提出存在量变导致质变这个普适的规律，但没有提出和讨论量变所以能导致质变的实现机制。非加和原理有助于解决这个问题。它告诉我们：其一，事物的量变达到一定的关节点，就会形成某种系统，产生出该系统的结构、属性、状态、行为、功能所体现的质的规定性；其二，一个已经形成的系统，在系统量的逐步变化过程的某些关节点上，通过系统结构、属性、状态、行为、功能的转变，从一种质转化为另一种质。量变通过系统的形成和演化而导致质变，这就是非加和原理的重要哲学启示。非加和原理丰富了量质互变规律，而不是缩小了这个规律的适用范围。

第16章　系统科学中的否定之否定

有一种理论认为，历史是循环运动的；但如同一种螺旋阶梯，当人类活动的行程走完一个循环时，就达到一个新的水平。文化变革的"钟摆"并非总是简单地反复重演同样的事件。不论这种理论是否正确，它作为一种隐喻吸引着我们的注意力。①

——斯图尔特

16-1　系统科学家对否定之否定规律的体认

在辩证法的基本原理和规律中，否定之否定规律很少引起系统科学家的关注，这同普遍联系原理、永恒发展原理、对立统一规律、量变质变规律的情形形成鲜明的对照。本书提及的各种系统理论的创立者和主要代表人物，都没有明确引用过否定之否定规律来解释系统现象以支持他们的理论。贝塔朗菲稍有不同。从他对黑格尔和马克思的推崇、对一般系统论与辩证唯物主义之间密切联系所持明确肯定的态度，可以推断他不会不知道否定之否定规律在辩证法中的重要地位。但他的著作中明确涉及否定之否定规律的只有一处，即承认"正题—反题—合题"的辩证结构具有理论上的解释力②。不过，他主要是从对立统一规律的角度来思考，而且是作为思维规律来谈论的。贝塔朗菲的著作表明，

---

① I. Stewart：Does God Play Dice：the Mathematics of Chaos, Basil BlackwellLtd, 1989.
② 庞元正、李建华编：《系统论、控制论、信息论经典文献选编》，求实出版社，1989，第134页。

尽管他没有对否定之否定规律的正确性提出怀疑，但也没有找到在系统理论中如何运用这一规律的途径。这表明，贝塔朗菲同样没有发现否定之否定规律在系统研究中特有的解释力。

造成这种情况的原因，有哲学方面的，也有科学方面的。肯定与否定既是生活中常用的术语，也是重要的哲学范畴。形而上学哲学家把肯定和否定绝对化，在学术文化界有着长期而广泛的影响，严重地妨碍人们接受辩证法的肯定和否定范畴。20世纪走红的分析哲学、语言哲学、逻辑哲学等，在提倡把一切术语精确化、形式化的旗帜下，给绝对化的肯定和否定概念披上科学的外衣，对科学工作者产生了很大的迷惑作用。辩证法的肯定和否定被当作不精确不科学的术语抛弃了。本格反对辩证法的主要论据之一，就是指责辩证的否定"这种含糊的关键表述"是"混乱和模糊的主要来源"，声称只要"排除这种模糊性就可以使我们获得一种明智的学说"[①]。这并非本格个人的看法，而是当代科学和哲学中的一种思潮。就辩证哲学来说，它未能根据20世纪的科学成果对这种思潮做出深入的分析批判，没有给否定之否定规律做出符合20世纪科学成果的新表述，显得与现代科学实践相脱离，难以对科学家产生吸引力。在这种科学文化和人文文化环境下成长起来的科学家，很难摆脱传统思想的强大影响，他们不能自觉运用否定之否定规律是可以理解的。

从系统研究本身看，存在几种不同情况。否定之否定是关于事物演化发展的规律，关于过程的规律。当人们主要研究系统存在的一般问题时，否定之否定规律自然"派不上用场"。这就是人们在研究运筹问题、控制问题、通信问题时不涉及否定之否定规律也能建立相应的系统理论的缘故。当人们转而研究过程，研究演化发展时，原则上就不能再回避否定之否定规律了。但这里的情况也是复杂多样的。这个规律成立是一回事，是否必须直接用它来解释系统问题是又一回事。对于简单系统的平凡演化行为，或者系统存在论涉及的种种过程，系统科学已有一套概念能给出有效的解释。尽管借助肯定、否定、否定之否定这类哲学概念也可以对它们做出解释，但不会提供新知识新见解，系统科学家没有必要舍弃科学语言而求助于哲学语言。恩格斯关于大麦生长过程中否定之否定的著名分析是一个很好的例子。这个分析的价值在于揭示出，即使如此平凡的过程也完满地表现了否定之否定的特征，从而证明这一规律的客观普遍性。

---

① 马里奥·本格著，张相轮、郑毓信译：《科学的唯物主义》，上海译文出版社，1989，第42页。

与某些形而上学家的嘲笑相反，恩格斯并不期望从这种分析中得到"把大麦种好"的科学知识。系统科学的大量问题都属于这种情形。

当人们需要揭示深层次的系统存在性问题，解决从存在到演化的过渡，或者阐述复杂系统的非平凡演化行为时，辩证地理解肯定和否定就成为必要的了。我们在这里又可以看到几种不同情形。由于对辩证否定观缺乏正确的理解，系统科学家的观点表现出片面性和绝对化，走了某些弯路。倘若他们能自觉地运用辩证否定观，这些弯路本来可以避免。但在多数情况下，系统科学家通过自己的科研实践，以自己的方式克服了绝对肯定和绝对否定的观点，创造出一系列概念和方法解释系统现象，虽未使用哲学语言，却较好地体现了辩证否定观。只有当所研究的问题鲜明地呈现出否定之否定的辩证特征，直接引用否定之否定规律进行解释可以达到科学语言难以达到的深度时，科学家才会明确地承认这一规律，至少像混沌学家斯图尔特那样，在隐喻的意义上引用这一规律。但迄今为止，这种情形还是少见的。

对否定之否定规律的忽视在系统哲学界也很明显。拉兹洛等人的著作都表现了这一点。就国内情形看，过去十多年中学者们对系统科学中的普遍联系、变化发展、对立统一、量变质变等做了大量研究，却很少涉及否定之否定规律。这方面有意义的工作似乎只有两项。一是马清健的《系统和辩证法》一书，专列一章讨论"系统和否定之否定"。我们赞成他的基本观点，又感觉缺乏深度，与系统科学的联系太弱。如果把这一章中的"系统"一词换作"事物"，大部分论述均可在一般哲学著作中读到。但人们期望读到的是对系统科学成果用否定之否定规律加以概括，是系统哲学对辩证否定观的特有论述。另一项工作是沈小峰等人在《自组织的哲学》一书中给出的。他们指出，"自组织科学理论也以特有的方式表述了辩证法的否定之否定规律"[1]，并以超循环论为主要依据阐述了他们的观点。与前一项工作相比，后一项工作在深度上有进展，但失于过分简单，没有做展开分析。这种情况从一个侧面反映了，研究否定之否定规律在系统科学中的表现有很大难度。但无论如何，有了他们的工作，有了对系统哲学十多年的探索，在这方面应当有所前进了。

本章的主题是按否定之否定观点对系统科学成果做初步的哲学概括，对系统科学的发展历程做初步的评价。由于问题本身的难度和笔者自身理论素养的局限，我们的工作也只是引玉之砖。

---

[1] 沈小峰、吴彤、曾国屏：《自组织的哲学》，中共中央党校出版社，1993，第147页。

16-2　系统是肯定与否定的对立统一

马克思指出:"辩证法在对现存事物的肯定的理解中同时包含对现存事物的否定的理解,即对现存事物的必然灭亡的理解。"① 早期的系统理论家缺乏这种明确的哲学意识,在把握系统的本质时难免表现出片面性和绝对化的毛病,往往只对现存事物做肯定的理解,不做否定的理解。哲学家由此批评系统科学家辩证思维的水平不高,确有道理。离开辩证的否定观,很难准确而深刻地把握系统的本质特性。但我们要强调的是,这种缺陷并非系统理论固有的局限性,而是它尚未充分发展的表现。系统科学的发展正在逐步克服它,哲学家有责任对此提供帮助。

所谓在对系统做肯定的理解中同时做否定的理解,第一层面上的含义是承认任何系统都包含肯定和否定两个方面,系统是肯定和否定的对立统一。这种肯定和否定不是作为系统的两个不同的部分存在着,也不是以非系统的形式单独存在着,而是作为相互包含、相互贯通的两种倾向、趋势同时存在于系统本身及其环境中。系统与环境是一对矛盾。任何系统都是在一定条件下从环境中分离出来的,这种分离意味着肯定系统在边界之内存在,同时否定它在边界之外的存在;只有否定系统在边界之外的存在,才能肯定它在边界之内的存在。环境是系统的"它在",但系统只有在"它在"中才能映现自身、限定自身,通过与环境的相互作用以获得并维持自身的规定性。这就是我们一再提到的系统的外在规定性。斯宾诺莎说过,规定或限定同时就是否定。系统的外在规定性同时也就是系统的外在否定性。系统从环境中吸取负熵,是从环境中获取规定性。但环境也会向系统输入正熵,形成对系统的否定,即破坏系统的规定性。在一定条件下形成的环境对系统的肯定和否定,随着系统自身或环境的改变,不可避免会出现相应的转化,肯定因素变成否定因素,否定因素变成肯定因素。

对系统的内在规定性也应这样理解。对于同一个系统,肯定的因素中包含否定的因素,否定的因素中包含肯定的因素,都不能做绝对化的理解。14-4节已对系统的内聚力、吸引力和离析力、排斥力做过分析。组分之间只有凝聚力、吸引力,没有必要的互斥和竞争,势必会消除组分之间的一切差异,系统将演

---

① 《马克思恩格斯选集》(第2卷),人民出版社,2012,第218页。

变为内部绝对同一的存在物，即第一类非系统。对于防止系统退化为第一类非系统，排斥、竞争是肯定因素，吸引、合作变成否定因素。认识这一点有重要的实践意义。系统的生命力在于差异性的同一、多样性的统一。要防止系统出现结构板结现象，必须保持组分之间必要的差异性、多样性，建立竞争机制。社会系统的组织管理尤其如此。

部分与整体的关系是系统科学各分支都要处理的基本问题，也是系统哲学的基本问题。这里同样需要辩证地理解肯定和否定。部分（元素和分系统）构成整体，是部分对整体的肯定作用；部分的需求和发展在许多方面与整体有矛盾，又构成对整体的否定作用。整体对部分提供资源、活动空间及其他条件，是整体对部分的肯定作用；整体对部分总有某些约束、限制甚至压制，又是对部分的否定作用。这种肯定和否定对于系统的形成和维持都是必需的，既有正面效应，也有负面影响。在有新陈代谢的系统中，整体或群体的生存延续（肯定）是靠部分或个体的不断替换（否定）来实现的。原来的部分或个体被否定，但整体保留下来，即整体得到肯定。拉兹洛对此有独到的分析。他通过对球队、公司、国家等社会组织的考察，证明这类系统具有把自己的"个性"固定下来的趋势，每个人都可以撤换，但系统整体继续存在，并保持原来的绝大部分特性。"个体来而复往，但群体一直保持着。"[①] 他的分析是深刻的，但只讲了问题的一面。部分或个体的替换毕竟还有对系统整体的某种否定作用，使系统的某些特性无法保持下去。对于机械运动，这种否定作用往往可以忽略。原则上讲，我们可以做到用新的零部件替换旧的零部件，并不影响整机的性能。但在社会系统中，组分的替换有时会导致整体的明显变化，甚至引发重大危机。所谓"人存政举，人亡政息"，是政治系统中常见的现象。在信息时代，随着生产走向多样化、小型化，产品的个性化越来越明显，特殊人才的不可替代性一面将引起管理者的严重关注。特别是高科技竞争，关键人才的流失将导致企业在竞争中败北。

系统是通过对组分的整合而形成和维持的。整合是肯定和否定的辩证统一。整合组分的方式就是系统的结构。结构作为系统的内在规定性，首先是一种肯定因素，但同时也包含否定作用。某种结构在一定条件下通过对称破缺而被选择，即被肯定，意味着其他可能的结构被淘汰，即被否定。一种结构带来的系

---

① E.拉兹洛著，闽家胤译：《用系统论的观点看世界》，中国社会科学出版社，1985，第6页。

统新质是组分之间相互合作、激励的结果，同时也是组分之间在其他方面相互排斥、抑制的结果。一种结构使系统涌现出某种整体新质，必定使其他可能的整体涌现性被屏蔽起来。涌现与屏蔽是一对矛盾，有所涌现，必有所屏蔽；有所屏蔽，才能有所涌现。所以，当一种整合方式失效后，原来被它约束或压制的那些因素、力量、趋势就会重新活跃起来，对新的整合方式产生影响，导致涌现性与屏蔽性相互转化。从化学反应之类简单系统，到社会变革、世界秩序变迁之类复杂的巨系统，都可以看到这种现象。例如，冷战结构下被抑制的种种力量，随着冷战结构的瓦解而到处呈现出来，成为建立世界新秩序的推动力量或阻遏因素。但目前的系统论主要强调整体涌现性，几乎不提及屏蔽性，不讲二者的转化。这种有悖辩证否定观的现象，是系统论不成熟的表现。

16-3 以辩证否定观沟通存在与演化

辩证法主张对系统在做肯定的理解中同时包含否定的理解，本意是要求承认系统不但是存在的，而且是演化发展的，一定的系统结构、状态、行为迟早要被自己的他物即别的结构、状态、行为所取代。但存在与演化是相互否定的。形而上学把这一点绝对化，长期阻碍着由存在到演化的过渡。建立关于系统存在和演化的统一科学理论，必须找到存在与演化的矛盾同一性，找到沟通二者的桥梁。这就得求助于辩证的否定观。

需要强调指出，否定的方面不是在某个阶段才出现的，而是系统与生俱来的，与肯定方面同时出现的。只要系统存在着，就包含否定的方面或因素。对某系统有否定作用的东西，必定是对能够在未来取代该系统的他物有肯定作用的东西。一个系统的否定性规定性（内在的和外在的），是有助于建构该系统的他物的肯定性规定性的东西；反过来讲，一个系统的肯定性规定性，是构该系统的他物的否定性规定性的东西。工程师根据用户对现有产品的批评去设计新产品，理论家根据现有理论的缺点和局限去建构新理论，社会革命的导师们根据现存社会的弊端去设想新社会的体制，都是基于这种辩证的否定观。

由此可以导出一个著名的辩证命题：任何系统在某一时刻是它自己，又不是它自己，因为它包含着自己否定物的规定性。系统只要存在着，就具有演化的可能性。存在中包含演化的种子和可能性，演化中生成着存在的规定性。当系统存在时，否定方面处于次要地位，甚至处于潜在隐伏的状态。如果否定方面从潜在变为显在，系统处于演化过程的特征就鲜明地呈现出来。一旦否定方面上升为矛盾的主要方面，系统便转化为自己的他物，从肯定阶段进入否定阶段。没有存在中的否定因素，就不会从肯定阶段进入否定阶段。但任何演化必定对原来的存在有所保留和继承，即继续肯定。系统演化是继承与变革的统一。

在现代系统理论创立的初期，演化观点已为科学界广泛接受。系统理论的第一批著名代表人物都有演化观点，贝塔朗菲和维纳尤其明显。前者倡导研究动态系统理论，试图借助动力学方程来阐述系统的发生、生长规律。后者从信息和熵的角度探讨演化问题，如关于"进步与熵"的讨论，试图通过揭示时间的方向性为系统演化论奠定基础。但他们的努力并不成功。贝塔朗菲的主要贡献是论证一般系统概念的客观依据和普适性，阐述一般系统的基本特性。控制论，特别是控制理论，主要是从设计和使用控制装置出发建立它的概念框架。两者在本质上属于关于存在的系统理论，因而限制了贝塔朗菲和维纳的理论视野和对演化问题理解的深度。从哲学上看，主要原因在于他们不大懂得辩证的否定观，其表现是多方面的。

早期的系统理论已从动力学中吸取了稳定性与不稳定性这对重要概念。稳定性反映系统保持既有结构、状态、行为的恒定性的能力，属于系统生存延续的肯定因素。若从系统演化角度看，事情恰好颠倒过来，旧结构的稳定性是新结构的否定因素，不稳定性成为肯定因素。贝塔朗菲和维纳那一代系统理论家显然缺乏这种辩证否定观。如钱学森所说，一般系统论学者主要关心的是"把生物和生命现象的有序性和目的性同系统的结构稳定性联系起来：有序，因为只有这样才使系统结构稳定；有目的，因为系统要走向最稳定的系统结构"[1]。他们没有注意到不稳定性对于沟通存在与演化的建设性作用。控制理论从强烈的技术应用背景出发，明确地把不稳定性当作必须加以避免的否定因素。受此影响，那一代系统理论家把负反馈当作基本上肯定的因素，把正反馈当作基本上否定的因素。他们不懂得肯定与否定是相对的、可以相互转化的，不懂得正、负反馈对于系统的存续和演化都既有肯定性作用，也有否定性作用。

第一批产生的系统理论从自然科学中吸取了确定性和不确定性这对重要概念。确定性表现的是系统的肯定方面；不确定性，包括干扰、噪声等，表现的是系统的否定方面。但这种肯定和否定同样被他们绝对化了。申农信息论和运筹学作为静态系统理论，不用动态的演化的观点看问题，这种绝对化的理解实

---

[1] 钱学森等：《论系统工程》（增订版），湖南科学技术出版社，1988。

难避免。一般系统论，特别是控制理论用动力学方法研究系统，却未能克服这种形而上学观点，只讲确定性对系统的肯定作用和不确定性对系统的否定作用。它们关心的只是如何克服干扰、过滤噪声，以保证系统的既定功能状态，全然没有发现干扰、噪声等对出现新结构具有十分重要的肯定作用。贝塔朗菲和维纳那一代系统理论家未能建立系统演化理论，这是重要的认识论根源。

70年代，拉兹洛在研究系统哲学时提出一个看法，认为自我保持和自我创造都是系统的基本属性，系统同时具有这两种属性。这无疑符合辩证否定观。同贝塔朗菲相比，拉兹洛前进了一步。但由于他的论证仍然建立在第一批系统理论之上，又缺乏运用辩证否定观的自觉性，拉兹洛只是把自我保持与自我创造两种相互否定的特性并列在一起，未能找到二者的内在联系，同样没有解决沟通存在与演化的问题。

真正的转变是由产生于60—70年代的系统演化理论，特别是自组织理论实现的。新一代系统理论家致力于研究各种现实系统如何形成，又如何演化，表明他们在科学思想上已接受了存在与演化具有同一性的观点，相信可以把二者沟通起来。普利高津的表现最突出。他明确提出从存在到演化的过渡问题，并从动力学、热力学以及哲学上探讨如何架设沟通存在与演化的桥梁。他关于耗散、非平衡、不可逆以及时间本质的研究，都是为此目的服务的，并对这些概念取得符合辩证否定观的理解。对于经典科学只做肯定性理解的平衡、守恒、可逆等现象，他补充了否定的理解。对于经典科学只做否定性理解的非平衡、耗散、不可逆等现象，他补充了肯定的理解。这就为系统演化理论提供了必要的科学和哲学基础。

新一代系统理论家在对稳定性与不稳定性、确定性与不确定性的理解上，超越了贝塔朗菲、维纳那一代学者，达到辩证否定观的基本要求。他们都领会了不稳定性对旧结构的否定作用和对新结构的肯定作用。哈肯的表现更突出，他从肯定性规定性的角度出发界定不稳定性概念，提出"把模式形成现象叫作不稳定性"[1]，把不稳定性原理当作有序结构形成演化的理论基石之一。托姆把系统分为三类。处处结构稳定即不包含否定因素的系统不能演化，它们只是数学的抽象。处处结构不稳定即不包含肯定因素的系统，不可能实际存在于客观世界，因而无从谈起演化问题。既有结构稳定性（肯定因素）又有结构不稳定性（否定因素）的系统，才是现实存在的，又是可演化的。突变论研究的就是

---

[1] 哈肯著，郭治安译：《高等协同学》，科学出版社，1989，第1页。

这类系统。新一代系统理论家也深刻领会了不确定性对旧结构的否定作用和对新结构的肯定作用，不确定性沟通了系统的存在与演化。分叉点的出现表明原结构的否定因素上升为主要方面，形成在多种可能前途中做出选择的不确定性，消除这种不确定性才能获得新结构的规定性。对原系统的信息模式起否定作用的噪声，是建构新系统信息模式的肯定因素。由于涨落对平衡态是否定因素，因而成为非平衡有序结构的肯定因素，当它们在临界点上被急剧放大为巨涨落时，新结构的胚芽也就孕育其中了。"耗散结构是稳定下来的巨涨落"。布鲁塞尔学派的这个命题，极好地体现了辩证否定观。具备了如此丰富而深刻的科学和哲学思想，系统演化理论、自组织理论的产生便成为历史的必然。在这种科学成果基础上，经拉兹洛、詹奇等人的概括，系统哲学对辩证法的理解也达到一个新水平。

16-4　否定之否定是系统演化的普遍规律

否定之否定是辩证哲学特有的概念，辩证否定观的核心。它揭示的是一种过程结构。在系统运行、延续、演化中，只要是一个完整的过程，必定具有肯定、否定、否定之否定这种"三个环节两度否定"的结构模式，显示出明确的可操作性，具有预见功能。令 A、A′、A″分别代表这三个环节，否定之否定规律可形式化表示为

$$A \to A' \to A'' \tag{16-1}$$

但是，如果否定之否定是普遍规律，为什么在系统科学中很少看到它的作用？我们分两种情形来考察。先看简单系统的两个例子。在一个完整的反馈控制过程中，给定系统的输入，这是肯定；输入经过前馈线路各环节相继变换而转化为输出，这是否定；输出经过反馈转化为新的输入，这是否定之否定。反馈提供的已不是原输入的简单重复，而是包含了有关系统工作状况新信息的输入，有改进系统行为的作用。一个完整的通信过程由发送信息、变换传递信息、接受信息三个环节组成。信源发出能够消除信宿不确定性的信息，这是肯定；编码改变信源信号的物理形式，信道将信号从信源传到信宿，这是否定；译码再次改变信号的物理形式，以便让信宿接受，这是否定之否定。信源信号不能直接在信道中传送，必须否定其原来的物理形式；信道传来的信号不能直接为信宿接受，必须做第二次否定，回复原来的物理形式。可见，通信过程是一种

否定之否定的过程，没有肯定、否定、否定之否定的完整结构，就没有通信过程。简单系统呈现的一切行为，只要构成一个完整过程，就存在三个环节两度否定的辩证结构，表明这一规律是普适的。但是，系统理论用自己的语言足以完满地描述这些行为过程，使用哲学语言既不能提供新的科学内容，也不能启示新的系统原理，系统理论家没有感到运用它的必要性，是很自然的。

对于复杂系统、巨系统的非平凡行为，情形就不同了。否定之否定规律在这里有不可替代的解释力。不过，由于它表述的是完整过程的结构模式，当系统研究尚未达到对全过程的考察，特别是处于过程的早期时，这种结构模式还不能明显地暴露其全貌。系统科学家一般都缺乏足够的辩证哲学素养，目光往往局限于自己工作所处的特定阶段，不大懂得运用否定之否定规律对系统演化的全过程做出预见。需要强调指出，在复杂系统和巨系统的演化过程中，第一次否定往往就是一个很长的过程，对肯定的否定不是一次完成的，而是多次部分否定的总结果。假设第一次否定分 n 步完成，分别记作 A_1'，A_2'，…，A_n'。只要系统理论家的研究还处于 A_n' 之前，特别是处于开始几步，没有足够辩证哲学功底的学者不可能看到还有第二次否定 A'' 在遥远的未来等待着他。即使他对否定之否定规律有所耳闻，由于个人实践的局限，往往会对这一规律是否适用存有疑问，很难相信自己正在考察的系统演化最终要回到它的出发点。鉴于系统科学还很年轻，出现这种现象尤其难免。

让我们回顾一下自组织理论的发展史。贝纳德流是普利高津学派研究耗散结构的重要模型。贝纳德于1900年发现，随着控制参量增大到某个临界值，平衡结构将被六角形圆泡结构取代。普利高津用耗散结构论解释了这种非平衡相变。后来他们发现，随着控制参量增大到第二个临界值，圆泡运动又被滚筒式运动取代。这两次相变都不需要用肯定、否定等哲学语言来解释，当时也不可能预见到在进一步远离平衡的过程中，将会出现否定之否定的运动。哈肯对激光的研究也经历了类似的发展过程。他首先用协同学解释激光的形成，后来才发现当控制参量增大到新的临界值时，出现了由激光向脉冲光的转变。哈肯由此认识到协同学研究的是一系列不稳定性组成的谱系，即一系列的否定旧结构、肯定新结构的谱系。普利高津和哈肯在这一阶段的认识可直观地表示为：

$$平衡结构 \rightarrow 耗散结构 1 \rightarrow 耗散结构 2 \rightarrow \cdots \cdots \quad (16-2)$$

或者形式化地表示为：

$$A \rightarrow A_1' \rightarrow A_2' \rightarrow \cdots \cdots \quad (16-3)$$

但还没有达到（16-1）所示的水平。

然而，一种客观过程只要没有被意外的毁灭性力量所打断，就迟早会完成第一次否定，开始向出发点回归，即进入第二次否定。这时候，客观过程固有的"三个环节两度否定"的结构模式开始暴露出来，促使人们觉悟到，只有运用否定之否定规律观察问题，才能真正把握客观过程。我们从自组织理论的发展史中可以看到这一点。随着混沌研究在 20 世纪 80 年代进入高潮，混沌动力学基本观点为系统科学界普遍接受，普利高津和哈肯对系统自组织演化全过程的理解开始达到（16-1）的水平，得出如下结论：

$$原始热混沌 \to 耗散结构 \to 非平衡混沌 \qquad (16-4)$$

从以上的分析中我们引出如下几点结论：

第一，从小系统到巨系统，从简单系统到复杂系统，否定之否定规律是普遍成立的。

第二，在复杂系统的演化过程中，第一次否定不是一次完成的，而是分阶段逐步完成的，即

$$A': A'_1 \to A'_2 \to \cdots\cdots \to A'_n \qquad (16-5)$$

第三，第二次否定也不是一次完成，而是分阶段逐步回归到起点的，设分 m 个阶段，则有

$$A'': A''_1 \to A''_2 \to A'''_m \qquad (16-6)$$

因而否定之否定的完整形式化表示为

$$A \to A'(A'_1 \to A'_2 \to \cdots\cdots \to A'_n) \to A''(A''_1 \to A''_2 \to \cdots\cdots \to A''_m) \qquad (16-7)$$

例如，从人类社会的演化史看，对原始公有制的否定是分奴隶社会、封建社会、资本主义社会三个阶段完成的。可以预言，对私有制的再否定，即对公有制的回归，也不可能一次完成，必定要经过相继进行的若干阶段才能完成。设想一步进入共产主义是一种简单化冒进主张。

第四，自组织理论启示我们，一事物的他物可能不止一个。在否定之否定的演化过程中，每一步都可能有两个或多个他物，必然出现分叉现象。这是造成现实世界多样性和复杂性的重要根源。

16-5 系统的循环演化

否定之否定规律包含两种基本规定性。一是回复性，即在完成第一次否定之后，系统要向出发点回归，重复肯定阶段的某些特性，使整个演化过程呈现

出循环性。二是升降性，向出发点回归不是完全重复肯定阶段的一切特性，而是有所改变，使整个演化过程具有非直进性。循环与直进是一对矛盾，二者整合在一起，致使否定之否定过程表现为螺旋式的演化方式。沿着螺旋上升代表系统的进化发展，沿着螺旋下降代表系统的退化衰落。

现实世界演化过程中循环性与升降性的整合方式千差万别。如果循环性很强烈，升降性很微弱，则可以并且应当略去升降性不计，单纯考察系统演化的循环性。系统的性能空间一般都是多维度的，在某些维度上呈现循环运动，在另一些维度上呈现升降运动。如果一定的研究任务只要求考察前一类维度，不必顾及后一类维度，就应当通过把整个性能空间投影（映射）到由前一类维度构成的分空间上的办法，使系统描述简化（降维）。其结果，得到的也是单纯的循环运动。我们在各门具体科学中看到的严格循环运动都是通过这两种手段得到的。现实世界不存在完全没有升降性的循环运动，真实循环运动在回复到出发点时或多或少会有所变化、升降。有时我们把这种非严格的重复当作某些摄动作用造成的误差，更多的情形是我们未意识到性能空间的第二类维度，只考虑由第一类维度构成的分空间。总之，否定之否定规律是普遍的，不应当"把螺旋式运动当作特殊的循环来对待"①，而应当把循环运动当作否定之否定规律的一种特殊表现形式。许多形式数学系统满足复原律 $A'' = A$，它提供了循环运动的形式化表示：

$$A \to A' \to A'' \ (= A) \qquad (16-8)$$

这是 16-1 的一种特殊形式。在这个意义上讲，运用循环演化规律就是运用否定之否定规律。

有循环运动，就有非循环运动或直线运动。存在后者并不影响否定之否定规律的普遍性。我们在各门具体科学中看到的非循环运动和直线运动，有两个来源。一是当研究的范围只限于完整演化过程的一个片断，特别是过程的回复性要在很大的尺度上才能显现出来时，可以并需要把螺旋式演化过程的一个片断近似作为非循环的直线运动来处理。二是某些客观过程被意外的强大作用所中断，系统不复存在，它的演化过程不可能完成本来可以实现的循环。在前一种情形下，直线运动仅在一段时期内是真实运动的恰当近似，随着过程的延续，迟早会显现出循环性。在后一种情形下，被破坏了的系统作为环境的一部分，将参与环境超系统的大循环中。只要观察的尺度足够大，任何直线运动都包含

---

① 任汉生：《循环、重复、不变性》，载《自然辩证法研究》，1994 年第 1 期。

于某种循环运动之中。如果观察的是整个自然界，就会看到恩格斯所描绘的图景："整个自然界被证明是在永恒的流动和循环中运动着。"①

凡循环都是系统，这已无须多说。凡系统，原则上说都不能没有循环。生命系统和社会系统的生成、发育、维持及进化中有各种循环，通过循环以实现对系统行为状态的精致而复杂的调控。自组织理论证明，一切无生命系统在其形成和演化的动力学过程中都离不开循环运动。即使最低级的平衡结构（如晶体），在相变过程中也需要有微观组分之间相互作用及交换信息的循环，与环境交换信息的循环。之所以如此，原因在于循环运动是十分重要的系统机制。其一，系统是有限与无限的统一。直线式演化迟早要中断，只有在欧氏空间中才有无限延伸的直线。"事物在前进中所没有的无限，在循环中却有了。"② 凭借循环机制，系统才能从有限中产生无限，通过有限把握无限。其二，系统是简单性与复杂性的统一。直线运动不能产生复杂性，通过循环才能从简单性中产生出复杂性。例如，非线性研究表明，通过反复迭代这种简单的循环运动，可以产生出混沌运动和分形结构这种复杂性。其三，循环是实现层次飞跃的重要机制。超循环论提供了有力的证明。超循环允许几个系统整合起来创造出更高层次的系统，产生更复杂更高级的系统新质。

总之，事物或系统的循环演化是否定之否定规律的一种表现形式。循环运动的广泛存在，循环机制的极端重要性，是否定之否定作为普遍规律的具体表现之一。

---

① 《马克思恩格斯选集》（第3卷），人民出版社，2012，第454页。
② 《马克思恩格斯选集》（第3卷），人民出版社，2012，第558页。

余 论

（一）在分论中，我们对十种系统理论的辩证思想只做了纲要式的论述，不少方面未深入分析，值得研究的问题还很多。对于另一些著名的系统理论，有的只附带有所论述，有的完全没有提到，这里做点补充。

扎德（Zadeh）的模糊学包含丰富的辩证思想，我们只在11-3和15-5两节中就一个侧面讨论过。详细的论述可参看笔者的《模糊学导引》一书和论文《模糊数学方法》（见《方法论全书（Ⅲ）》，南京大学出版社，1995）。模糊学对辩证法的最大贡献，在于它对亦此亦彼思维方式的阐述。对于把非此即彼思维方式绝对化的形而上学，现代科学的许多分支都有所批评，但都限于某些侧面。模糊学第一次明确宣布以亦此亦彼现象为研究对象，系统地阐明如何用现代科学方法描述这类不确定性，证明不仅哲学上需要而且能够做到"使固定的形而上学的差异互相过渡，除了'非此即彼！'，又在适当的地方承认'亦此亦彼！'，并且使对立互为中介"[①]，在科学上同样需要并且能够做到这一点，从科学思维方式历史性转变的高度看，这是意义深远的。

"灰箱"或灰色系统的概念在系统科学初创时期已经提出。邓聚龙系统地研究了灰色现象，建立灰色系统理论，丰富了系统方法论。在哲学上，灰色系统理论的贡献主要是对灰色性这种不同于随机性和模糊性的不确定性做出系统阐述，丰富了确定性与不确定性范畴，有助于从新的方面克服形而上学思维方式。作为一种有成功应用的系统方法，灰色系统理论也较好地处理了模型与原型、理论与经验、定性与定量等辩证关系。

福瑞斯特的系统动力学在从罗马俱乐部的世界模型到一般企业管理中都有应用，在系统科学中有其特殊位置。与耗散结构论、协同学等不同，系统动力

[①] 《马克思恩格斯选集》（第3卷），人民出版社，2012，第535页。

学没有以自然科学的基本理论为依据，对描绘科学世界图景无所贡献。但它能在广泛的实际问题中得到较好的应用，原因在于它的方法论很有辩证思想，能辩证地把握局部与整体、微观与宏观、结构与功能、主导因素与非主导因素、内因与外因、定性与定量等关系。系统动力学处理的对象主要是所谓结构不良的事理问题，依靠洞见、经验和办事艺术灵活地建立模型，特别需要有辩证思维。

开放的复杂巨系统理论是钱学森自觉运用《矛盾论》和《实践论》的产物。目前还没有成体系的专著，对它的哲学思想尚难做出系统的分析。但它所包含的辩证思想至少在以下几方面是突出的：（1）丰富了系统论的开放观，跳出非线性动力学把环境作用仅仅归结为控制参量变化的局限性，更全面地考虑环境影响，赋予开放性以新的内涵，特别研究复杂环境中的复杂系统；（2）如实地承认复杂巨系统问题没有现成的理论，放弃从建立精确数学模型入手的传统做法，重视半定量的或定性的方法，从大量关于局部的定性认识中寻求关于整体的定量认识，以更彻底的方式实现定性与定量的辩证统一；（3）在最广泛的意义上实行分析与综合的统一，通过把专家系统、统计数据和信息资料、计算机技术三者有机地结合起来，在现代科学的不同学科的知识之间、理论与经验之间、成文的知识与不成文的感受之间进行综合集成，获得解决开放的复杂巨系统的知识，找到一条最充分地克服还原论局限性的途径；（4）从人与机器相互关系的辩证唯物主义观点出发，强调人—机结合、以人为主的技术路线，反对那种排除人的因素、试图单纯依靠电脑解决复杂巨系统问题的机械论观点。

圣塔菲（Santa Fe）学派关于复杂性科学的探索，代表系统科学的一个重要发展方向，在世界范围内有很大的影响。对于他们的工作，笔者目前了解不多，但对他们在方法论和哲学思想上的鲜明特色，有强烈的印象，其核心仍是辩证思维。例如，他们对新古典经济学迷恋静态、均衡、稳定、线性等弊病的深刻批判，倡导演化经济学，肯定经济中的正反馈（报酬递增）现象，认为负反馈与正反馈的结合能导致系统的自组织，都是极富辩证思想的。关于适应复杂性、人工生命、混沌边缘、反混沌的论述，同样极富辩证思想。但在本书中，我们不可能做进一步的论述了。

（二）在总论中，我们分六个方面所做的论述也是纲要式的，许多问题值得进一步讨论。在以下几方面更需做专题研究。

（1）系统科学中的辩证范畴。对于整体与局部、原因与结果、必然与偶然、存在与演化、状态与过程、同一与差异、合作与竞争、稳定与失稳等范畴对，本书分散于不同章节进行阐述，有其局限性。需要打破学科界限，做综合的研究。这也就是钱学森讲的"系统科学辩证法"。国内已有类似的著作，但未能全面概括系统科学的成果。

（2）系统演化辩证法。系统科学最诱人的成果是有关系统或事物演化的具体阐述，内容相当丰富，揭示出许多深刻的演化机理。尽管不同学派的理论体系很不相同，目前难以建立统一的演化理论，但从哲学上做概括已有可能。国内外都有关于演化哲学或演化辩证法的著述，或者只概括了某些系统理论，或者深度不够，很难令人满意。

（3）系统科学方法论。系统科学自身使用的以及向其他科学提供的方法，具有重大理论和实际意义，这是公认的。现有的冠以系统科学方法论书名的著作，内容主要是系统科学方法的介绍，很少从哲学高度对这些方法做论述。方法论的精髓是论方法。系统科学方法论的本意是哲学地论述系统科学的方法，如它产生的历史背景，与辩证法的关系，还原论的价值和局限，如何实现还原论与整体论的辩证统一，确定性描述与概率性描述、定性描述与定量描述、线性方法与非线性方法、精确方法与模糊方法、解析方法与非解析方法等在系统科学中的地位，如何把这些相反的方法统一起来，等等。

（4）系统科学认识论。系统科学的研究和应用都涉及认识论问题，如系统辨识与综合集成的认识论基础，模型方法的认识论根据，经验在系统分析中的作用，数值实验的可靠性及其是否代表一种新的社会实践形式等，都需要以辩证唯物主义观点加以说明。

此外，系统科学及其相关技术的社会意义，系统科学在现代科学总体系中的地位，是否代表一次科学革命，都是有意义的课题，需要以辩证唯物主义观点给以分析。

（三）系统科学还很年轻，走向成熟尚需时日。世界正在朝系统化、信息化方向发展，它需要从系统科学中吸取科学的思维方式和操作方法。中华民族正处于腾飞的起点，要将实现工业化、信息化毕其功于一役，离不开系统思维和系统方法。这就需要大力研究系统科学和系统科学哲学。如果我们上面提到的有关课题能引起有志者的兴趣，这个余论就不算多余的了。

参考文献

1. 阿诺德著，周燕华译：《突变理论》，高等教育出版社，1990。

   V. I. Arnord：*Catastrophe Theory*, Springer-Verlag, Berlin, 1984. Translated from the Russian, by R. K. Thomas.

2. 艾什比（又译阿希贝）著，乐秀成、朱熹豪等译：《大脑设计》，商务印书馆，1991。

   W. Ross Ashby：*Design for a Brain*, 2ed., Chapman & Hall Ltd. London. 1960.

3. 坂田昌一：《我所遵循的经典——恩格斯的〈自然辩证法〉》，载《科学与哲学》，1981年第3期。

4. 贝塔朗菲著，林康义、魏宏森等译：《一般系统论：基础、发展和应用》，清华大学出版社，1987。

   L. von. Bertalanffy. *General System Theory – Foundations, Development, Applications*. George Braziller, Inc. New York. 1973.

5. 贝塔朗菲、拉威奥莱特著，张志伟等译：《人的系统观》，华夏出版社，1989。

   L. von. Bertalanffy, P. A. Laviolette：*A Systems View of Man*. the United States of America, Westview Press. Inc, 1981.

6. J. Briggs & F. D. Peat：*Turbulent Mirror*, Harper & Row, Publisher, 1989.

7. A. 布多：《混沌哲学》，载《哲学译丛》，1992年第3期。

8. 马里奥·本格著，张相轮、郑毓信译：《科学的唯物主义》，上海译文出版社，1989。

   Mavio. Bunge：*Scientific Materialism*, D. Reidel Publishing Company, 1981.

9. 马里奥·本格：《系统世界观》，载《自然科学哲学问题》，1986年第

4期。

10. 陈忠：《分形研究中的几个问题与猜想》，载于论文集《分形理论及其应用》，四川大学出版社，1989。

11. 陈志良：《关于系统的哲学思考》，载《国内哲学动态》，1986年第1期。

12. 陈志良：《非系统理论》，载《人文杂志》，1986年第5－6期。

13. 陈志良：《系统与非系统的辩证统一》，载《社会科学》（沪），1987年第1期。

14. 董光璧：《当代新道家》，华夏出版社，1991。

15. 艾根、舒斯特尔著，曾国屏、沈小峰译：《超循环论》，上海译文出版社，1990。

M. Eigen & P. Schuster: *A Principlc of Natural Self - OrganiZation*, Springer-Verlag, 1979.

16. 冯国瑞：《信息科学与认识论》，北京大学出版社，1994。

17. 高安秀树著，沈步明、常子文译：《分数维》，地震出版社，1989。

高安秀树：フラクタル，朝仓书店出版，1986。

18. 格莱克著，张淑誉译：《混沌：开创新学科》，上海译文出版社，1990。

James Gleick: *Chaos: Making a New Sciece*, New York, Viking Penguin Inc., 1987.

19. R. Gilmore: *Catastrophe Theory for Scientists and Engineers*, John Wiley & Sons, Inc, 1981.

20. 哈肯著，徐锡申等译：《协同学》，原子能出版社，1984。

Hermann Haken: *Synergetics, An Introduction*, Springer - Verlag, 1977.

21. 哈肯：《协同学讲座》，陕西科学技术出版社，1987。（宁存政、李应同根据哈肯1982年10月在西北大学的讲演稿整理译出）

22. 哈肯著，戴鸣钟译：《协同学——自然成功的奥秘》，中国科学技术出版社，1988。

Hermann Haken: *Erfolgsgeheimnisse der* natur (Deutsche Verlagsanstalt, stutgart 1981)

23. 哈肯著，郭治安、宁存政等译：《信息与自组织》，四川教育出版社，1988。（遵照作者哈肯的意愿，本书分别在中国和联邦德国以中文和英文同时出版，英文版由Springer出版社出版）

24. 哈肯著，郭治安译：《高等协同学》，科学出版社，1989。

Hermann Haken：*Advanced Synergetics：Instability Hierarchies of Self - Organizing Systems and Devices*，Springer - Verlag，Berlin - Heidelberg - New York - Tokyo，1983.

25. 哈肯著，杨炳奕译：《协同学：理论与应用》，中国科学技术出版社，1990。（根据哈肯1986年10月在上海机械学院的讲演稿整理译出）

26. 郝柏林：《分岔、混沌、奇怪吸引子、湍流及其它》，载《物理学进展》，1983年第3期。

27. 郝柏林：《分形与分维》，载《科学》（沪），38卷，1期。

28. 何祚麻：《毛泽东与粒子物理学研究》，载《自然辩证法研究》，1993年第11期。

29. 黄琳：《控制理论发展过程的启示》，载《系统工程理论与实践》，1990年第1期。

30. 黄麟雏：《〈道德经〉系统思想探讨》，载《系统辩证学学报》，1994年第3期。

31. 黄金南等：《系统哲学》，东方出版社，1992。

32. 中国科学院《复杂性研究》编委会，《复杂性研究》，科学出版社，1993。

33. 纪丰民：《分形自然观和分形方法》，载《内蒙古大学学报》（哲社版），1991年第1期。

34. 詹奇著，曾国屏等译：《自组织的宇宙观》，中国社会科学出版社，1992。

Erich Jantsch：*The Seif - Organizing Universe - Scientific and Human Implications of the Emerging Paradigm of Evolution*. Oxford，Peigarnon press，1980.

35. F. 卡普拉：《现代物理学与东方神秘主义》，四川人民出版社，1984。（灌耕据美国物理学家Fritjof Capra的《The Tao of Physics》（Berkely：Shambhara，1975）一书编译）

36. F. 卡普拉著，冯禹等编译：《转折点》，中国人民大学出版社，1989。

Fritjof Capra：*The Turning Point*，Simon and Schuter edition published，New York，1982.

37. 科恩著，杨爱华等译：《科学革命》，军事科学出版社，1992。

I. Bernard Cohen：*Revolution in Science*，The Belknap Press of Harvard University Press，Cambridge，Massachusetts，and London，1985.

38. S. S. Kellert：*in the Wake of Chaos*，the University of Chicago Press，1993.

39. G. J. Klir（ed.）：*Trends in General System Theory*，John Wiley & Sons, Inc.，1971.

40. T. 库恩著，李宝恒、纪树立译：《科学革命的结构》，上海科学技术出版社，1980。

T. S. Kuhn：*The Structure of Scientific Revolutions*，2nd ed Chicago：The Univ. Pr.，1970。

41. 《控制论哲学问题译文集》（第一辑），商务印书馆，1965。

42. E. 拉兹洛著，闵家胤译：《用系统论的观点看世界》，中国社会科学出版社，1985。

Ervin. Laszlo：*The Systems View of the World：The Natural Philosophy of the Development in the Sciences*，George Braziller, New York, 1978.

43. E. 拉兹洛：《进化——广义综合理论》，社会科学文献出版社，1988。（闵家胤根据系统哲学家 Ervin. Laszlo 1986 年 8 月完成的 *Evolution：The Grand Synthesis* 一书的英文手稿译出）

44. E. 拉兹洛：《系统哲学讲演集》，中国社会科学出版社，1991。（闵家胤根据 Ervin. Laszlo 1988 年在华讲演稿译出）

45. 李后强、黄立基：《分形漫谈》，载《科学》（沪），42 卷，2 期。

46. 李后强、张国琪、汪富泉：《分形的哲学发轫》，四川大学出版社，1993。

47. 李建华：《超循环——一个完整的自组织原理》，载《系统辩证学学报》，1995 年第 1 期。

48. 李香晨、高同利：《进化系统辩证法》，大连理工大学出版社，1992。

49. 李以章、乐传新、周路明：《系统科学——基本原理、哲学思想与社会分析》，华中师范大学出版社，1991。

50. 黎德扬、叶齐茂：《系统哲学》，武汉大学出版社，1993。

51. 刘华杰：《混沌语义与哲学》（博士论文），中国人民大学哲学系，1994。

52. 刘洪：《新科学精览》，中国科学技术出版社，1990。

53. 刘炯忠：《马克思的方法论与系统论》，中国人民大学出版社，1994。

54. 马清健：《系统和辩证法》，求实出版社，1989。

55. B. B. Mandellbrort：*Fractal，Form，Chance，and Dimension*，W. H. Freeman and Company, 1977.

56. 小拉尔夫·弗·迈尔斯主编，杨志信、葛明浩译：《系统思想》，四川人民出版社，1986。

Ralph F. Mils, Jr. （ed.）：*Systems Concepts*：*Lectures on Contemporary Approaches to Systems*，New York，John Wiley & Sons. 1973.

57. M. D. Mesanovic：*General System Theory*，*Mathematical Foundations*，Academic Press，1975.

58. 苗东升：《模糊学导引》，中国人民大学出版社，1987。

59. 苗东升：《系统理论与矛盾学说》（未定稿），1986。

60. 苗东升：《系统理论与唯物辩证法》，载于论文集《马克思主义与当代》，中国人民大学出版社，1987。

61. 苗东升：《系统科学原理》，中国人民大学出版社，1990。

62. 苗东升、刘华杰：《浑沌学纵横论》，中国人民大学出版社，1993。

63. 莫诺著，上海外国自然科学著作编译组译：《偶然性与必然性》，上海人民出版社，1977。

Jacques Monod：*Chance and Necessity*，*and essay on the Natural Philosophy of Modern Biology*，London Collins，1972. Tr. from the French by Austrya Wainhouse.

64. 摩特、爱尔玛巴拉主编：《运筹学手册——基础和基本原理》，上海科学技术出版社，1987。

J. J. Moder & S. E. Elmaghraby：*Handbook of Operations Research*：*Foundations and Fundamentals*，Vol. 1；Models and Application，Vol. 2. Von Nostrand Reinhold Company，1978.

65. 木水共（刘华杰、潘涛、刘洪）编：《走向混沌》，上海新学科研究会，1995。

66. 尼科里斯、普利高津著，徐锡申等译：《非平衡系统的自组织》，科学出版社，1986。

G. Nicolis & I. Prigogine：*Self-Organization in Nonequilibrium Systems*，John Wiley & Sons，1977.

67. 尼科里斯、普利高津著，罗久里、陈奎宁译：《探索复杂性》，四川教育出版社，1986。（根据作者 G. Nicolis & I. Prigogine 的意愿，*Exploring Complexity* 一书分别在中国与美国以中文和英文同时出版，英文版由纽约 W. H. Freeman and Company 出版）

68. 庞元正、李建华编：《系统论、控制论、信息论经典文献选编》，求实出版社，1989。

69. 庞元正：《系统理论与矛盾学说》，中国社会科学，1987.6。

70. P. Pool：Chaos Theory：*How Big an Advans*? Science, 1989, 245.

71. 普利高津著，曾庆宏等译：《从存在到演化》，上海科学技术出版社，1986。

I. Prigogine：*From Being to Becoming*：*Time and Complexity in PhysicaL Science*, W. H. Freeman and Company, 1980.

72. 普利高津、斯唐热著，曾庆宏、沈小峰译：《从混沌到有序》，上海译文出版社，1987。

I. Prigogine & I. Stengers：*Order out of Chaos*, Bantam Books, Inc., New York, 1984.

73. M. K. 普朗克：《世界物理图景的统一性》，载《北京大学学报》，1987年第30期。

74. 钱学森、宋健：《工程控制论》（修订版），科学出版社，1983。

75. 钱学森等：《论系统工程》（增订版），湖南科学技术出版社，1988。

76. 钱学森：《系统思想、系统科学和系统论》，载《系统理论中的科学方法与哲学问题》（论文集），清华大学出版社，1984。

77. 《钱学森致许国志的信》，载《系统工程理论与实践》，1993年第2期。

78. 《运筹学》（修订版），清华大学出版社，1990。

79. 拉波波特著，钱兆华译：《一般系统论》，福建人民出版社，1990。

Anatol. Rapoport：*General System Theory*, Abacus Press, 1986.

80. 任汉生：《循环、重复、不变性》，载《自然辩证法研究》，1994年第1期。

81. 里夫金·霍华德著，吕明、袁舟译：《熵——一种新的世界观》，上海译文出版社，1987。

Jeremy. Rifkin with Ted Howard：*Entropy-a NewWorld View*, Bantam Books, Inc., New Yoork, 1981.

82. 瓦·尼·萨道夫斯基著，贾泽林等译：《一般系统论原理》，人民出版社，1984。

83. 桑德斯著，凌复华译：《灾变论入门》，上海科学技术文献出版社，1983。

P. T. Saunders：*An Introduction to Catastrophe Theory*, Cambridge Univ., Pr., 1980.

84. 沈小峰、吴彤、曾国屏：《自组织的哲学》，中共中央党校出版社，1993。

85. 沈小峰：《混沌初开》，北京师范大学出版社，1993。

86. 施德祥、王建国：《分数维几何学简介》，载《自然杂志》，8卷，11期。

87. I. Stewart：*Does God Play Dice：The Mathematics of Chaos*，Basil Blackwell，1989.

88. I. 斯图尔特：《混沌主宰着宇宙吗》，载《科技日报》，1993年3月6日。

89. 宋健：《加强基础研究，逼近科学前沿》，载《系统工程理论与实践》，1995年第2期。

90. 孙显元：《系统科学与辩证法相互关系的再认识》，载《求是》，1990年第6期。

91. H. A. Taha 著，吴立煦、朱幼文译：《运筹学》，上海人民出版社，1985。

H. A. Taha：*Operations Research：An Introduction*，2nd ed. 4th ed.，New York：Macmillan Pub. Co.，1976.

92. R. 托姆著，赵松年等译：《结构稳定性与形态发生学》，四川教育出版社，1992。

R. Thom：*Stabilite Structurelle et Morphogenesis*，W. A. Benjamin，Reading，Mass，1972.

93. R. 托姆著，周仲良译：《突变论：思想与应用》，上海译文出版社，1989。

R. Thom：*Mathematical Models of Morphogenesis*，Ellis Horwood Limited. 1983.

94. 王朝瑞：《图论》，高等教育出版社，1981。

95. 王雨田编：《控制论、信息论、系统科学与哲学》，中国人民大学出版社，1986。

96. 汪应洛、黄麟雏主编：《系统思想与科学技术发展战略研究》。

97. R. F. Voss：*Fractals in nature：From characterization to simulation*，in *The Science of Fractal Image*，Springer–Verlag，World Publishing Corp，1990.

98. N. 维纳著，郝季仁译：《控制论》（第二版），科学出版社，1963。

N. Wiener：*Cybernetics or Control Communication in the Animal and the Machine*，John Wiley & Sons.，Inc.，2nd edition，1963.

99. N. 维纳著，陈步译：《人有人的用处》，商务印书馆，1989。

N. Wiener：*The Human Use of Human Beings-Cybernetics and Society*，Eyre and Spottiswoode，London，1954（Revised Edition）.

100. 乌杰：《系统辩证论》，人民出版社，1991。

101. 邬焜：《信息哲学》，陕西师范大学出版社，1989。

102. 邬焜：《信息世界的进化》，西北大学出版社，1994。

103. 魏宏森：《系统科学与社会系统》，吉林教育出版社，1990。

104. 魏宏森、宋永华：《开创复杂性研究的新学科》，四川教育出版社，1991。

105. 许国志：《论事理》，载《系统工程论文集》，科学出版社，1981。

106. 许国志主编：《系统科学大辞典》，昆明，云南科技出版社，1994。

107. 许国志：《对钱老的学术思想的几点体会》，载《系统工程理论与实践》，1992年第5期。

108. 许国志、顾基发、范文涛、经士仁：《系统工程的回顾与展望》，载《系统工程理论与实践》，1992年第11期。

109. H. 西蒙著，武夷山译：《人工科学》，商务印书馆，1987。

H. A. Simon: The Sciences of Artifical, The MIT Press, 2nd edition, 1982.

110. 于景元：《控制论和系统学》，载《系统工程理论与实践》，1987年第3期。

111. L. A. 扎德教授访问记：《如何处理现实世界的不确定性》，廖群译，载《模糊数学》，1984年第4期。

Coping with the Imprecision of the Real World: An Interview with Lotfi A. Zadeh, Communication of the ACM vol. 27, No. 4, April 1984.

112. 赵光武主编：《现代科学的哲学探索》，北京大学出版社，1993。

113. 张华夏：《当代哲学的整合与系统辩证论》，载《系统辩证学学报》，1993年第1期。

114. 湛垦华、沈小峰：《普利高津与耗散结构理论》，上海译文出版社，1987，陕西科学技术出版社，1982。

115. 郑宇建：《从"非系统理论"想到的》，载《青年哲学论坛》，1986年第3期。

116. 周慧琴：《超循环理论对生命复杂性与有序性的揭密》，载《系统辩证学学报》，1994年第3期。

117. 邹珊刚等：《系统科学》，上海人民出版社，1987。